思想理论教育创新与实践

SIXIANG LILUN JIAOYU CHUANGXIN YU SHIJIAN

刘志超 著

中国社会科学出版社

图书在版编目（CIP）数据

思想理论教育创新与实践/刘志超著 . —北京：中国社会科学出版社，2009.1

ISBN 978 - 7 - 5004 - 7713 - 6

Ⅰ. 思 ... Ⅱ. 刘 ... Ⅲ. 高等学校—思想政治教育—研究—中国 Ⅳ. G641

中国版本图书馆 CIP 数据核字（2009）第 058177 号

策划编辑　卢小生（E - mail：georgelu@ vip. sina. com）
责任编辑　卢小生
责任校对　刘　娟
封面设计　杨　蕾
技术编辑　李　建

出版发行　中国社会科学出版社
社　　址　北京鼓楼西大街甲 158 号　　　邮　编　100720
电　　话　010 - 84029450（邮购）
网　　址　http：//www. csspw. cn
经　　销　新华书店
印　　刷　北京新魏印刷厂　　　　　　　装　订　丰华装订厂
版　　次　2009 年 1 月第 1 版　　　　　　印　次　2009 年 1 月第 1 次印刷
开　　本　710×1000　1/16　　　　　　　插　页　2
印　　张　15.5　　　　　　　　　　　　　印　数　1—6000 册
字　　数　251 千字
定　　价　32.00 元

目　　录

导论 事关高等教育全局的战略任务

　　高等学校承担着为中国特色社会主义事业培养人才、科学研究、文化建设、服务社会等重要任务。在我国社会主义现代化建设新的历史起点上，高等学校面临的首要问题是切实解决好"建设什么样的大学、怎样建设大学"的问题，核心是解决好"培养什么样的人、怎样培养人"的问题。理论教育和思想政治工作是帮助和引导大学生树立正确的世界观、人生观、价值观，培养社会主义合格建设者和可靠接班人的基础工作。深化思想理论教育研究，加强高校思想政治工作，是一项事关高等教育全局的重大战略任务。

一

　　思想理论教育的战略地位，是由我国高校的性质决定的，是由社会主义大学的根本任务决定的。始终把思想理论教育放到高校教育教学工作的首要地位，是党在高校必须长期坚持的基本方针。

　　（一）坚持中国特色社会主义根本方向

　　学校应该永远把坚定正确的政治方向放在第一位。这是毛泽东、邓小平、江泽民、胡锦涛始终坚持、反复强调的一个重要思想，是我们党对高等教育的根本要求。

　　学校把坚定正确的政治方向放在第一位，是由教育的特点和性质决定的。按照唯物史观，政治是经济的集中表现，是为经济服务的。经济发展需要坚强的政治保证和充分的政治条件，否则经济建设也搞不好。经济工作和其他各项业务工作中都有政治。教育的主要职责是培养人才、研究科学、繁荣文化。因此，在社会结构中，教育属于上层建筑。所以，教育工作具有鲜明的政治性，必须首先解决好教育为谁服务的重要问题。

我国现在处于并将长期处于社会主义初级阶段。党的基本路线要求我们既要坚定不移地坚持改革开放，又要坚定不移地坚持四项基本原则，并且把两者统一于以经济建设为中心的社会主义现代化建设当中。高等教育坚持并贯彻党的基本路线，首要任务是坚定不移地坚持坚定正确的政治方向。在当代中国，这个方向就是中国特色社会主义方向，就是高举中国特色社会主义伟大旗帜，坚持中国特色社会主义理论体系和中国特色社会主义道路。

思想政治工作是一切经济工作的生命线。高校教学、科研、管理和人才培养的各项工作，都必须坚持坚定正确的政治方向，把思想政治工作放到一切工作的首要地位，尤其要放到人才培养的首要地位。没有这样一种认识和机制，我国的高等教育就会走向错误的方向。这也是历史和实践反复证明的基本道理。

（二）最重要的素质是思想政治素质

大力实施素质教育，努力增强大学生思想政治素质、科学文化素质和身体心理素质，是时代给高等学校提出的重要任务。实施素质教育，是大学教育的必由之路。我国的素质教育，就是全面贯彻党的教育方针，以提高大学生的素质为根本宗旨，以培养大学生的创新精神和实践能力为重点，努力造就有理想、有道德、有文化、有纪律的德智体美劳全面发展的社会主义建设者和接班人。20世纪90年代，我国已经把素质教育写入了党和国家的教育方针。党和国家要求，推进素质教育，要面向现代化、面向世界、面向未来，使受教育者坚持学习科学文化与加强思想修养的统一，坚持学习书本知识与投身社会实践的统一，坚持实现自我价值与服务祖国人民的统一，坚持树立远大理想与进行艰苦奋斗的统一。我国实施素质教育的战略举措取得了显著成效，重要的经验是坚持把思想政治素质作为最重要的素质。

思想政治素质是最重要的素质。这个判断深刻揭示了教育的本质，揭示了思想政治教育的战略地位。邓小平高度重视学校的思想政治教育。他指出：有理想、有纪律，这两件事我们务必时刻牢记在心。江泽民指出：青少年一定要从小树立崇高理想和坚定信念，培养优良的道德品质。胡锦涛指出：要全面贯彻党的教育方针，坚持育人为本、德育为先，实施素质教育，提高教育现代化水平，培养德智体美全面发展的社会主义建设者和接班人，办好人民满意的教育。所有这些论述充分表明，社会主义大学推进素质教育，必须把思想政治素质放到优先地位，这是一个事关国家和民族未来的重大战略问题。

二

探寻高校思想政治教育的特点和规律，是提高思想政治教育水平和效率的重要前提。思想政治教育有其自身的规律，必须遵行。高校思想政治教育的对象是青年学生，教育的内容和方式有具体的要求。做好高校思想政治教育工作，必须把握思想政治教育的特点，遵循思想政治教育的规律。

（一）政治性和意识形态性

在阶级社会里，思想政治教育都是用统治阶级的思想武装人的头脑，始终是具有强烈的阶级性、党性、政治性和意识形态性的工作。高等学校历来是各种政治力量争夺的重要阵地，政治和意识形态色彩比较浓厚。我们在进行学生教育过程中，必须具有强烈的政治意识和政治责任感。

思想政治教育的政治性和意识形态性，要求高校必须坚持马克思主义的指导地位。现实社会生活中，人们的思想意识是多种多样的。大学生是思想成长的关键时期，具有思想活跃、喜欢接受新事物、追求个性和特色等特点。思想活跃是人才成长的必要环境。但是，活跃思想往往鱼龙混杂，既有积极健康向上的思想，也有消极颓废乃至落后的思想。要引导青年养成健康的思想意识，高校就必须坚持马克思主义意识形态，坚持马克思主义的主导地位和统领地位，掌握马克思主义思想政治教育的主动权，用马克思主义去分析批判各种各样的社会思潮，营造和谐温馨、健康积极的思想氛围。

（二）民主性和主体性

主体性是指人在认识和改造客观世界的对象性活动中所表现出来的独立性、自主性、能动性和创造性。思想政治教育的本质，在一定意义上在于"接受"，在于唤起对象的主体性，在于促进对象的自我教育。因此，没有"接受"和自我教育的思想政治教育，就不是真正的思想政治教育。这就要求高校思想政治教育，必须充分尊重受教育者的主体地位，唤起他们的主体意识，调动他们的主体积极性。

高校思想政治教育的主体性特点，要求思想政治工作坚持民主性。思想政治教育的民主性，就是坚持以人为本，从学生的特点和需要出发，让青年学生在民主和谐的氛围中接受思想政治教育，变被动为主动，变消极为积极，使思想政治教育取得应有的效果。

科学发展观赋予以人为本以深刻而广泛的内涵。高校思想政治教育坚持以人为本，就是以学生为本。人的需要即他们的本性。思想政治教育的目的，从某种意义上讲，是通过满足需要而激活人的行为动机，挖掘人的潜能，从而有效地驱动人的有效行为。正确而有效的思想政治教育，引导着人们的精神走向，满足人们的精神需要，激励着精神作为动力因素的发生程序。由于思想政治教育的参与，人的需要活动的各个层面在较高的基础上实现协调发展，从而推动社会的进步，思想政治教育的价值由此生成。基于这样的认识，民主性和主体性的特征，要求高校思想政治教育必须从学生的实际出发，站在学生的立场上思考和行为，满足学生获取思想政治支持的需要。

（三）思想性与知识性

思想政治教育是做人的思想工作，要深入到人的内心世界，关注人的心理动机和思想演化。这是所有工作中最高层次的工作。因此，思想政治教育工作必须具有很高的思想性。不仅思想政治教育的内容高于一般教育，从事思想政治教育的人更要站得高、看得远，能够使受教育者从教育活动中获得思想的启动。如果思想政治教育没有较高的境界和深入的思考，就不能引起学生的兴趣和喜爱，就发挥不了应有的作用。思想政治教育思想性的要求，就是把握马克思主义基本原理，善于运用科学的理论引导学生分析和解决实际问题，站在民族振兴、国家昌盛、人民幸福、世界和谐的高度，引领学生成为具有崇高理想信念的优秀人才。

但是，任何思想都不是人的头脑中自发地产生的，都是在社会实践中产生和发展起来的。对真理的认同，需要两个支撑点。一个支撑点是人类长期实践获得的知识。知识是可以传承的。一旦某个方面的知识经过长期传承获得公认和共识，就成为认识新事物的思想认识基础。另一个支撑点是受教育者个人的实际经历。实践出真知。凡是经过个人实践获得，或者在实际生活中检验过的东西，最容易被人们所接受。这就是实践是检验真理的唯一标准的科学价值所在。

思想政治教育坚持思想性和知识性相统一，就是要把德育和智育结合起来，把思想政治教育和文化素质教育结合起来。这是规律的要求。一方面，培养学生科学文化知识，开展专业教育，必须坚持正确的政治方向；另一方面，要把思想理论教育的内容有机地融合到专业教育当中，实现德育和智育的无缝连接。把这两个方面结合好了，就会收到良好的效果。

三

实现高校思想政治教育的目标，关键在党的领导。必须切实加强党对高校思想政治教育的领导，充分调动各方面开展思想政治教育的积极性，推动内容创新和体制机制创新，构建高校党委领导下各方面齐抓共管的思想政治教育格局。

（一）坚持党的领导

党的领导是高校思想政治教育的根本保证。党的领导和思想政治教育具有内在的统一性。中国共产党是马克思主义政党，始终坚持以马克思主义为指导思想，以服务和造福人民为根本目的，以建设中国特色社会主义为自己的神圣使命。历史和现实都证明，在中国，只有坚持中国共产党的领导，才能坚持中国特色社会主义的正确方向，使我国的现代化建设处在科学理论的指导之下，为国家富强、民族振兴、人民幸福提供根本保证。

党的领导主要是政治领导，核心是思想理论的领导。思想政治教育必须在党的领导下，才能坚持科学的理论指导和正确的舆论导向，确保思想政治教育目标的实现。党的领导也是强有力的组织领导。只有坚持中国共产党的领导，才能团结和动员思想政治教育的各方面的智慧与力量，形成思想政治教育的合力。

学校思想政治教育坚持党的领导，就要坚持党委领导下的校长负责制，以党对高校人才培养工作的全面有力的组织领导，确保思想政治教育工作处于党委强有力的领导和组织之下，确保党和国家的教育方针得到贯彻落实，确保党对思想政治教育提出的各项重大措施落到实处，贯彻到学校的具体工作当中。坚持党的领导，必须改善党的领导。要认真研究新时期高校思想政治教育的规律，了解和把握新一代大学生的思想政治状况，研究制定切合实际、卓有成效的思想政治教育规划和方案，有效地组织各方面力量，完成思想政治教育的工作任务。

（二）加强队伍建设

建设一支政治强、业务精、作风正、热爱思想政治教育、深受学生欢迎的思想政治教育队伍，是高校思想政治教育的基础。学生的工作需要教师来做。如果没有一支强有力的教师队伍，思想政治教育的工作内容就得不到落实，教育和引导学生就成为一句空话。

加强思想政治教育队伍建设，要从四个层面入手。

第一，辅导员队伍建设。高校辅导员是专职从事学生思想政治教育的成员。新中国成立以来，特别是改革开放以来，高校思想政治教育的成效在很大程度上源于我们有一支稳定的思想政治工作专职队伍。辅导员队伍既要保证数量，更要确保不断地提高辅导员的思想政治素质和业务素质。加强辅导员队伍建设，要向着专业化、职业化、专家型方向发展，严格辅导员准入制度、培训制度、考核制度、任免制度等，为高校思想政治教育奠定坚实的基础。

第二，思想政治理论课教师队伍。高校思想政治理论课是学生思想政治教育的主渠道和主阵地，主要通过马克思主义和中国特色社会主义理论体系的系统而深入的教育教学，帮助学生认清历史发展的客观趋势，坚定对党和社会主义的信念，树立中国特色社会主义的共同理想，坚持走中国特色社会主义道路。能否把马克思主义的科学理论系统全面而又生动地加以讲授，关键在教师。通过强化教师培训，严格教师考核，提高教师待遇，为思想政治理论课教师的成长提供良好的环境和条件。

第三，其他教师队伍。高校所有的教师和管理人员，都负有思想政治教育的职责。提高学生的思想理论水平，不单纯是理论课教师和辅导员的事，也是所有老师的事。要在对专业课教师进行业务培训的同时，加强思想政治教育和理论培训，使全体教师都能够自觉坚持马克思主义和中国特色社会主义理论体系，在传授专业知识的同时，把马克思主义科学理论和思想道德的基本要求，潜移默化地传授给学生。这将起到思想政治理论课和辅导员所难以起到的作用。

第四，学生骨干队伍。学生是思想政治教育的主体。没有学生的接受，思想政治教育永远是一句空话。优秀学生的带头作用，对全体学生思想素质的提高，具有重要的影响和带动作用。要从低年级开始，培养学生中的优秀骨干，把优秀的学生尽可能地吸收到党内来。通过这种方式，在学生中形成导向，树立典范，起到教师难以起到的作用。

（三）创新体制机制

面对新的形势和要求，高校思想政治教育要按照科学发展观的要求，认真梳理不适应科学发展观要求的思想观念、体制机制和具体做法，推进制度创新。我国长期的思想政治教育积累了丰富的经验，要坚持和继承。但更重要的是创新。创新是一个民族进步的灵魂，是一个国家兴旺发达的不竭动力，是一个政党永葆生机的源泉。思想政治教育工作也是如此。

高校思想政治教育体制机制创新，首先要从学校内部做起。要积极探索和建立社会实践与专业学习相结合、与服务社会相结合、与勤工助学相结合、与择业就业相结合、与创新创业相结合的管理体制。认真组织大学生参加军政训练、社会调查、生产劳动、志愿服务、公益活动、科技发明和勤工助学等实践活动，使大学生在社会实践活动中受教育、长才干、作贡献，增强社会责任感。要理顺高校思想政治教育管理关系，明确党委、校长、部门、学院在思想政治教育中的基本职责，处理好行政管理部门与思想政治工作部门、党务工作者与行政工作人员的关系，做到齐抓共管，有制度依据，思想政治工作的突出成绩得到广泛认同。

创新思想政治教育体制机制，还要建立起学校、家庭和社会三位一体的教育管理体系。青年学生的健康成长，离不开家庭的教育和社会的影响。全社会都要关心大学生的健康成长，支持大学生思想政治教育工作。宣传、理论、新闻、文艺、出版等方面要坚持弘扬主旋律，为大学生思想政治教育营造良好的社会舆论氛围，为大学生提供丰富的精神食粮。各级政府和企事业单位要鼓励和支持面向大学生的公益性文化活动。党政机关、社会团体、企事业单位以及街道、社区、村镇等要主动配合学校做好大学生思想政治教育工作。学校要探索建立与大学生家庭联系沟通的机制，相互配合地对学生进行思想政治教育。通过方方面面的努力，推动大学生思想政治教育开创新局面。

（四）深化理论与实践研究

开展理论研究和实际调研，是加强和改进高校思想政治教育的重要基础性工作。高校从事思想政治教育的教师要研究，各级党组织尤其是党员领导干部更要研究。有了深入研究的意识，扎实研究的功底，坚持不懈的态度，持之以恒的工作，必然获得思想政治教育研究的成果。

《思想理论教育创新与实践》是高校思想政治教育研究和探索工作的重要成果。思想政治教育研究，要坚持以马克思主义为指导，发扬理论联系实际的优良学风，按照思想政治教育的基本原理和基本方法，研究思想政治教育中的重点问题，理清新时期高校思想政治教育的基本思路。

第一，研究理论学习的规律。建设学习型政党是新世纪党的思想政治工作的重要任务。理论学习的基础是掌握理论的主要内容、精神实质和根本要求。进入 21 世纪，我们党的理论创新不断取得新成果。只有深入理解并把握党的创新理论，才能保证思想政治教育坚持正确的方向，保证思想政治教育工作突出重点。

第二，研究理论教育的规律。理论教育要遵循理论产生辐射并发挥作用的规律。坚持解放思想、实事求是、与时俱进的思想路线，是理论教育的基本规律。马克思主义是在与时俱进中不断发展的。只有站在时代的高度，以发展的观点，坚持和弘扬党的创新理论，才能把党的创新理论全面、准确、深入地宣传给青年学生。

第三，研究思想工作的规律。思想工作，或者说思想政治工作，既受一定社会发展阶段的规定，也受思想自身发展规律的规定。马克思主义提供了研究思想发展规律的基本原则和基本方法，时代的新发展不断提出创新的任务和要求。研究思想工作的规律，既要坚持马克思主义基本原则，又要积极吸取当代思想教育和德育教育的最新成果。

第四，研究社会主义核心价值体系。社会主义核心价值体系是我们党理论创新和思想政治教育创新的重要成果。用社会主义核心价值体系教育青年学生，是高校思想政治教育的重要任务，必须切实组织好。

按照上述基本设想，《思想理论教育创新与实践》的设计和撰写，紧紧围绕思想理论教育这个中心话题，兼顾理论教育和思想教育两个方面的主要内容，把实际工作经验和理论研究有机统一起来，既有理论性又有实践性，构成了本书的主要特点。因此，本书的撰写和出版，要感谢从事思想政治教育理论研究和实际工作的同志。实际工作的鲜活经验和理论研究的丰硕成果，为本书的写作奠定了重要的基础。

第一章 学习党的创新理论

中国共产党把马克思主义基本原理与中国实际相结合，实现了马克思主义在中国的飞跃，产生了毛泽东思想和中国特色社会主义理论体系，指导中国特色社会主义事业不断开创新局面。认真学习党的创新理论，用中国特色社会主义理论体系武装头脑，是全党的战略任务，更是高等学校思想政治教育工作者的历史责任。

我国高等学校的本质特征在于，它是在马克思主义指导下的社会主义大学，根本目标是培养中国特色社会主义合格建设者和可靠接班人。这一性质和职责，决定了思想政治理论教育是学校教育的中心环节，思想政治工作是学校各项工作的灵魂。这就要求教育者和受教育者都要把学习党的创新理论放到首要地位。

首先，教育者必须认真学习党的创新理论，从事思想政治教育工作的教师尤其如此。教育者首先要受教育，才能承担起教育他人的任务。党的创新理论的教育尤其如此。随着我国改革开放和现代化建设的不断深入，随着我们党理论探索的不断前进和创新，我们需要不断进行学习，掌握马克思主义理论的主要内容和基本精神，并能够熟练地运用马克思主义基本理论分析和说明现实问题，使思想政治教育工作更好地体现和反映党的创新理论的要求。

其次，受教育者也要认真学习党的创新理论。高等学校培养的大学生，最终是要成为中国特色社会主义建设的栋梁。没有科学理论的武装，不掌握党的创新理论的精神实质，在日益复杂的形势面前就可能迷失方向，在具体的实际工作中就可能背离党的宗旨和人民的要求。履行高等学校思想政治理论教育的教师职责，从做人的角度也要学习党的创新理论。保持理论上的清醒，进而坚持政治上的坚定，我们才能够成为有理想、有道德、有文化、有纪律的社会主义新人。

学习党的创新理论，要在两个方面下工夫。

第一，要认真学习并切实把握马克思主义的立场、观点和方法。这就要认真学习和掌握辩证唯物主义和历史唯物主义，掌握马克思主义关于正确认识人类社会发展规律的基本观点和基本立场，坚持坚定正确的政治方向。

第二，要准确把握马克思主义基本原理的具体内容，尤其要把握发展着的马克思主义的基本内容。在当代中国，马克思主义理论主要体现在毛泽东思想和中国特色社会主义理论体系。中国特色社会主义理论体系，包括邓小平理论、"三个代表"重要思想和科学发展观等一系列重大战略思想，是改革开放和建设中国特色社会主义伟大实践的经验总结。党的十七大总结了改革开放的历史经验，对党的创新理论做了新的高度概括，在一系列重要方面发展了马克思主义。科学发展观是十七大深刻论述的重要思想。准确把握当代中国马克思主义理论的精神实质，就是要在牢牢把握科学发展观的科学内涵和精神实质上狠下工夫。

学习党的创新理论，要围绕主题，把握重点。党的十一届三中全会以来，我们党在进行理论创新的过程中，着重探索了共产党执政的规律、社会主义建设的规律和人类社会发展的规律三个规律；创造性地探索和回答一系列重大理论和实际问题，即什么是马克思主义、怎样对待马克思主义；什么是社会主义、怎样建设社会主义；建设什么样的党、怎样建设党；实现什么样的发展、怎样发展，等等。把"三个规律"、"四个重大问题"作为学习党的创新理论的切入点，就站在了当代中国理论发展和实践创造的前沿，就把马克思主义的基本观点与当代中国的实际问题有机地结合在一起，不是从书本到书本，而是从理论到实践，把理论学习引向具体和深入。

本章从学习领会党的十七大主要内容和精神实质开始，着重阐述学习科学发展观和社会主义和谐社会理论的体会与收获。理论上的认识各有不同，但是，对党的创新理论精神实质的把握必须准确。阐述理论问题的角度多种多样，但是，在思想认识上必须和党中央保持高度一致。这是高校思想理论工作者的政治责任和时代要求。

第一节　领会精神实质，推进伟大事业

2007 年 10 月 15—21 日召开的中国共产党第十七次全国代表大会，是在我国改革发展关键阶段召开的一次十分重要的大会。大会批准了胡锦涛同志代表十六届中央委员会所作的报告，为我们继续推动党和国家事业发展指明了前进方向，提供了行动纲领；审议通过了党章修正案，对坚持和改善党的领导、加强和改进党的建设提出了明确要求；选举产生了新一届中央领导集体，为我们党继续带领全国人民团结奋斗提供了可靠的组织保证。党的十七大是一次高举旗帜、坚定信念、指明方向的大会，是一次解放思想、与时俱进、改革创新的大会，是一次明确目标、全面部署、继往开来的大会，也是一次统一思想、凝聚人心、团结奋进的大会，必定作为中华民族继续腾飞的又一个重要里程碑永载史册。

一、新的历史起点的一次重要会议

党的十七大是一次高举旗帜、继往开来、求真务实的大会，是一次团结的大会、胜利的大会、奋进的大会。这次大会必将在国际共产主义运动史上、在社会主义现代化建设历史上、在党的自身建设历史上，写下辉煌的篇章。

（一）大会的历史背景

党的十七大是我国在改革发展关键阶段召开的一次十分重要的会议，国际国内形势的发展变化，都赋予这次大会具有重要的历史意义。胡锦涛在报告中指出："当今世界正在发生广泛而深刻的变化，当代中国正在发生广泛而深刻的变革。机遇前所未有，挑战也前所未有，机遇大于挑战。"① 在这样深刻的国际国内背景下召开党的十七大，对我们党和国家事业发展至关重要。

第一，当今世界正在发生广泛而深刻的变化。和平与发展仍然是时代的主题，求和平、谋发展、促合作已经成为不可阻挡的历史潮流。世界多极化不可逆转，经济全球化深入发展，科技革命加速推进，全球和区域合作方兴未艾，国与国相互依存日益紧密，国际力量对比朝着有利于维护世

---

① 《中国共产党第十七次全国代表大会文件汇编》，人民出版社 2007 年版，第 2 页。

界和平方向发展，国际形势总体稳定。但是，世界仍然很不安宁是当前和今后相当一段时期人类必须面对的严峻现实。当今世界，霸权主义和强权政治依然存在，传统安全和非传统安全威胁相互交织，局部冲突和热点问题此起彼伏，恐怖主义蔓延趋势仍未找到有效的遏制手段。我们在看到世界多极化不可逆转的大局和根本走势的同时，必须对人类社会所面临的难题有足够的估计，对走向光明未来的艰难曲折有充分的认识。我们要增强忧患意识，抓住机遇，迎接挑战，特别要集中力量把国内的事情办好，把经济建设搞上去，同时坚决反对霸权主义和强权政治，坚决反对一切形式的恐怖主义。中国共产党在这样重大历史关头召开代表大会，提出高举中国特色社会主义的伟大旗帜，走中国特色社会主义道路，意义重大。

第二，当代中国正在发生广泛而深刻的变革。党的十六大以来，我们党坚持高举旗帜、抓住机遇、求真务实、开拓进取。党的十六大明确提出，21 世纪头 20 年，是我们必须紧紧抓住并且可以大有作为的战略机遇期。这 20 年，既是实现现代化建设第三步战略目标必经的承上启下的发展阶段，也是完善社会主义市场经济体制和扩大对外开放的关键阶段。在这个阶段，我国将实现人均国内生产总值从 1000 美元到 3000 美元的历史性跨越。从世界上一些国家的发展经验看，这既是一个发展机遇期，也是一个矛盾凸显期。如果我们应对得当，就能促进经济社会发展；如果举措失当，就会影响经济发展步伐，影响改革发展稳定大局。同时，改革开放以来，社会上出现了新的经济组织和社会活动领域，人们的就业方式和分配方式出现了多样性，物质利益的多样化日趋明显，群众的不同利益要求越来越多，这就要求我们党要更好地发挥总揽全局、协调各方的领导作用，把全国各族人民和各方面的积极性调动好，明确中国特色社会主义的前进方向，为实现全面建设小康社会、构建社会主义和谐社会而奋斗。

第三，党的队伍发生了深刻的变化。中国共产党已经成立 88 周年，执政 60 年。这使党积累了治国理政和加强自身建设的宝贵经验。党领导的改革开放给党注入巨大活力，也使党在深刻变化的社会环境中面临许多前所未有的新课题和新考验。我们党已经有 7000 万名党员，党员队伍的数量和结构出现了重大变化，一些新社会阶层加入了党组织，党员的素质在不断提高；党的干部队伍正在进行整体性新老交替，一大批年轻党员干部走上了各级领导岗位，新一代领导干部总体上具有明显的优势，但也存在一些不容忽视的弱点和不足；党员干部中出现了亟待解决的突出问题。改革开放以来，经过全面推进党的建设，取得了很大的成绩，但是，党内还存在着一些突出的问题，影响了党在群众中的威望。党内出现的这些新变化，使党的教育和管理任务更加繁重。党的十七大正是为着解决党的建设的深层次问题，而提出了加强和改善党的领导，以改革的精神加强党的建设的战略决策。

（二）大会的主要成果

党的十七大顺利地完成了各项议程，确定了我国社会主义现代化建设的历史任务和战略部署，把我们党领导的中国特色社会主义事业推向了前进。

第一，通过了胡锦涛同志代表十六届中央委员会所作的《高举中国特色社会主义伟大旗帜，为夺取全面建设小康社会新胜利而奋斗》的报告。

胡锦涛在大会上作的《高举中国特色社会主义伟大旗帜，为夺取全面建设小康社会新胜利而奋斗》的报告，主题鲜明，立意高远，高屋建瓴，求真务实。报告以马克思列宁主义、毛泽东思想、邓小平理论和"三个代表"重要思想为指导，深入贯彻落实科学发展观，科学回答了党在改革发展关键阶段举什么旗、走什么路、以什么样的精神状态、朝着什么样的发展目标继续前进等重大问题，对继续推进改革开放和社会主义现代化建设，实现全面建设小康社会的宏伟目标作出了全面部署，对以改革创新精神全面推进党的建设新的伟大工程提出了明确要求。报告描绘了在新的时代条件下继续全面建设小康社会、加快推进社会主义现代化的宏伟蓝图，为我们继续推动党和国家事业发展指明了前进方向，是全党全国各族人民智慧的结晶，是我们党团结带领全国各族人民坚定不移地走中国特色社会主义道路、在新的历史起点上继续发展中国特色社会主义的政治宣言和行动纲领，是马克思主义的纲领性文献。

十七大报告起草工作是从 2006 年 12 月开始的。报告起草过程，是深入调查研究、总结实践经验的过程，是充分发扬民主、集中全党全国各族人民智慧的过程，是研究回答重大问题、着力推进理论创新和实践创新的过程。

报告起草工作始终都在中央政治局常委会直接领导下进行。胡锦涛总书记亲自主持报告起草工作。中央政治局常委会先后6次、中央政治局先后两次审议报告稿。胡锦涛总书记先后10次主持召开起草组全体会议进行研究讨论，并亲自召开近20次座谈会听取各方面意见和建议。

整个起草工作是与调研工作紧密结合在一起的。为了给报告起草工作作准备，2006年10月，中央就确定20个重大课题，委托36个部委进行深入调研，共形成62份调研报告。从2007年1月3日开始，胡锦涛总书记用了12个半天时间，逐一听取了20个重大课题调研成果汇报。2006年12月，报告起草组组织7个调研组分赴13个省、区、市进行调研，召开了51次座谈会，广泛听取干部群众和专家学者等各方面意见。在起草过程中，报告起草组还先后到十几个部委就重点难点问题听取意见。广泛深入的调查研究为起草好十七大报告打下了坚实基础。

报告起草工作自始至终坚持发扬民主，广泛听取党内外意见。2006年12月，中央专门下发了《关于对党的十七大报告议题征求意见的通知》，对十七大议题在党内外一定范围征求意见。2007年6月25日，胡锦涛总书记在中央党校发表重要讲话，一方面向省部级主要领导干部通报十七大报告的主要精神；另一方面听取意见，会后有83位省部级领导同志提出了书面意见。2007年7月11日，中央又决定将十七大报告稿下发各省区市、中央各部委、中央国家机关各部委党组（党委）、军委总政治部、各人民团体、各民主党派及无党派人士和党内部分老同志征求意见。这次征求意见扩大了范围，各省区市、各部门和军委总政治部统计参加讨论的人数共5560多人，与十六大时相比增加约2520多人。在征求意见过程中，各地各部门共提出修改意见和建议2700多条。十六届七中全会和十七大期间，又对报告进行了认真修改。可以说，十七大报告是坚持走群众路线、充分发扬民主的产物，是全党全国各族人民智慧的结晶。

十七大报告分为三个板块，共12个部分。第一板块包括引言和第一至第四部分，是总论。第一部分讲过去五年的工作；第二部分讲改革开放的伟大历史进程；第三部分讲深入贯彻落实科学发展观；第四部分讲实现全面建设小康社会目标的新要求。第二板块包括第五至第八部分，分别讲社会主义经济建设、政治建设、文化建设、社会建设；第九至第十一部分，分别讲国防和军队建设、"一国两制"和祖国统一、国际形势和外交工作，这7个部分，是中国特色社会主义事业内容的具体展开，属于分论性质。第三板块包括第十二部分和结束语，是对党的建设作出部署，对全党在新的时代条件下继续团结奋斗提出要求。

第二，通过了《中国共产党章程（修正案）》。大会审议并通过《中国共产党章程（修正案）》是十七大的一个重要议程。

党章是党的总章程，集中体现党的理论和路线、方针、政策以及党的重要主张，规定党内的重要制度和体制机制。中央作出十七大对党章作适当修改的决定，是经过慎重考虑的。十六大以来，我们党积极推进理论和实践创新，先后提出了科学发展观等重大战略思想，全面推进我国社会主义经济建设、政治建设、文化建设、社会建设和党的建设，取得了重要的理论创新和实践发展成果。通过修改党章，将这些理论创新和实践发展成果写入党章，是推进党和国家事业发展的需要，是加强和改进党的建设的需要。

修改党章工作遵循的原则是：坚持以马克思列宁主义、毛泽东思想、邓小平理论和"三个代表"重要思想为指导，体现科学发展观等十六大以来党中央提出的一系列重大战略思想，把党的十七大报告确立的重大理论观点、重大战略思想和重大工作部署写入党章；坚持发扬党内民主，集中全党智慧；保持党章的总体稳定，只修改那些必须改的、在党内已经形成共识的内容，努力使修改后的党章充分体现马克思主义中国化最新成果，充分体现党的工作和党的建设的新鲜经验，以适应新形势新任务对党的工作和党的建设提出的新要求。

这次修改党章共作了15项比较大的修改，主要集中在三个方面：一是把科学发展观等重大战略思想写入党章，并增写了中国特色社会主义道路和中国特色社会主义理论体系的内容。二是充实关于我们党的基本路线和中国特色社会主义事业总体布局的内容。将基本路线确立的奋斗目标修改为"为把我国建设成为富强民主文明和谐的社会主义现代化国家而奋斗"；完善了对经济建设、政治建设、文化建设、社会建设的阐述；充实了军队建设、民族工作、宗教工作、统战工作、外交工作等方面的内容。三是充实党的建设的内容。突出强调加强党的执政能力建设和先进性建设；在制度建设方面增写了一些新规定；对党员、干部和党的基层组织分别提出了一些新要求。这些修改，使党章的内容更加科学、更加完善、更加适应加强和改进党的工作和党的建设的需要。

第三，选举产生了新一届中央领导机构。十七大和十七届一中全会选举产生了新一届中央委员会和中央领导机构，党的最高领导层顺利实现了新老合作与交替。这为我们党始终不渝地高举中国特色社会主义伟大旗帜，继往开来，与时俱进，顺利实现十七大确定的奋斗目标和战略任务，推动党和国家事业的长远发展，提供了坚强的组织保证。

一个成熟的马克思主义政党，必须在实践中形成坚强的中央领导集体。回顾我们党的历史可以清楚地看到，我们党正是在实践中形成了以毛泽东、邓小平、江泽民为核心的三代中央领导集体和以胡锦涛为总书记的中央领导集体，正是在这样的领导集体的正确领导下，经过一代又一代中国共产党人团结带领全国各族人民前赴后继的艰苦奋斗，中国革命、建设和改革事业才取得了举世瞩目的伟大历史成就。

十七大之所以成功，其中一个重要的方面就是选举产生了充分反映党心民心军心的中央委员会和中央领导机构。十七届中央委员会主要由治党治国治军的优秀领导干部组成，又有一些各方面的优秀人才，结构比较合理，整体素质比较高；平均年龄 55.3 岁，新进中央委员会的同志占50%，充分显示了我们党新老交替与合作在更好地有序进行。为了党的事业继往开来，为了党和国家的长治久安，十六届中央委员会中的一些老同志从党中央领导岗位上退了下来，表现出共产党人的宽阔胸怀、远见卓识和高风亮节。通过十七届一中全会，胡锦涛同志再次当选为中央委员会总书记，一批德才兼备、年富力强、奋发有为的领导干部进入中央领导机构，充分反映了我们党兴旺发达、后继有人、富有活力。我们党有了能够担当历史重任和时代使命的坚强团结的领导集体，夺取全面建设小康社会新胜利，开创中国特色社会主义事业新局面就有了可靠的组织保证。

二、牢牢把握主题，深刻领会精神实质

党的十七大报告主题鲜明、内涵丰富、思想深刻、论述精辟。我们要深刻领会十七大精神实质，把思想统一起来，把力量凝聚起来，为实现十七大确定的奋斗目标和工作任务而扎实努力。

（一）十七大报告主题鲜明

在十七大报告中，中央郑重地提出了十七大的主题，这就是：高举中国特色社会主义伟大旗帜，以邓小平理论和"三个代表"重要思想为指导，深入贯彻落实科学发展观，继续解放思想，坚持改革开放，推动科学

发展，促进社会和谐，为夺取全面建设小康社会新胜利而奋斗。这个主题，鲜明地向党内外、国内外宣示，我们党将举什么旗、走什么路、以什么样的精神状态、朝着什么样的发展目标继续前进。这既是十七大的主题，也是今后一个时期党和国家全部工作的主题。

第一，这个主题鲜明地回答了我们党举什么旗、走什么路的问题。举什么旗、走什么路，关系我们党的事业发展，关系中国的前途命运，关系13亿各族人民的幸福安康。对十七大，党内外、国内外关注的焦点仍然是我们党今后举什么旗、走什么路的问题。在新的历史关头，面对前所未有的机遇和挑战，尤其需要我们对这个问题作出明确回答。鲜明地提出高举中国特色社会主义伟大旗帜，充分表明了我们党继续推进中国特色社会主义伟大事业的坚定决心，充分反映了全党全国各族人民的共同愿望。报告首次明确提出了高举中国特色社会主义伟大旗帜，最根本的就是要坚持中国特色社会主义道路和中国特色社会主义理论体系，并强调这是改革开放以来我们取得一切成绩和进步的根本原因。这"一条道路"、"一个理论体系"以及由二者共同构成的一面旗帜，鲜明地回答了在当代中国，只有中国特色社会主义旗帜而不是别的什么旗帜能够最大限度地团结和凝聚不同社会阶层、不同利益群体人们的智慧和力量，建设我们共同的家园。中国特色社会主义伟大旗帜，是当代中国发展进步的旗帜，是全党全国各族人民团结奋斗的旗帜。中国特色社会主义，既是我们党在改革开放和社会主义现代化建设历史新时期的理论主题，也是实践主题；既是我们党的精神旗帜，也是符合我国国情的发展道路。

第二，这个主题鲜明地回答了我们党如何继续推动中国特色社会主义发展的问题。面对复杂多变的国际环境和艰巨繁重的改革发展任务，我们要坚持走中国特色社会主义道路，最要紧的就是要继续解放思想，坚持改革开放，推动科学发展，促进社会和谐。解放思想，是党的思想路线的本质要求，是我们发展中国特色社会主义的一大法宝。改革开放，是解放和发展社会生产力、不断创新充满活力的体制机制的必然要求，是发展中国特色社会主义的强大动力。科学发展、社会和谐，是发展中国特色社会主义的基本要求，是实现经济社会又好又快发展的内在需要。我们必须适应当今世界和当代中国的发展变化，紧跟世界潮流，站在时代前列，以求真务实、奋发有为的精神状态，大力推进理论创新以及其他各方面的创新，大力推进经济体制改革以及其他各方面的体制改革，奋力开创党和国家事业发展新局面。

第三，这个主题鲜明地回答了我们党朝着什么样的发展目标继续前进的问题。全面建设小康社会是党和国家到 2020 年的奋斗目标，是全国各族人民根本利益所在。这个目标是十六大针对 21 世纪之初我国胜利实现现代化建设第一步和第二步战略目标、人民生活总体上达到小康水平的实际情况提出来的。十六大以来的实践证明，全面建设小康社会，是符合我国国情和现阶段发展要求、反映人们意愿的目标，极大地调动了广大人民群众的积极性，极大地凝聚了社会各方面的力量。十七大确定，要继续朝着这个目标干下去，直到 2020 年都要一以贯之地为之奋斗。

（二）深刻领会报告的基本精神

党的十七大报告总结了过去五年的经验以及存在的不足，高起点、大跨度、全景式地回顾了中国改革开放的伟大历史进程，通过对改革开放历史进程的总结回顾，得出了要高举中国特色社会主义伟大旗帜的结论，全面阐述了科学发展观的时代背景、科学内涵和精神实质，对深入贯彻落实科学发展观提出了明确的要求，进一步阐述了中国特色社会主义经济建设、政治建设、文化建设、社会建设的具体要求，也提出了军队建设、祖国统一、对外关系等方面的任务和要求，部署了新时期以改革创新精神全面推进党的建设新的伟大工程的任务。为此，我们要深入学习和领会报告的精神实质，在深刻领会报告的新主题的基础上，做到"七个深刻领会"。

第一，深刻领会新成就，增强贯彻落实中央决策部署的自觉性坚定性。一要认识到十六大和十六大以来中央作出的各项重大决策是完全正确的，从而更加紧密地团结在以胡锦涛同志为总书记的党中央周围，认真贯彻落实中央的一系列方针政策。二要认识到五年来的新成就代表着我们的发展达到了一个新的高度、站上了一个新的起点，更加自觉地在党中央的正确领导下，从新的历史起点出发，创造新的辉煌。三要倍加珍惜好形势，始终保持思想上的清醒和自觉，正视并着力解决面临的困难和问题，巩固和发展来之不易的好形势。

第二，深刻领会新经验，坚定推进改革开放的决心和信心。对党的三代领导集体和十六大以来以胡锦涛同志为总书记的党中央带领全党全国各族人民作出的历史性贡献，报告用"三个永远铭记"进行了新评价新总结。对新时期的特征和中国发展的成就，报告进行了新概括新阐述，得出了新的结论："改革开放是决定当代中国命运的关键抉择，是发展中国特色社会主义、实现中华民族伟大复兴的必由之路；只有社会主义才能救中国，只有改革开放才能发展中国、发展社会主义、发展马克思主义。"①对改革开放的宝贵经验，报告用"十个结合"进行了高度概括，体现了经济、政治、文化、社会建设和党的建设的统一，体现了统筹兼顾、协调推进的统一，体现了过去、现在和将来的统一。我们要深刻认识到，改革开放的方向和道路完全正确，成效和功绩不容否定，停顿和倒退没有出路，必须坚定不移地加以推进。

　　第三，深刻领会新论断，坚持中国特色社会主义道路和中国特色社会主义理论体系。报告总结回顾改革开放以来我们取得一切成绩和进步的根本原因，作出了一个重要论断，就是"开辟了中国特色社会主义道路，形成了中国特色社会主义理论体系。"② 深刻理解这一新论断，要认识到中国特色社会主义理论体系与马克思列宁主义、毛泽东思想既一脉相承又与时俱进，在当代中国，坚持中国特色社会主义理论体系就是真正坚持马克思主义；要认识到中国特色社会主义道路催生了中国特色社会主义理论体系，这一理论体系又具体指导中国特色社会主义事业的伟大实践；要认识到这条道路和这个理论体系是发展的、开放的，随着我们党对共产党执政规律、社会主义建设规律和人类社会发展规律认识的不断深化，中国特色社会主义道路必然越走越宽广，中国特色社会主义理论体系必然越来越丰富。

　　第四，深刻领会新阐述，用科学发展观统领经济社会发展全局。科学发展观是贯穿报告的主线，是统领中国特色社会主义事业总体布局的总纲。深刻领会科学发展观的新阐述，一要深刻理解科学发展观的地位。报告明确提出科学发展观是同马克思列宁主义、毛泽东思想、邓小平理论和"三个代表"重要思想既一脉相承又与时俱进的科学理论，是我国经济社会发展的重要指导方针，是发展中国特色社会主义必须坚持和贯彻的重大

---

① 《中国共产党第十七次全国代表大会文件汇编》，人民出版社2007年版，第10—11页。
② 同上。

战略思想。这从理论和实践上对科学发展观进行了科学定位。二要深刻理解科学发展观形成的时代背景。报告分析了我国发展呈现出的一系列新的阶段性特征，使我们进一步明确了科学发展观的实践基础，认清了我国面临的新课题新矛盾。三要深刻理解科学发展观的科学内涵和精神实质。报告对科学发展观的科学内涵和精神实质作了更深刻、更精辟、更全面、更完善的阐述，表明科学发展观是一个完整的科学理论体系。四要深刻理解深入贯彻科学发展观的要求。报告明确了深入贯彻落实科学发展观的政治保证、社会环境保证、体制机制保证和组织保证，同时也进一步厘清了科学发展观与构建社会主义和谐社会的关系、与党的建设的关系。我们要紧密结合改革开放和现代化建设的生动实践，坚持用科学发展观武装头脑，切实增强贯彻落实科学发展观的自觉性和坚定性。

第五，深刻领会新要求，努力实现全面建设小康社会的奋斗目标。报告对党的十六大提出的全面建设小康社会的奋斗目标进行了充实和完善，提出了新的更高要求。一是提出"实现经济又好又快发展"，为我们推进经济建设指明了方向。二是提出"实现人均国内生产总值到2020年比2000年翻两番"，不仅增加了"降低消耗、保护环境"的前提，而且反映出我们党更加注重发展成果由人民共享。三是提出"进入创新型国家行列"，抓住了实现经济又好又快发展的中心环节。四是提出"形成消费、投资、出口协调拉动的增长格局"，把消费拉动放在首位，对于优化经济发展的动力结构具有很强的现实指导性。五是提出"加强文化建设"这一专题，突出了文化建设的重要地位和作用。六是提出"加快发展社会事业"，体现了改善民生的决心。七是提出"建设生态文明"，升华了我们党科学发展、和谐发展的理念。

第六，深刻领会新布局，着力推进经济、政治、文化、社会建设。报告对中国特色社会主义事业的总体布局作出新的重大安排，对中国特色社会主义经济、政治、文化、社会建设作出了一系列重大部署，强调要建设富强民主文明和谐的社会主义现代化国家。要深刻领会新布局，牢牢把握新部署，在经济建设方面，关键要在加快转变经济发展方式、完善社会主义市场经济体制方面取得重大进展，大力推进经济结构战略性调整，更加注重提高自主创新能力，提高节能环保水平，提高经济整体素质和市场竞争力；在政治建设方面，坚持党的领导、人民当家做主、依法治国有机统一，不断推进社会主义政治制度的自我完善和发展，发展社会主义政治文明；在文化建设方面，坚持社会主义先进文化前进方向，兴起社会主义文化建设新高潮，推动社会主义文化大发展大繁荣，不断提高文化软实力；在社会建设方面，着力保障和改善民生，重点解决就业难、就学难、就医难、住房难、社会保障等问题，使全国人民学有所教、劳有所得、病有所医、老有所养、住有所居，共享改革发展的成果；在国防和军队建设方面，强调必须站在国家安全和发展战略全局的高度，统筹经济建设和国防建设，在全面建设小康社会进程中实现富国和强军的统一；在实现祖国统一方面，报告高度、充分肯定了香港、澳门回归以来"一国两制"的伟大成功实践；在解决台湾问题方面，强调坚持一个中国原则，牢牢把握和平发展的主题，真诚为两岸同胞谋福祉、为台海地区谋和平，积极促进祖国统一大业；在发展对外关系方面，报告强调要推动建设持久和平、共同繁荣的和谐世界，我国要积极为推动和谐世界作出贡献。

第七，深刻领会新任务，以改革创新精神推进党的建设新的伟大工程。报告深刻阐述了以改革创新精神加强和改进党的建设的重要性和紧迫性，提出了一条主线、五个重点和五大建设、六项工作，明确了新形势下加强党的建设的新任务，体现了时代性，把握了规律性，富于创造性。要在新的形势、新的条件下提高党的执政能力，保持和发展党的先进性，使各级领导班子成为中国特色社会主义事业的坚强领导核心，就必须以改革创新为动力，锲而不舍地加强和改进党的建设。报告特别强调，要切实改进党的作风，着力加强反腐倡廉建设，指出在坚决惩治腐败的同时，更加注重治本，更加注重预防，更加注重制度建设，拓展从源头上预防腐败工作领域，对反腐倡廉建设提出了新的更高的要求。

三、抓好贯彻落实，开创工作新局面

胡锦涛总书记在党的十七届一中全会上强调，新一届中央领导集体当前和今后一个时期的首要政治任务，就是全面贯彻落实党的十七大精神，为实现党的十七大确定的奋斗目标和工作任务而扎实努力，并强调要做到"六个必须"、"三个带头"，即：必须高举中国特色社会主义伟大旗帜，必须深入贯彻落实科学发展观，必须坚定不移地实现全面建设小康社会的宏伟目标，必须坚定不移地继续解放思想、坚持改革开放，必须下大气力解决人民最关心、最直接、最现实的利益问题，必须以改革创新精神推进

党的建设新的伟大工程；带头增强政治责任感和历史使命感，带头学习新知识、增长新本领，带头加强作风建设。这是对新一届中央领导集体提出的，也是我们学习贯彻十七大精神必须坚持的总要求。我们要按照这个总要求，把贯彻落实十七大精神切实放到首要位置上，学习好、宣传好、贯彻好、落实好十七大精神，不断推动各项事业取得新胜利。

（一）认真学习，切实掌握精神实质

要认真学习，把十七大文件作为重要教材，制订计划，安排专题，认真研读，特别是要原原本本地学习党的十七大报告和党章，要坚持把集中学习与个人自学结合起来、通读文件与专题研讨结合起来、学习理论与思考工作结合起来，做到系统学、全面学、深入学。要深刻领会、准确把握报告提出的新思想、新论断、新观点、新部署和新要求，准确把握报告的丰富内涵和精神实质，切忌一般地读一读、翻一翻、听一听、说一说。要善于运用，坚持学以致用、用以促学，把十七大精神作为思想武器、工作指南、行动准则，用来观察问题、认识问题、思考问题、处理问题、解决问题。要通过学习十七大精神，使广大党员、干部做共产主义远大理想和中国特色社会主义共同理想的坚定信仰者、科学发展观的忠实执行者、社会主义荣辱观的自觉实践者、社会和谐的积极促进者。在学习中，一要抓住重点，就是要抓住领导干部这个重点。领导干部要以身作则、带头学习，带着责任学、带着热情学、带着问题学，在武装头脑、提高认识、统一思想上下工夫，在完善思路、指导实践、破解难题上求实效。二要抓好难点，就是抓好青年学生的学习。要在运用传统手段的同时，积极拓展思路、创新方法，让他们真切了解十七大精神，掌握十七大精神的基本内容。三要引导热点，就是要在学习中引导广大师生正确看待热点问题。特别是要高度重视发展教育，解决大学生就业等热点问题，一方面引导师生的正当关切和合理预期；另一方面切实重视解决这些问题，摆上工作的重要议事日程，通过各种努力，推动这些事关师生利益问题的有效解决，真正做到让全体师生共享改革发展的成果。

（二）积极宣传，使十七大精神深入人心

要广泛宣传，组织报刊、电台、电视台、互联网等各种媒体，开辟专栏专题，集中一段时间深入宣传，及时总结反映学习贯彻的新思路、新经验、新成效、新典型；组织专家学者围绕十七大提出的一系列新思想、新观点、新论断，围绕难点、热点问题进行深入研究，推出一批有深度、有分量的研究成果；积极开展对十七大精神的宣讲活动，运用师生身边的事例，教育、引导师生，形成强大的宣传声势，推动十七大精神进课堂、进教材、进头脑，真正使十七大精神人人皆知。要生动宣传，坚持贴近实际、贴近生活、贴近群众，创新内容形式，改进方法手段，增强十七大精神宣传的吸引力和感染力。要根据不同对象、不同群体的需求，从不同角度、不同层次、不同侧面，全面准确、深入浅出地进行宣传，让人喜闻乐见，给人教育启迪。要加强策划、精心选题，以独特的角度、新颖的形式、通俗的语言进行宣传，用事实说话、用典型说话、用数字说话，做到生动活泼、打动人心，使十七大精神真正入耳、入眼、入脑、入心。要深入宣传，把十七大精神作为宣传的重要指导思想、长期工作任务和主要宣传内容切实安排好，全面准确、深入持久地宣传十七大精神。

（三）切实落实，把十七大精神结合到实际工作中

关键是做到"三个结合"。一是结合思想实际。要紧紧围绕师生提出的深层次思想理论问题，紧紧围绕大家关心的热点难点问题深入调研，及时了解师生所思所想、所疑所惑，有什么问题解决什么问题，不能隔靴搔痒、泛泛而谈，要有针对性地解开他们的思想"扣子"，努力做到在解疑释惑上有新突破、在统一思想上有新提高、在推动实践上有新进展。二是结合工作实际。各高校的情况不一样，任务不一样，工作对象也不一样，一定要结合工作实际来贯彻十七大精神。要着眼中国特色社会主义事业总体布局，找到工作的结合点和切入点，进一步明确本单位的具体奋斗目标，认真研究推进改革发展稳定的重大措施，着力解决影响和制约科学发展的突出问题，推动高等教育事业取得新进展。三是结合师生愿望。随着经济社会发展进步，师生在经济、政治、文化及社会生活各方面必然会产生诸多新的期待。学习贯彻十七大精神，必须全面把握师生的新期待，适应师生发展生产、改善生活的新愿望，实现好、维护好、发展好最广大人民的根本利益，使十七大精神成为维护人民利益的武器、改善民生的动力、联系群众的纽带，得到广大师生的衷心拥护。

（四）扎实贯彻，在实际工作中真抓实干

马克思指出，一个实际行动胜过一打纲领。邓小平同志讲，世界上的事情都是干出来的，不干，半点马克思主义都没有。贯彻落实十七大精

神，关键在真抓实干。我们检验十七大精神是否落到了实处，主要有三个标志：一是解决问题。这是首要标志。我们党一切理论路线方针政策和重大决策的着眼点和落脚点就是解决问题，学习贯彻十七大精神同样离不开"解决问题"这个根本目的，否则"抓落实"就是一句空话。因此，要牢固树立解决问题的强烈责任感和使命感，妥善解决改革发展中本单位存在的一些深层次问题，及时解决随着时代发展产生的新矛盾新问题，着力提高运用科学理论分析问题的本领，脚踏实地解决实际问题。二是指导实践。对十七大精神的学习贯彻，要始终立足于指导今后的工作实践，努力把学习十七大精神的收获转化为推动实践发展的强大精神动力，转化为改造客观世界和主观世界的力量源泉，转化为深入改革创新的实际行动，进一步明确发展目标，理清发展思路，完善发展举措，使高等教育改革发展的宏伟实践能够在十七大精神指导下来思考、来谋划、来推进、来实现。三是推动工作。在学习贯彻十七大精神过程中，只有各方面工作都呈现出新气象、新面貌、新局面，才是落到了实处。要把学习贯彻十七大精神与深入推进科学发展观的贯彻落实结合起来，与加快全面建设小康社会的进程结合起来，与加强党的建设特别是干部队伍建设结合起来，集中精力、全力以赴做好各项工作，真正做实、做深、做新、做出成效，推动高等教育不断取得新进步，实现高等教育又好又快发展。

第二节　党的十七大与"三个规律"的新探索

党的十七大是21世纪后我们党召开的第二次全国代表大会，是我国全面建设小康社会关键时期召开的一次代表大会，在我们党和国家的历史上具有重要的地位。党的十七大闭幕以后，在国际国内形势发了一些新的变化之后，再来学习党的十七大的精神，会有更多新的启示。我们学习十七大精神，应该把握三个基本原则：第一个原则是，必须把学习十七大报告的文本作为重点，原原本本地学习和理解十七大的基本精神，把党的十七大以来胡锦涛同志对十七大精神的新的论述和新的理论概括同十七大精神紧密地结合起来。第二个原则是，必须以当前我们正在做的事情为中心，紧密结合当前的形势和实际，结合我们所从事的具体工作的实际，把十七大的要求落实到实际工作当中。第三个原则是，从学习十七大精神实质的角度，要把学习十七大精神同学习马克思主义基本原理、增强坚持和贯彻科学发展观的自觉性结合起来。

为此，我们要从马克思主义基本理论出发，从十七大所解决的主要问题和做出的重要贡献出发，来研究和解读十七大精神，即从共产党执政规律、社会主义建设规律、人类社会发展规律的角度，认识十七大的历史贡献，确定我们在当前的现代化建设中，如何把马克思主义基本原理和实际紧密结合起来，以获得思想和理论上的启迪。

一、规律的内涵以及马克思主义者对"三个规律"的研究

人类能够认识规律、掌握规律并运用规律实现人类解放的伟大目标，是马克思主义区别于其他思想理论的显著标志。在马克思主义产生之前，人们在解释和说明社会历史问题时，突出的缺陷是否认客观事物内部的规律性。所以，著名的哲学家黑格尔在实现了哲学理论的重大发展之后，不得不用"绝对精神"来说明复杂的社会发展；伟大的空想社会主义者圣西门在领导了轰轰烈烈的"社会改革实践"之后，不得不把最后的希望寄托给尚未诞生的天才人物。马克思和恩格斯从一开始，就抓住事物内在的联系性，探索人类社会符合规律的必然发展。列宁指出："当我们不知道自然规律的时候，自然规律是在我们的认识之外独立地存在着并起着作用，使我们成为'盲目的必然性'的奴隶。一经我们认识了这种不依赖于我们的意志和我们的意识而起着作用的（如马克思千百次反复说过的那样）规律，我们就成为自然界的主人。"① 基于这种认识，马克思主义从理论上深刻阐述了客观世界发展规律的理论。

（一）马克思主义关于事物发展规律的基本观点

马克思主义深刻揭示了规律的内涵及其特点。列宁曾指出："每种现象的一切方面（而且历史在不断地揭示出新的方面）相互依存，极其密切而不可分割地联系在一起，这种联系形成统一的、有规律的世界运动过程"② 。这表明，物质世界是普遍联系着的有机整体，它处在永恒的运动和发展之中，而物质世界的运动发展不是杂乱无章的，是有规律的。规律就是事物发展本身所固有的本质的、必然的、稳定的联系。这种联系有四

---

① 《列宁选集》第2卷，人民出版社1995年版，第153页。
② 同上书，第423页。

个显著特点。（1）规律是客观事物本身所固有的内在联系。规律是不依
人的意志为转移的。自然规律没有人的活动参与，它在自发地盲目地起作
用；社会规律虽然有人的活动参与，离不开人的意识活动，但社会规律同
样是客观的。人们在实践活动中，只有尊重规律，按规律办事，才能成
功；反之，违背了规律，不按规律办事，就会遭到挫折和失败。（2）规
律是事物之间的本质联系。事物在运动发展中，有各种各样的联系，其中
有本质联系和非本质联系。只有本质联系才能构成规律，非本质联系不能
构成规律。所以，在认识客观事物、掌握客观规律的过程中，要善于透过
现象看本质，不被复杂的非本质联系所迷惑。（3）规律是事物发展中的
必然联系。事物在运动发展中，有必然联系和偶然联系，只有必然联系才
能构成规律，偶然现象不能构成规律。规律的必然联系，说明具有强制
性，不管人们喜欢与否，都不能违背规律，必须尊重、适应规律。（4）
规律是事物发展中的稳定联系。事物在发展中有稳定联系和非稳定联系，
只有稳定联系才能构成规律，非稳定联系不能构成规律。这说明，规律具
有相对稳定性，不是瞬息万变的，在一定的范围和领域内，只要具备一定
的条件，某种合乎规律的现象就会重复出现，绝不会时有时无。

　　马克思主义深刻揭示关于自然、社会、人类思维发展普遍规律的科
学，是唯物辩证法和唯物史观。

　　关于唯物辩证法，马克思和恩格斯在吸取黑格尔辩证法的"合理内
核"、批判其唯心主义的过程中，深刻论述了唯物辩证法的科学体系，为
人类认识和把握规律指出了科学指导和基本方法。第一，唯物辩证法的总
特征是普遍联系的观点和永恒发展的观点，唯物辩证法的全部规律和范
畴，都是从不同的方面、层次上说明事物的联系和发展，这是唯物辩证法
和形而上学的根本分歧。第二，唯物辩证法揭示了三个基本规律，即对立
统一规律、质量互变规律和否定之否定规律。它们分别从不同方面揭示了
事物的联系和发展。从联系上看，对立统一规律揭示了事物内部既对立又
统一的本质联系，质量互变规律揭示了事物量和质、量变和质变之间的联
系，否定之否定规律揭示了事物发展过程中肯定阶段和否定阶段之间的联
系。从发展上看，对立统一规律揭示了事物发展的源泉和动力，质量互变
规律揭示了事物发展的形式或状态，否定之否定规律揭示了事物发展的方
向和道路。第三，唯物辩证法还揭示了原因和结果、必然性和偶然性、可

能性和现实性、内容和形式、现象和本质等基本范畴，这就奠定了辩证思维的逻辑形式。总之，唯物辩证法指出了正确认识客观规律的基本方法。

关于唯物史观，马克思主义深刻地揭示了关于人类社会自身发展规律的科学是历史唯物主义。恩格斯曾经说：马克思的伟大功绩，就在于他"正像达尔文发现有机界的发展规律一样，马克思发现了人类历史的发展规律"①。这一发现从根本上改变了人们对自身发展规律的理解，是人类思想史上空前伟大的变革。马克思对于人类历史的一般进程及其内在规律的客观性作出了精辟的概括。他指出："人们在自己生活的社会生产中发生一定的、必然的、不以他们的意志为转移的关系，即同他们的物质生产力的一定发展阶段相适应的生产关系。这些生产关系的总和构成社会的经济结构，即有法律的和政治的上层建筑竖立其上并有一定的社会意识形式与之相适应的现实基础。物质生活的生产方式制约着整个社会生活、政治生活和精神生活的过程。不是人们的意识决定人们的存在，相反，是人们的社会存在决定人们的意识。社会的物质生产力发展到一定阶段，便同它们一直在其中运动的现存生产关系或财产关系（这只是生产关系的法律用语）发生矛盾。于是这些关系便由生产力的发展形式变成生产力的桎梏。那时社会革命的时代就到来了。随着经济基础的变更，全部庞大的上层建筑也或慢或快地发生变革。在考察这些变革时，必须时刻把下面两者区别开来：一种是生产的经济条件方面所发生的物质的、可以用自然科学的精确性指明的变革，一种是人们借以意识到这个冲突并力求把它克服的那些法律的、政治的、宗教的、艺术的或哲学的，简言之，意识形态的形式。我们判断一个人不能以他对自己的看法为根据，同样，我们判断这样一个变革时代也不能以它的意识为根据；相反，这个意识必须从物质生活的矛盾中，从社会生产力和生产关系之间的现存冲突中去解释。无论哪一个社会形态，在它所能容纳的全部生产力发挥出来以前，是决不会灭亡的；而新的更高的生产关系，在它的物质存在条件在旧社会的胎胞里成熟以前，是决不会出现的。所以人类始终只提出自己能够解决的任务，因为只要仔细考察就可以发现，任务本身，只有在解决它的物质条件已经存在

---

① 《马克思恩格斯选集》第3卷，人民出版社1995年版，第776页。

或者至少是在生成过程中的时候，才会产生。"①

（二）马克思主义者对"三个规律"的研究

对"三个规律"的科学研究，是从马克思主义创立时期开始的。随着世界社会主义运动的发展，马克思主义者在实践中不断深化对"三个规律"的认识，不断揭示"三个规律"的科学内涵，并逐渐掌握了对"三个规律"的科学运用。

1. 马克思恩格斯对"三个规律"的研究

关于人类社会发展规律，马克思和恩格斯时代，主要是探讨人类社会发展规律，通过深入的理论研究，得出了资产阶级必然灭亡、无产阶级必然胜利的重要结论。同时，深刻揭示了人类社会的总的历史进程是从原始社会到奴隶社会、封建社会、资本主义社会、社会主义和共产主义社会的一般线索。此外，马克思和恩格斯还从生产力、生产方式的角度，深刻揭示了社会发展的不同阶段。《共产党宣言》是第一个全面阐述"三个规律"的科学著作。马克思和恩格斯运用辩证唯物主义和历史唯物主义的基本原理，科学地分析了人类社会的发展历程，尤其是着重分析了资本主义发生发展的历史，从而揭示了资产阶级必然灭亡和无产阶级必然胜利这一客观规律，指出了资产阶级灭亡的必然性和无产阶级夺取政权的正确道路。什么时候可以实现共产主义？《宣言》指出，在发展进程中，当经济差别已经消失而全部生产集中在联合起来的个人手里的时候，公众的权力就失去政治性质。代替资产阶级旧社会的，将是这样一个联合体，在那里，每个人的自由发展是一切人的自由发展的条件。此后，在深刻总结1848 年欧洲革命、1871 年巴黎公社革命和无产阶级其他革命斗争经验的过程中，马克思和恩格斯作出了更加丰富的理论论述，全面地揭示"三个规律"，在理论上武装工人阶级，在斗争中锻炼了工人阶级。

关于社会主义建设问题，马克思和恩格斯也进行了深刻的研究。主要探讨的是无产阶级如何夺取政权、如何巩固政权的问题。《共产党宣言》中有许多的论述。《宣言》指出："工人革命的第一步就是使无产阶级上升为统治阶级，争得民主。无产阶级将利用自己的政治统治，一步一步地夺取资产阶级的全部资本，把一切生产工具都集中在国家即组织成为统治

---

① 《马克思恩格斯选集》第 2 卷，人民出版社 1995 年版，第 32—33 页。

阶级的无产阶级手里，并且尽可能地增加生产力的总量。"①

关于工人阶级政党，《宣言》指出：共产党人不是同其他工人政党相对立的特殊政党，他们不提出任何特殊的原则，用以塑造无产阶级的运动。但共产党人也有特殊之处：一方面，在各国无产者的斗争中，共产党人强调和坚持整个无产阶级的不分民族的共同利益；另一方面，在无产阶级和资产阶级的斗争所经历的各个发展阶段上，共产党人始终代表整个运动的利益。共产党人要废除资产阶级的所有制，为此，他们到处都支持一切反对现存的社会制度和政治制度的革命运动，并"努力争取全世界民主政党之间的团结和协调"。②

2. 列宁、斯大林对"三个规律"的研究

俄国十月革命的胜利使社会主义从理论变为现实，党的建设和社会主义实践面临着许多新的情况，一些规律性的东西还隐藏在尚未充分发展的实践当中，探索"三个规律"的任务更加艰巨。列宁坚持马克思主义基本原理，从俄国的实际出发，借助于十月革命胜利后的实践成果，把对"三个规律"的认识向前推进一步。

关于工人阶级执政党建设，列宁指出，工人阶级不仅在夺取政权之前，也不仅在夺取政权时期，而且在掌握政权之后，都需要共产党，党的领导表现在无产阶级政权的一切大政方针都必须由党来决定；加强执政党建设，对坚持党的领导至关重要，必须严格规定吸收党员的条件，严肃党纪，清除混进党内的投机分子和阶级敌人，加强党的团结，防止党的分裂。

关于社会主义建设，列宁在十月革命胜利后就制订了经济建设、文化建设和政治建设的计划。在国内战争结束、苏维埃政权巩固之后，进一步提出了经济文化比较落后的苏维埃俄国通过新经济政策走向社会主义的战略策略，并指导了苏维埃俄国的经济、政治和文化建设。列宁关于社会主义建设的主要设想有：无产阶级夺取国家政权后，最重要的最根本的利益就是大大提高社会生产力和劳动生产率；共产主义就是苏维埃政权加全国电气化；合作社是无产阶级国家同400万小农之间联系的纽带，是引导农

---

① 《马克思恩格斯选集》第1卷，人民出版社1995年版，第293页。
② 同上书，第307页。

民走向社会主义的必要途径；用逐渐的、审慎迂回的办法向社会主义过渡；商业是必须全力抓住的环节；正确看待和利用资本主义；实行文化革命；加强执政党建设和国家机关建设。这些思想成为进一步探索社会主义建设规律的宝贵的思想材料。

关于人类社会发展，特别是社会主义的未来发展。列宁的帝国主义理论，是揭示资本主义发展规律、揭示资本主义必然灭亡规律的理论成果。他通过自己的研究指出，帝国主义是资本主义发展的一个阶段，并没有改变资本主义的历史命运。十月革命胜利后，列宁对社会主义社会的发展规律也做了深入的研究。他在晚年指出："对社会主义的整个看法根本改变了。"[①] 这一改变集中地表现在两个方面：一是提出了新经济政策，提出用迂回的方式、小农可以接受的方式走向社会主义，新经济政策条件下的合作社，就是社会主义；二是指出世界社会主义的未来发展问题，认为世界各国的社会主义是必然趋势，尤其指出，像印度、中国等东方国家，走向社会主义的方式将会更加多种多样。

3. 中国共产党人对"三个规律"的探索

中国共产党成立后就开始独立探索"三个规律"的伟大实践。

毛泽东是这一独立探索的杰出代表。关于党的建设，毛泽东特别着重于从思想上建设党，提出党员不但要在组织上入党，而且要在思想上入党，经常注意以无产阶级思想改造和克服各种非无产阶级思想；理论和实际相结合的作风，和人民群众紧密地联系在一起的作风，以及自我批评的作风，是中国共产党区别于其他任何政党的显著标志；无产阶级政党在夺取全国政权以后要继续保持谦虚谨慎、戒骄戒躁、艰苦奋斗的作风。关于社会主义建设，毛泽东在我国生产资料所有制的社会主义改造基本完成后，先后发表了《论十大关系》、《关于正确处理人民内部矛盾问题》等著作，提出了正确处理两类不同性质矛盾的学说，作出了走适合我国国情的中国工业化道路、实现"四个现代化"、建设强大的社会主义国家的战略部署。毛泽东还积极探索了人类社会的发展规律，就正确处理社会主义和资本主义的关系、社会主义国家相互之间的关系，以及实现共产主义的途径等方面，提出了有价值的思想。

---

① 《列宁选集》第 4 卷，人民出版社 1995 年版，第 773 页。

党的十一届三中全会以后，以邓小平为代表的第二代党中央领导集体，把对"三个规律"的探索推向了新阶段。邓小平高度重视改革开放条件下党的建设，提出了推进党的建设新的伟大工程的历史性任务，指出为了坚持党的领导，必须努力改善党的领导；坚持四项基本原则的核心，就是坚持党的领导，问题是党要善于领导；要不断地改善党的领导，才能加强党的领导。邓小平对社会主义建设规律的探索作出了创造性的贡献。邓小平紧紧抓住"什么是社会主义、怎样建设社会主义"这个首要的基本的理论问题，对在马克思主义指导下走中国特色社会主义道路作出了科学的回答。邓小平在马克思主义发展史上第一次科学论述了社会主义的本质；科学概括了我国处于社会主义初级阶段的基本国情，进而形成了"一个中心、两个基本点"的基本路线；集中群众的智慧和力量，提出了改革开放的一系列重大战略决策，取得了建设中国特色社会主义的辉煌成就，用实践证明了正确把握社会主义建设规律的巨大作用。邓小平坚持马克思主义关于人类社会发展规律的科学判断，并运用马克思主义基本原理深刻分析了20世纪80年代末90年代初东欧剧变、苏联解体的深刻背景及历史经验。邓小平指出：马克思主义是打不倒的。他坚信：世界上赞成马克思主义的人会多起来，因为马克思主义是科学。它运用历史唯物主义揭示了人类社会发展的规律。封建社会代替奴隶社会，资本主义代替封建主义，社会主义经历一个长过程发展后必然代替资本主义。这是社会历史发展不可逆转的总趋势，但道路是曲折的。资本主义代替封建主义的几百年间，发生过多少次王朝复辟？所以，从一定意义上说，某种暂时复辟也是难以完全避免的规律性现象。一些国家出现严重曲折，社会主义好像被削弱了，但人民经受锻炼，从中吸取教训，将促使社会主义向着更加健康的方向发展。因此，不要惊慌失措，不要认为马克思主义就消失了，没用了，失败了。哪有这回事！

世纪之交，中国共产党关于"三个规律"的探索工作继续向前推进。党的十三届四中全会以来，江泽民多次深入研究改革开放和发展社会主义市场经济条件下党的建设和中国特色社会主义建设的重大问题，并对"三个规律"及探索工作的突破点作出新的论述。江泽民指出：在对外开放和发展社会主义市场经济的条件下，我们党如何始终保持工人阶级先锋队的性质，更好地代表最广大人民的利益；在社会经济成分、组织形式、物质利益和就业方式多样化趋势进一步发展的条件下，如何始终保持全党同志按照党的奋斗目标，按照国家和人民的最高利益来行动，维护和加强党的坚强团结与高度统一，这是我们在新的历史条件下加强党的建设的重大理论问题，也是重大现实问题。如何解决这些问题？江泽民提出，从解决好"四个如何认识"入手。

一是正确认识社会主义发展的历史进程，既充分认识到社会主义的强大生命力和创造力，又充分认识到社会主义总的来说还处在实践和发展的初期，可能发生这样那样的失误以及挫折，为此必须坚持社会主义，必须进行社会主义改革，探索符合本国实际的社会主义发展道路。

二是正确认识资本主义发展的历史进程，既坚持资本主义必然灭亡、社会主义必然胜利是社会历史发展的必然趋势，又充分认识发达资本主义国家在生产力、科学技术等方面还有新的很大的发展；既绝不能因为资本主义社会在具体演进中产生的一些繁荣现象而否认马克思主义的基本原理和科学判断，又要加强对当代资本主义自我调节和发展的研究，作出有说服力的理论分析，丰富和发展马克思主义理论。

三是正确认识我国社会主义改革实践过程对人们思想的影响，既充分认识到经济的快速发展和社会的巨大进步增强了人们的竞争意识、效率意识、民主法制意识和开拓创新精神，又充分认识在社会发展变化影响下，人们思想活动的独立性、选择性、多变性、差异性明显增加，各种思想观念都在深刻地影响着人民。

四是正确认识当今的国际环境和国际政治斗争带来的影响。在正确解决"四个如何认识"的基础上，江泽民把全部探索工作归结为"三个代表"重要思想指导的"三个规律"。他在庆祝中国共产党成立 80 周年大会的讲话中指出：我们要站在时代的前列，立足于新的实践，把握时代特点，运用马克思主义基本理论研究现实中的重大问题，不断深化对共产党执政的规律、对社会主义建设的规律、对人类社会发展的规律的认识，不断吸取一切科学的新经验、新思想、新成果，对丰富和发展马克思主义作出新的贡献。

总结"三个规律"探索的实践，江泽民在十个重大问题上作出了符合规律的回答。这十个方面是：关于建立社会主义市场经济体制的理论和实践；关于公有制为主体、多种所有制经济共同发展是我国社会主义初级阶段的基本经济制度的理论和实践；关于按劳分配为主体、多种分配方式并存的理论和实践；关于实行全方位对外开放战略的理论和实践；关于社会主义物质文明、政治文明和精神文明协调发展的理论和实践；关于正确处理改革发展稳定相互关系的理论和实践；关于建设社会主义法治国家的理论和实践；关于依法治国和以德治国相结合的理论和实践；关于走中国特色的精兵之路的理论和实践；关于巩固党的阶级基础和扩大党的群众基础的理论和实践。从而把对"三个规律"的认识提高到一个新的水平。

二、党的十七大的主要内容和基本精神

（一）党和国家面临形势的精辟分析

深刻理解党的十七大的历史地位和重要作用，必须把十七大放到当前国际国内的大背景下，深刻认识我们面临的形势和任务，明确我们面对的机遇和挑战。

当前我们正处在"关键时期"，主要表现在三个方面。

1. 我们所处的国际环境决定了我们面临的国际竞争处于"关键时期"

党的十七大对当前我们所处的国际环境有比较明确的概括。十七大指出："当今世界正处在大变革大调整之中。和平与发展仍然是时代主题，求和平、谋发展、促合作已经成为不可阻挡的时代潮流。世界多极化不可逆转，经济全球化深入发展，科技革命加速推进，全球和区域合作方兴未艾，国与国相互依存日益紧密，国际力量对比朝着有利于维护世界和平方向发展，国际形势总体稳定。""同时，世界仍然很不安宁。霸权主义和强权政治依然存在，局部冲突和热点问题此起彼伏，全球经济失衡加剧，南北差距拉大，传统安全威胁和非传统安全威胁相互交织，世界和平与发展面临诸多难题和挑战。""当代中国同世界的关系发生了历史性变化，中国的前途命运日益紧密地同世界的前途命运联系在一起。"[①]

理解当前国际形势对我们的影响有三个明显的问题，即：科技革命、经济全球化、国际软实力竞争的不可阻挡的趋势。

今后世界向什么方向发展？大国之间的力量对比将有什么特点？这是大家普遍关注的问题。美国国家情报委员会组织专家编写的《大趋势：2020年的世界》一书，改变了以往预测世界发展趋势的方法，提出了新

---

① 《中国共产党第十七次全国代表大会文件汇编》，人民出版社2007年版，第44—45页。

的方法。该书作者是采取了一种叫做"预景法"来捕捉未来国际社会可能的发展趋势。按照作者的介绍，这种方法与过去习惯使用的"直线推测法"有着很大的区别。所谓的"直线推测法"是倾向于把注意力完全集中在"预测"上，通过假定一个主线发展的情景，提供的只是一种关于未来发展的单维看法。

而所谓的"预景法"则是把注意力放在那些潜在的、具有特别政策含义的因素的相互作用之上。研究者需要找出关于未来形势发展的几种可能的主要趋势，然后，就影响这些发展趋势的内部因素进行分门别类的考察，还要就这些可能的趋势之间的相互影响作出判断。

作者把世界上的大国分为三类：

第一类：正在崛起中的大国：中国、印度、巴西、印度尼西亚、俄罗斯、南非。作者认为，中国和印度成为世界舞台上新的主要角色。决定中国和印度崛起的主要因素是：人口、新的国际力量重新组合和新的国际机构，其他因素，如经济增长、军事实力扩大、高科技的发展，等等。作者认为，制约中国崛起的因素很多，如日本和东南亚国家以及中国台湾地区相互之间试图协调关系并向美国靠拢，以此来抗衡中国的崛起；中国内部的经济重挫和信息危机，必然影响中国的崛起；中国经济增长存在的风险，中国经济领域中的不完善之处，等等。作者对印度给予了高度的关注，认为，印度的经济增长速度很难超过中国在过去10年已经达到的水平。但是，中国维持其目前速度的能力可能要低于印度。如果中国经济增长速度减慢几个百分点，那么，在我们迈向2020年的过程中，印度就可能成为经济增长速度最快的国家。

第二类：老化中的强国：日本、欧洲。作者认为，日本劳动力的老年化将促使它更多地向外投资和与东北亚，尤其是与中国的经济加大融合；日本面临的需要抉择的难题："制衡"中国，还是与中国"同舟共济"？作者认为，欧洲的长处是，可以为崛起中的国家提供一个全球和地区管理的模式。欧洲存在人口老龄化和劳动力萎缩对欧洲会发生严重的影响，但不是不可逾越的。

第三类：现实的大国：美国。作者提出的问题是：美国主导单边世界还能持续多久？说明作者对美国未来发展的担忧。作者的结论是：到2020年时，没有单个国家能够赶上美国的军事力量。作者同时指出：正如"美国领导下的和平"的预景所描述的那样,当人们在对某个威胁是否成为世界安全的主要威胁不能达成共识的情况下,美国必须处理好它与亚洲、欧洲、中东以及其他地区之间的关系,并且要支付一个它可以接受的费用。然而,对前进道路上所要遇到的所有挑战,美国仍将保持巨大的优势,在世界广泛的领域——经济、技术、政治和军事——起到主要的枢纽作用,这个作用不是其他国家在 2020 年能够与之相匹敌的。即使现存的国际秩序受到威胁,美国仍将有很多机遇去创造一个新秩序。①

2. "中国模式"的形成取得了辉煌的成就,并被国际社会所仰慕

十七大没有使用"中国模式"的概念。但是,十七大使用了"中国特色社会主义道路"的概念,并对"中国特色社会主义道路"的内涵作了科学的界定。这个界定是以改革开放 30 年来的成就,特别是以十六大以来的辉煌成就为基础的。

对于改革开放 30 年的辉煌,十七大报告有一个经典的概括:"1978年,我们党召开具有重大历史意义的十一届三中全会,开启了改革开放历史新时期。从那时以来,中国共产党人和中国人民以一往无前的进取精神和波澜壮阔的创新实践,谱写了中华民族自强不息、顽强奋进新的壮丽史诗,中国人民的面貌、社会主义中国的面貌、中国共产党的面貌发生了历史性变化。"②

对十六大以来的五年的成就和特点,十七大报告有两段阐述。一段是:"总起来说,这五年,是改革开放和全面建设小康社会取得重大进展的五年,是我国综合国力大幅提升和人民得到更多实惠的五年,是我国国际地位和影响显著提高的五年,是党的创造力、凝聚力、战斗力明显增强和全党全国各族人民团结更加紧密的五年。"另一段是阐述了十六大以来我们所处的时期的特点,即"新时期最鲜明的特点是改革开放";"新时期最显著的成就是快速发展";"新时期最突出的标志是与时俱进"。

中国特色社会主义道路就是在这样的历史条件下形成的。

对中国建设的成就,对"中国模式",国际社会给予了高度关注。

————————

① 美国国家情报委员会编:《大趋势——2020 年的世界》,华东师范大学出版社 2007 年版,第 11 页。

② 《中国共产党第十七次全国代表大会文件汇编》,人民出版社 2007 年版,第 6—7 页。

《大趋势——2020年的世界》一书的作者在分析未来15年全球化的发展趋势的时候就指出："除非出现灾难性的战争和全球大衰退，否则，表现为信息、技术、资本、货物、服务以及人口在全世界流动的全球化的方向将不可逆转；全球化所带来的利益不可能是均等的，全球化的最大受益者将逐渐地集中到那些能够接触和采用新技术的国家和集团；采用新技术政策的国家，如中国和印度能够通过跳跃式的发展超越如美国和欧洲这样的高科技领先者；增长中的全球经济将会增加对于能源和原材料的需求，然而，总的来看，对于能源生产能力的大规模投资能够使得总体能源的供应满足全球的需求；全球化的归宿虽然将变得不太明确，但是，全球化很可能变得不太西方化，到2020年时，'全球化在一般人的脑子里可能等同于一个崛起中的亚洲，取代现时的把全球化与美国化联系在一起的看法'。"① 该书作者在阐述中国近年来大量地派出高级干部到欧美大学进修学习一事时，并不认为这些留学者回到中国后会照搬西方的体制模式，作者认为，中国可能会走上一条"亚洲式的民主之路"。②

　　最近看到的外国专家学者和政治家对中国的评价，同样表明国外对中国的高度重视。法国媒体认为，"如果把中共十七大报告看做是一个色彩斑斓的图景，跃然纸上并贯穿始终的颜色，就是'中国特色'这一'亮色'"。认为"中国道路"创造东方奇迹，得到13亿中国人的支持，也赢得世界上越来越多的理解赞同；"中国道路"使中国与世界的距离更加拉近，中国的发展与繁荣越来越深刻地与世界息息相关；"中国道路"推动世界稳定和发展："中国强有力的经济成就应当成为其他发展中国家的灵感源泉。"英国《经济学家》载文指出："世界在中国等新兴经济体身上找到了强有力的新引擎。"2004年，美国高盛公司高级顾问雷默曾发表一篇引起极大反响的研究报告《北京共识》，文中坦言："尽管他国不能重复中国的发展模式，但中国模式中一些内容却是值得研究的。"世界贸易组织前总干事素帕猜认为，"中国强有力的经济成就应当成为其他发展中国家的灵感源泉"。塞内加尔国务部长兼外交部长加迪奥说："30年前，

---

① 美国国家情报委员会：《大趋势——2020年的世界》，华东师范大学出版社2007年版，第3—4页。

② 同上书，第62页。

中国和非洲许多国家在经济上几乎处于同一个起跑线上，经过数十年改革开放，中国已成为世界强国之一。中国过去的发展经验值得借鉴，今后如何变革和发展，也将为非洲国家提供可循的新模式。"

有一种意见渐成国际舆论的主流：中国道路的成功不仅是共产党政权的胜利，更是人类文明进步的一个重大成果。美国加利福尼亚大学伯克利分校新闻研究院院长奥维尔·谢尔预言："中国与世界交往和处理本国人民事务的全新方式，有可能发展成一个新的、也许可行的长期发展模式。"

在这种背景下，我们更要居安思危，既不要妄自菲薄，也不能夜郎自大，一定要保持清醒的头脑。所以，十七大报告指出："当今世界正在发生广泛而深刻的变革，当代中国正在发生广泛而深刻的变革。机遇前所未有，挑战也前所未有，机遇大于挑战。"①

3. 我国全面建设小康社会的任务依然处于十分复杂的环境

十七大报告在充分肯定改革开放 30 年、十六大以来 5 年的成就，充分肯定我国社会发生的积极而深刻的变化的同时，保持了两个高度清醒。

第一，在肯定我国经济社会发展进入新阶段，我国发展呈现一系列新的阶段性特征的同时，对我国基本国情的认识，保持了高度清醒。十七大报告指出："我国仍然处于并将长期处于社会主义初级阶段的基本国情没有变，人民日益增长的物质文化需要同落后的社会生产之间的矛盾这一社会主要矛盾没有变。"并且深刻指出："全党同志必须清醒认识到，实现全面建设小康社会的目标还需要继续奋斗十几年，基本实现现代化还需要继续奋斗几十年，巩固和发展社会主义制度则需要几代、十几代甚至几十代人坚持不懈的努力奋斗。"②

第二，在肯定十六大以来的辉煌成就的同时，也指出了当前我国经济社会发展中存在的问题和风险。十七大报告指出了当前我国现代化建设中存在的七个突出问题："经济增长的资源环境代价过大；城乡、区域、经济社会发展仍然不平衡；农业稳定发展和农民持续增收难度加大；劳动就

---

① 《中国共产党第十七次全国代表大会文件汇编》，人民出版社 2007 年版，第 2 页。
② 同上书，第 54 页。

业、社会保障、收入分配、教育卫生、居民住房、安全生产、司法和社会治安等方面关系群众切身利益的问题仍然较多，部分低收入群众生活比较困难；思想道德建设有待加强；党的执政能力同新形势新任务不完全适应，对改革发展稳定一些重大实际问题的调查研究不够深入；一些基层党组织软弱涣散；少数党员干部作风不正，形式主义、官僚主义问题比较突出，奢侈浪费、消极腐败现象仍然比较严重。"①

所以，十七大报告在最后强调了"四个一定要"："我们一定要居安思危、增强忧患意识，始终保持对马克思主义、对中国特色社会主义、对实现中华民族伟大复兴的坚定信念；一定要戒骄戒躁、艰苦奋斗，牢记社会主义初级阶段基本国情，为党和人民事业不懈努力；一定要刻苦学习、埋头苦干，不断创造经得起实践、人民、历史检验的业绩；一定要加强团结、顾全大局，自觉维护全党的团结统一，保持党同人民群众的血肉联系，巩固全国各族人民的大团结，加强海内外中华儿女的大团结，促进中国人民同世界各国人民的大团结，为战胜一切艰难险阻、推动党和人民事业取得新的更大胜利提供强大力量。"②

4. 党的十七大对党的理论指导和阶段性目标作了高度概括

十七大报告的标题是《高举中国特色社会主义伟大旗帜，为夺取全面建设小康社会新胜利而奋斗》。这一鲜明的主题，坚持和继承了我们党自十一届三中全会以来一贯坚持的主题，又深刻地反映和揭示了我们党当前面临的新形势、新任务。我们一定要牢牢把握这个主题。

（二）"旗帜"、"道路"和"理论体系"的高度概括

党的十七大深刻论述了"旗帜"、"道路"、"理论体系"这三个密切联系的理论和实践问题，阐述了它们的深刻内涵和相互关系，回答了为什么要坚持"中国特色社会主义、如何坚持中国特色社会主义"。

1. 什么是旗帜以及为什么要高举旗帜

旗帜是管前进方向的。旗帜问题至关重要。旗帜就是方向，旗帜就是形象，旗帜就是力量。旗帜的作用在于力量整合，有了旗帜，就会有思想统一，就会有万众一心，就会有目标会合。引领当代中国发展进步和

① 《中国共产党第十七次全国代表大会文件汇编》，人民出版社2007年版，第5-6页。
② 同上书，第54-55页。

凝聚全党全国各族人民团结奋斗的效果，决定了中国特色社会主义作为一面旗帜的意义。所以，十七大报告鲜明地指出：中国特色社会主义伟大旗帜，是当代中国发展进步的旗帜，是全党全国各族人民团结奋斗的旗帜。

在当代中国，高举中国特色社会主义旗帜具有极其重要的意义。中国特色社会主义不是传统的社会主义模式，更不是民主社会主义模式，而是中国共产党领导广大人民群众独立探索出的崭新道路，并形成为有体系的理论。在改革开放使中国取得飞速进步的事实面前，任何尊重实践和对国家和民族前途命运负责任的中国人，没有理由怀疑中国特色社会主义这面旗帜的正确和伟大。

当前实践中要防止两种偏向。一种偏向是思想保守甚至僵化，偏执于固定的思维方式和既有的理论框框，束缚手脚，畏缩不前，迈不出新的步伐。胡锦涛强调，解放思想是应对前进道路上各种新情况新问题、不断开创事业新局面的一大法宝，必须坚定不移地加以坚持，就是针对这种偏向的。另一种偏向是思想混淆甚至误导，曲解中国特色社会主义建设，用别的什么"主义"来硬套我国的实践。这是一种思想噪声，对坚持中国特色社会主义是有害的。首先，中国人民已经深深懂得模仿别国的结果是什么，我们绝不能机械地去学别国模式，也不需要把我国的模式生硬地往别国模式上去靠。其次，中国特色社会主义建设是改革开放以来历届党中央领导集体领导全体中国人民连续一贯的实践，它凝结着中华民族在全球化时代背景下的经验和智慧，用别的什么"主义"来解释中国特色社会主义，是对这个基本事实的否定。

因此，高举中国特色社会主义伟大旗帜，是事关国家前途和民族命运的原则问题。

2. 什么是道路以及为什么要走这条道路

高举中国特色社会主义伟大旗帜最根本的要求，就是坚持中国特色社会主义道路。

中国到底走什么道路？近代以来，中国人民进行了100多年的艰辛探索。中国共产党也已经进行了80多年的探索。从建党之初的"走俄国人的路"，到新中国成立初期的"走苏联的路"，都是我们在艰辛探索中所经历的过程。同时，在这整个探索之中，中国共产党的一个重要思想是坚持"以我为主"。从毛泽东提出中国革命"要靠中国同志、了解中国情况",到邓小平同志提出,"走自己的路,建设有中国特色的社会主义",①充分显示了我们党的成熟和成功,说明中国共产党人在选择路径上,取得了成功。

旗帜是形象,是方向。旗帜展示的未来,还要靠实践中对具体前进道路的艰苦探索。改革开放以来,由以邓小平同志为核心的党的第二代中央领导集体所开创,经以江泽民同志为核心的党的第三代中央领导集体所继承、发展,到以胡锦涛同志为总书记的党的新一代中央领导集体继续向前推进,我们党把马克思主义基本原理同当今中国改革开放的实际相结合,终于探索并开辟了一条中国特色社会主义道路。十七大对这条道路进行了精辟的概括,这就是:在中国共产党领导下,立足基本国情,以经济建设为中心,坚持四项基本原则,坚持改革开放,解放和发展社会生产力,巩固和完善社会主义制度,建设社会主义市场经济、社会主义民主政治、社会主义先进文化、社会主义和谐社会,建设富强民主文明和谐的社会主义现代化国家。这条道路全面增强了我国的综合国力,显著提高了中国人民的生活水平,大大提升了中国的国际形象,它历史性地改变了中国人民的面貌,改变了社会主义中国的面貌,改变了中国共产党的面貌。改革开放30年的实践一再证明:中国特色社会主义道路是发展中国、富强中国、振兴中华的唯一正确的道路。当代中国,坚持中国特色社会主义道路,就是真正坚持社会主义。

十七大特别提醒全党,我们党所成功走出的这条中国特色社会主义道路,同改革开放是密不可分的。改革开放是决定当代中国命运的关键抉择,是发展中国特色社会主义、实现中华民族伟大复兴的必由之路。当今中国,改革开放最大的实践、最根本的实践,就是正在进行的以建立社会主义市场经济体制为取向的改革。改革开放作为一场新的伟大革命,不可能一帆风顺,也不可能毕其功于一役。如此深刻的改革,难免在前进的道路上会产生这样或那样的问题和矛盾。在探索性的实践中,我们既不能回避这些问题和矛盾,也不能过于夸大实践中的某些不足,更不能因噎废食,从根本上否定改革。十七大指出,最根本的是,改革开放符合党心民

① 《邓小平文选》第三卷,人民出版社 1993 年版,第 3 页。

心，顺应时代潮流，方向和道路是完全正确的，成效和功绩不容否定，停顿和倒退没有出路。只有改革开放才能发展中国、发展社会主义、发展马克思主义。

在新的发展阶段发展中国特色社会主义，必须继续走科学发展的道路，这是促进经济社会又好又快发展的道路，夺取全面建设小康社会新胜利的道路，归根到底，是一条让人民群众得到更多实惠的道路。要使这条道路越走越宽广，必须坚定不移地坚持解放思想，坚定不移地推进改革开放，坚定不移地落实科学发展、社会和谐，坚定不移地为全面建设小康社会而奋斗。

3. 什么是理论体系以及理论体系的特点

中国共产党是高度重视理论创新的党。在党的理论创新的进程中，不断实现马克思主义中国化的进步，并相继形成了毛泽东思想、邓小平理论、"三个代表"重要思想、科学发展观等。毛泽东思想解决了我国新民主主义革命和社会主义改造的一系列问题，引导中国人民实现了中国社会的历史性变迁与飞跃。进入社会主义建设时期，毛泽东同志进行了艰辛的探索，给他的后人的探索工作奠定了重要的基础。邓小平、江泽民、胡锦涛等继续不断探索，围绕中国特色社会主义这个主题，形成了"中国特色社会主义理论体系"。

党的十七大报告郑重指出：中国特色社会主义理论体系，"就是包括邓小平理论、'三个代表'重要思想以及科学发展观等重大战略思想在内的科学理论体系。这个理论体系，坚持和发展了马克思列宁主义、毛泽东思想，凝结了几代中国共产党人带领人民不懈探索实践的智慧和心血，是马克思主义中国化最新成果，是党最可宝贵的政治和精神财富，是全国各族人民团结奋斗的共同思想基础。中国特色社会主义理论体系是不断发展的开放的理论体系。《共产党宣言》发表以来近 160 年的实践证明，马克思主义只有与本国国情相结合、与时代发展同进步、与人民群众共命运，才能焕发出强大的生命力、创造力、感召力。在当代中国，坚持中国特色社会主义理论体系，就是真正坚持马克思主义。"①

中国特色社会主义理论体系，既来源于中国特色社会主义建设的实

_____

① 《中国共产党第十七次全国代表大会文件汇编》，人民出版社 2007 年版，第 11—12 页。

践，又是我们党继续坚持中国特色社会主义道路的行动指南，它是中国特色社会主义伟大旗帜的理论形态。

把改革开放以来不同阶段我们党提出的马克思主义中国化的创新成果和最新成果——邓小平理论、"三个代表"重要思想以及科学发展观等重大战略思想，第一次统一概括为中国特色社会主义理论体系，这是十七大的一个重大的理论亮点，其深刻意义就在于：其一，它阐明了中国特色社会主义理论体系内在结构的连贯性。改革开放以来，由邓小平开端，党的几代领导集体始终面对并探索研究的重大问题，都是建设中国特色社会主义的规律问题，对象一致、主题一致，这些形成于不同阶段的理论创新成果，当然属于同一个理论体系。这就从一个理论体系内在的逻辑结构上真正揭示了邓小平理论、"三个代表"重要思想以及科学发展观三者之间是一脉相承的。其二，它揭示了中国特色社会主义理论体系的开放性。时代在发展，实践在变化，建设中国特色社会主义的客观进程时刻都在产生出新情况、新问题、新矛盾，从而呈现出一个个阶段性特征。尽管我们党一个时期曾经用"邓小平同志建设有中国特色社会主义的理论"来概括过这一理论体系最初创立时的成果，但邓小平理论并不是这一体系的全部。一代又一代的中国共产党人始终都肩负着既坚持这个理论、更要顺应客观实际的变化创新发展这个理论的历史责任。解放思想、实事求是、与时俱进，这是中国共产党的优良传统和一大法宝。邓小平理论是中国特色社会主义理论体系的基石，"三个代表"重要思想不断开辟了这个体系的新境界，进一步丰富和发展了这个体系，科学发展观则是马克思主义中国化的最新成果，是同邓小平理论、"三个代表"重要思想既一脉相承又与时俱进的科学理论。其三，它强调了中国特色社会主义理论体系的科学性。这一理论体系坚持了马克思主义的基本原则，符合当今中国国情，成功地指导了建设中国特色社会主义的实践并不断被实践验证出它的正确性。因此，在当代中国，坚持中国特色社会主义理论体系，就是真正坚持马克思主义。

4. 坚持中国特色社会主义理论体系的关键是坚持和落实科学发展观

十七大对此阐述得非常明确。报告指出：科学发展观，第一要义是发展，核心是以人为本，基本要求是全面协调可持续，根本方法是统筹兼顾。

——必须坚持把发展作为党执政兴国的第一要务。发展，对于全面建设小康社会、加快推进社会主义现代化，具有决定性意义。要牢牢扭住经济建设这个中心，坚持聚精会神搞建设、一心一意谋发展，不断解放和发展社会生产力。更好地实施科教兴国战略、人才强国战略、可持续发展战略，着力把握发展规律、创新发展理念、转变发展方式、破解发展难题，提高发展质量和效益，实现又好又快发展，为发展中国特色社会主义打下坚实基础。努力实现以人为本、全面协调可持续的科学发展，实现各方面事业的有机统一、社会成员团结和睦的和谐发展，实现既通过维护世界和平发展自己又通过自身发展维护世界和平的和平发展。

——必须坚持以人为本。全心全意为人民服务是党的根本宗旨，党的一切奋斗和工作都是为了造福人民。要始终把实现好、维护好、发展好最广大人民的根本利益作为党和国家一切工作的出发点和落脚点，尊重人民主体地位，发挥人民首创精神，保障人民各项权益，走共同富裕道路，促进人的全面发展，做到发展为了人民、发展依靠人民、发展成果由人民共享。

——必须坚持全面协调可持续发展。要按照中国特色社会主义事业总体布局，全面推进经济建设、政治建设、文化建设、社会建设，促进现代化建设各个环节、各个方面相协调，促进生产关系与生产力、上层建筑与经济基础相协调。坚持生产发展、生活富裕、生态良好的文明发展道路，建设资源节约型、环境友好型社会，实现速度和结构质量效益相统一、经济发展与人口资源环境相协调，使人民在良好生态环境中生产生活，实现经济社会永续发展。

——必须坚持统筹兼顾。要正确认识和妥善处理中国特色社会主义事业中的重大关系，统筹城乡发展、区域发展、经济社会发展、人与自然和谐发展、国内发展和对外开放，统筹中央和地方关系，统筹个人利益和集体利益、局部利益和整体利益、当前利益和长远利益，充分调动各方面积极性。统筹国内国际两个大局，树立世界眼光，加强战略思维，善于从国际形势发展变化中把握发展机遇，应对风险挑战，营造良好国际环境。既要总揽全局、统筹规划，又要抓住牵动全局的主要工作、事关群众利益的突出问题，着力推进，重点突破。

（三）全面建设小康社会任务的系统全面部署

党的十七大提出了中国特色社会主义经济、政治、文化、社会建设等四位一体的建设总格局，对物质文明、精神文明、政治文明、社会文明、生态文明的建设，作出了全面的部署。

第一，中国特色社会主义经济建设，就是促进国民经济又好又快发展。十七大指出：实现未来经济发展目标，关键要在加快转变经济发展方式、完善社会主义市场经济体制方面取得重大进展。要大力推进经济结构战略性调整，更加注重提高自主创新能力，提高节能环保水平，提高经济整体素质和国际竞争力。要深化对社会主义市场经济规律的认识，从制度上更好地发挥市场在资源配置中的基础性作用，形成有利于科学发展的宏观调控体系。十七大特别指出：提高自主创新能力，建设创新型国家。这是国家发展战略的核心，是提高综合国力的关键。要坚持走中国特色自主创新道路，把增强自主创新能力贯彻到现代化建设的各个方面。认真落实国家中长期科学和技术发展规划纲要，加大对自主创新投入，着力突破制约经济社会发展的关键技术。

第二，中国特色社会主义政治建设，就是要坚持中国特色社会主义政治发展道路，坚持党的领导、人民当家做主、依法治国有机统一，坚持和完善人民代表大会制度、中国共产党领导的多党合作和政治协商制度、民族区域自治制度以及基层群众自治制度，不断推进社会主义政治制度自我完善和发展。十七大指出，深化政治体制改革，必须坚持正确政治方向，以保证人民当家做主为根本，以增强党和国家活力、调动人民积极性为目标，扩大社会主义民主，建设社会主义法治国家，发展社会主义政治文明。

第三，中国特色社会主义文化建设，就是推动社会主义文化大发展大繁荣。十七大指出：当今时代，文化越来越成为民族凝聚力和创造力的重要源泉，越来越成为综合国力竞争的重要因素，丰富精神文化生活越来越成为我国人民的热切愿望。要坚持社会主义先进文化前进方向，兴起社会主义文化建设新高潮，激发全民族文化创造活力，提高国家文化软实力，使人民基本文化权益得到更好的保障，使社会文化生活更加丰富多彩，使人民的精神风貌更加昂扬向上。

第四，中国特色社会主义社会建设，就是加快推进以改善民生为重点的社会建设。社会建设与人民幸福安康息息相关。必须在经济发展的基础上，更加注重社会建设，着力保障和改善民生，推进社会体制改革，扩大公共服务，完善社会管理，促进社会公平正义，努力使全体人民学有所教、劳有所得、病有所医、老有所养、住有所居，推动建设和谐社会。

（四）党的自身建设的新形势新要求

第一，党的十七大在推进党的民主集中制建设方面有重要的进展，实现了党的领导集体建设的制度化、程序化，选举产生了新的党中央领导集体。十七大在党的建设方面增加了许多新的内容。一是把中国特色社会主义理论体系、科学发展观等重要的理论创新的成果写进了党章，实现了党的理论的与时俱进。二是在党内民主制度建设方面规定了代表任期制、巡视制度、党的常委会接受全委会监督制度等。

第二，党的十七大在新时期党的建设的总体布局、总体目标以及党的思想建设、组织建设、制度建设、作风建设、反腐建设等方面，提出了新的要求和新的任务。

因此，党的十七大必将在而且已经在党和国家建设的历史上留下了深远的影响。

三、党的十七大对"三个规律"探索的新成果

党的十七大坚持和发展"三个代表"重要思想，对"三个规律"作出了新的判断和新的揭示。

（一）共产党执政规律

党的十七大强调以人为本，深刻地论述了共产党执政为了谁、依靠谁和怎样执政的重大问题，实现了我们党执政理念的重大发展。

共产党的性质，马克思曾经鲜明地指出："共产党不是同其他工人政党相对立的特殊政党。他们没有任何同整个无产阶级的利益不同的利益。他们不提出任何特殊的原则，用以塑造无产阶级的运动。共产党人同其他无产阶级政党不同的地方只是：一方面，在各国无产者的斗争中，共产党人强调和坚持整个无产阶级共同的不分民族的利益；另一方面，在无产阶级和资产阶级的斗争所经历的各个发展阶段上，共产党人始终代表整个运动的利益。因此，在实践方面，共产党人是各国工人阶级政党中最坚决的、始终推动作用的部分；在理论方面，他们胜过其余无产阶级群众的地方在于他们了解无产阶级运动的条件、进程和一般结果。"①

"三个代表"重要思想的核心和归宿是代表最广大人民的根本利益，并把代表先进生产力的发展要求、代表先进文化的前进方向，都归结为代表最广大人民的根本利益，这就使人们进一步从阶级斗争的简单认识中解放出来，站在人民群众的立场上，认识共产党为什么能执政、为了谁执政、怎样执政的问题。

党的十六届三中全会在此基础上鲜明地提出了以人为本的重要理念。党的十七大更加明确地指出，科学发展观的核心是以人为本。同时，十七大对以人为本的内涵作了深刻而明确的阐述。十七大报告指出："必须坚持以人为本。全心全意为人民服务是党的根本宗旨，党的一切奋斗和工作都是为了造福人民。要始终把实现好、维护好、发展好最广泛人民的根本利益作为党和国家一切工作的出发点和落脚点，尊重人民主体地位，发挥人民首创精神，保障人民各项权益，走共同富裕道路，促进人的全面发展，做到发展为了人民、发展依靠人民、发展成果由人民共享。"②

十七大再次强调和发展了"关键在党"的思想，并提出了加强执政党建设的新的重要举措。

第一，强调执政党"站在时代前列"的要求，并把这种要求具体化为深刻认识和对待"世情、国情、党情"，指出"世情、国情、党情的发展变化，决定了以改革创新精神加强党的建设既十分重要又十分紧迫"。③这表明，执政党执好政，必须坚持党的建设的改革创新，这是一个新的要求和党的建设理论的新的发展。

第二，指出了执政党建设的总体思路和总体布局。十七大指出：必须把党的执政能力建设和先进性建设作为主线，坚持党要管党、从严治党，贯彻为民、务实、清廉的要求，以坚定理想信念为重点加强思想建设，以造就高素质党员、干部队伍为重点加强组织建设，以保持党同人民群众的血肉联系为重点加强作风建设，以健全民主集中制为重点加强制度建设，以完善惩治和预防腐败体系为重点加强反腐倡廉建设，使党始终成为立党

① 《马克思恩格斯选集》第1卷，人民出版社1995年版，第285页。
② 《中国共产党第十七次全国代表大会文件汇编》，人民出版社2007年版，第15页。
③ 同上书，第48页。

为公、执政为民，求真务实、改革创新，艰苦奋斗、清正廉洁，富有活力、团结和谐的马克思主义执政党。这一段讲了执政党建设的"一条主线、四个重点、一个目标"。

第三，明确了执政党与被领导者之间的关系，再次强调"人民民主"、"人民当家做主"是共产党执政的目标和手段。基于这个总体判断，党的执政在政治上就是要"坚持中国特色社会主义政治发展道路，坚持党的领导、人民当家做主、依法治国的有机统一，坚持和完善人民代表大会制度、中国共产党领导的多党合作和政治协商制度、民族区域自治制度以及基层群众自治制度，不断推进社会主义政治制度自我完善和发展。"①

党的执政在经济上就是要坚持中国特色社会主义经济发展道路，既要坚定不移地坚持社会主义基本经济制度，坚持社会主义市场经济体制，也要切实解决好经济建设和经济发展中的突出问题，提出了实现国民经济又好又快发展的具体战略部署。

党的执政在文化上就是要坚持中国特色社会主义文化发展道路，兴起社会主义文化建设新高潮，推动社会主义文化大发展大繁荣。

党的执政在社会上就是要坚持中国特色社会主义社会发展道路，社会发展要以改善民生为重点，使全体人民学有所教、劳有所得、病有所医、老有所养、住有所居，构建社会主义和谐社会。

党的执政在外交上，就是要坚持中国特色社会主义和平发展道路，推动建设和谐世界。

上述这些内容，是我们党探索共产党执政规律的重要理论成果和实践成果，也为今后理论与实践的发展指出了正确的方向。

第四，鲜明地提出了"四个一定要"。即一定要居安思危，增强忧患意识；一定要戒骄戒躁、艰苦奋斗；一定要刻苦学习、埋头苦干；一定要加强团结、顾全大局。

胡锦涛在中央党校讲话中深刻指出：为什么党的十七大要突出强调"四个一定要"呢？这是因为，经过长期努力，我们党团结带领人民取得了举世瞩目的伟大成就，国际国内对我们喝彩的人多起来了，唱赞歌的人多起来了。在成绩面前，在喝彩声中和赞歌声中，千万骄傲不得，千万头

———————————

① 《中国共产党第十七次全国代表大会文件汇编》，人民出版社 2007 年版，第 27 页。

脑发热不得。古人云："忧劳兴国，逸豫亡身。""生于忧患，死于安乐。"越是形势好的时候，我们越要有忧患意识，越要居安思危。在抗日战争胜利的大好形势下，毛泽东同志一口气列举了17条困难和风险，告诫全党要"准备吃亏"。改革开放以后，邓小平同志反复强调："我们要把工作的基点放在出现较大的风险上，准备好对策。这样，即使出现了大的风险，天也不会塌下来。"江泽民同志也指出："只有站得高一些，看得远一些，对前进中可能出现的经济风险做出科学预测和正确判断，才能防患于未然，永远立于不败之地。否则，一旦遇到风险和不测，就会陷入被动，造成危害和损失。"

胡锦涛同志指出：我之所以要突出地讲忧患意识，是因为在世界多极化和经济全球化深入发展、各种不稳定不确定因素明显增加的国际环境下，在国际国内各方面矛盾和问题相互交织、相互作用的现实状况下，可以预见和难以预见的风险最多，发生这样那样的问题甚至较大风险的可能性不仅是存在的，而且是很现实的。我们必须有足够的估计，做好最充分的准备。比如说，发生"非典"疫情那样严重的传染性疾病，发生影响全局的严重自然灾害，发生较大规模的群体性事件，发生亚洲金融危机那样的严重金融风波，发生世界性的能源危机，发生影响我国的局部军事冲突，发生国际反华势力纠集起来对我国施压的情况，发生"台独"事变，发生"藏独"、"东突独"等分裂势力、恐怖势力的严重破坏活动，等等。还是那句老话，宁可把风险、困难估计得足一些，也千万不要因为估计不足而在风险一旦发生时手足无措，陷入被动。

（二）社会主义建设规律

党的十七大深刻论述了科学发展观，这是我们党探索社会主义建设规律的最新成果。胡锦涛在中央党校新任中央委员、候补委员研讨班上的讲话指出：党的十七大对科学发展观做了深刻阐述，我们要全面领会科学发展观的科学内涵、精神实质、根本要求，进一步增强贯彻落实科学发展观的自觉性和坚定性，更好地完成新世纪新阶段我们肩负的历史任务，更加自觉地走科学发展道路。

1. 深刻阐述了中国特色社会主义伟大旗帜、中国特色社会主义道路、中国特色社会主义理论体系

胡锦涛指出：十七大第一次对"中国特色社会主义道路"做了科学

的界定。这就是：在中国共产党领导下，立足基本国情，以经济建设为中心，坚持四项基本原则，坚持改革开放，解放和发展社会生产力，巩固和完善社会主义制度，建设社会主义市场经济、社会主义民主政治、社会主义先进文化、社会主义和谐社会，建设富强民主文明和谐的社会主义现代化国家。这个界定，包括"一个中心、两个基本点"的基本路线，确定了巩固和完善社会主义制度的根本目的，涵盖了中国特色社会主义事业四位一体的总体布局，提出了我国发展的战略目标，揭示了我们党在实践中找到这条道路的关键之点。

胡锦涛指出：概括起来说，我们党能够在新时期开创出中国特色社会主义道路，其理论基础是对马克思列宁主义、毛泽东思想的科学继承，其时代背景是对国际形势和时代特征的科学把握，其历史根据是对国内外建设社会主义正反两方面经验的科学总结，其现实依据是对我国改革开放和社会主义现代化建设生动实践、对最广大人民共同愿望的科学认识。

胡锦涛指出，这个界定解决了三个方面的重大问题：

第一，在什么是社会主义、怎样建设社会主义问题上，我们明确了我国仍处于并将长期处于社会主义初级阶段的历史方位，提出了以经济建设为中心是兴国之要、四项基本原则是立国之本、改革开放是强国之路的重大论断，解决了我国既要坚持社会主义又要根据时代条件和人民愿望发展社会主义的问题。

第二，在建设什么样的党、怎样建设党的问题上，我们明确了我们党已经从领导人民为夺取全国政权而奋斗的党成为领导人民掌握全国政权并长期执政的党，已经从受到外部封锁和实行计划经济条件下领导国家建设的党成为对外开放和发展社会主义市场经济条件下领导国家建设的党的历史方位，提出了坚持立党之本、巩固执政之基、壮大力量之源的重大论断，解决了坚持马克思主义执政党性质、提高党的执政能力、保持和发展党的先进性的问题。

第三，在实现什么样的发展、怎样发展的问题上，我们提出了通过改革解放和发展社会生产力、满足人民群众日益增长的物质文化需要是建设社会主义的根本任务，实现全面协调可持续的科学发展，坚持发展为了人民、发展依靠人民、发展成果由人民共享的重大论断，解决了我国社会主义事业的发展目的、发展理念、发展方式、发展动力的问题。

十七大关于中国特色社会主义道路的论述，给我们以深刻的启示。第一，无论革命、建设还是改革，都要独立自主地走自己的路，照抄照搬别国经验、别国模式从来不能成功。第二，要敢于和善于把马克思主义基本原理同新的实际和时代条件结合起来，坚决走充满生机活力的新路，绝不走实践证明是封闭僵化的老路，也绝不走那种改旗易帜、放弃共产党领导、放弃社会主义的邪路。第三，在道路问题上，中央领导集体要坚定不移，全党同志要坚定不移，全国人民要坚定不移。

2. 社会主义建设规律的新认识，集中地体现在科学发展观

科学发展观解决了为什么要发展、为了谁发展、发展什么、怎样发展等重大问题，是中外社会主义建设经验的集中概括和集中阐释。

第一，科学发展观的理论内涵极为丰富。科学发展观，第一要义是发展，核心是以人为本，基本要求是全面协调可持续，根本方法是统筹兼顾。

——必须坚持把发展作为党执政兴国的第一要务。发展，对于全面建设小康社会、加快推进社会主义现代化，具有决定性意义。要牢牢扭住经济建设这个中心，坚持聚精会神搞建设、一心一意谋发展，不断解放和发展社会生产力。更好地实施科教兴国战略、人才强国战略、可持续发展战略，着力把握发展规律、创新发展理念、转变发展方式、破解发展难题，提高发展质量和效益，实现又好又快发展，为发展中国特色社会主义打下坚实基础。努力实现以人为本、全面协调可持续的科学发展，实现各方面事业的有机统一、社会成员团结和睦的和谐发展，实现既通过维护世界和平发展自己又通过自身发展维护世界和平的和平发展。

——必须坚持以人为本。全心全意为人民服务是党的根本宗旨，党的一切奋斗和工作都是为了造福人民。要始终把实现好、维护好、发展好最广泛人民的根本利益作为党和国家一切工作的出发点和落脚点，尊重人民主体地位，发挥人民首创精神，保障人民各项权益，走共同富裕道路，促进人的全面发展，做到发展为了人民、发展依靠人民、发展成果由人民共享。

胡锦涛在十七大新进中央委员、候补中央委员研讨班的讲话中对以人为本做了更深刻的阐述。他说：解放全人类，实现人的解放和人的自由而全面的发展，是马克思主义关于人类社会进步的最高价值追求。我们提出

以人为本的根本含义，就是坚持全心全意为人民服务，立党为公、执政为民，始终把最广大人民的根本利益作为党和国家工作的根本出发点和落脚点，坚持尊重社会发展规律与尊重人民历史主体地位的一致性，坚持为崇高理想奋斗与为最广大人民谋利益的一致性，坚持完成党的各项工作与实现人民利益的一致性，坚持发展为了人民、发展依靠人民、发展成果由人民共享。……贯彻落实科学发展观核心是以人为本的要求，必须始终实现好、维护好、发展好最广大人民的根本利益，尊重人民主体地位，发挥人民首创精神，保障人民各项权益，走共同富裕道路，促进人的全面发展。

　　——必须坚持全面协调可持续发展。要按照中国特色社会主义事业总体布局，全面推进经济建设、政治建设、文化建设、社会建设，促进现代化建设各个环节、各个方面相协调，促进生产关系与生产力、上层建筑与经济基础相协调。坚持生产发展、生活富裕、生态良好的文明发展道路，建设资源节约型、环境友好型社会，实现速度和结构质量效益相统一、经济发展与人口资源环境相协调，使人民在良好生态环境中生产生活，实现经济社会永续发展。

　　——必须坚持统筹兼顾。要正确认识和妥善处理中国特色社会主义事业中的重大关系，统筹城乡发展、区域发展、经济社会发展、人与自然和谐发展、国内发展和对外开放，统筹中央和地方关系，统筹个人利益和集体利益、局部利益和整体利益、当前利益和长远利益，充分调动各方面的积极性。统筹国内国际两个大局，树立世界眼光，加强战略思维，善于从国际形势发展变化中把握发展机遇、应对风险挑战，营造良好国际环境。既要总揽全局、统筹规划，又要抓住牵动全局的主要工作、事关群众利益的突出问题，着力推进、重点突破。

　　（三）人类社会发展规律

　　人类社会未来怎样发展？党的十七大以辩证唯物主义和历史唯物主义为指导，对人类社会的发展问题做了更加深刻的阐述。

　　1. 十七大从人与社会发展的角度指出了人类社会发展的一般规律和根本走向

　　党的十七大指出，人类社会最终将走向共产主义，这是不以人的意志为转移的客观规律。但是，在走向共产主义的进程中，我们还要正确处理好当前与长远的关系，要立足当前，把当前的事情做好，这就是要集中精力把中国特色社会主义事业建设好。

第一，十七大指出，马克思主义和科学社会主义是我们必须坚持的基本理论。因为，正是坚持了马克思主义的指导地位，我们的事业才不断取得新的成就。社会主义和马克思主义在中国大地上焕发出勃勃生机，给人民带来更多福祉，使中华民族大踏步赶上时代前进潮流，迎来伟大复兴的光明前景。

第二，十七大充分肯定了马克思、恩格斯指出的共产主义发展趋势，认为《共产党宣言》所指出的前进方向是我们必须坚持的方向。"《共产党宣言》发表以来一百六十年的实践证明，马克思主义只有与本国国情相结合、与时代发展同进步、与人民群众共命运，才能焕发出强大的生命力创造力、感召力。"①

第三，十七大指出坚持共产主义远大理想，必须立足当前、放眼长远，把共产主义作为一个长期的奋斗目标加以坚持。"全党同志必须清醒地认识到，实现全面建设小康社会的目标还需要继续奋斗十几年，基本实现现代化还需要继续奋斗几十年，巩固和发展社会主义制度则需要几代人、十几代人甚至几十代人坚持不懈地努力奋斗。"②

2. 十七大从人与自然和谐的角度指出了人类社会发展必须正确处理好人与自然的关系，在建设物质文明、政治文明、精神文明、社会文明的同时，要重视建设生态文明。

十七大特别鲜明地提出了建设生态文明的任务，规划了生态文明建设的目标和路径，等等。十七大指出："建设生态文明，基本形成节约能源资源和保护生态环境的产业结构、增长方式、消费模式。循环经济形成较大规模，可再生能源比重显著上升。主要污染物排放得到有效控制，生态环境质量明显改善。生态文明观念在全社会牢固树立。"

十七大关于建设生态文明的论述，具有重要的理论意义和实践意义，是我们党认识人类社会发展规律的新成果。人类文明发展的历史经历了原始文明、农业文明和工业文明，目前正处于从工业文明向生态文明过渡阶段。生态文明是人类对传统文明形态特别是工业文明进行深刻反思的成

---

① 《中国共产党第十七次全国代表大会文件汇编》，人民出版社 2007 年版，第 11—12 页。
② 同上书，第 54 页。

果，是人类文明形态和文明发展理念、道路、模式的重大进步。它以人与自然、人与人、人与社会和谐共生、良性循环、全面发展、持续繁荣为基本宗旨，以建立可持续的经济发展模式、健康合理的消费模式以及和睦和谐的人际关系为主要内涵，倡导人类在遵循人、自然、社会和谐发展这一客观规律的基础上追求物质与精神财富的创造和积累。注重人与自然协调发展和生态环境建设，是人类宝贵的思想财富。历史上一些文明古国的衰亡，都同人与自然的矛盾尖锐化息息相关。中华文明之所以能绵延不绝，一个重要原因是我们的民族文化具有崇尚自然的文化传统和天人和谐、物我合一的思想与智慧。

生态文明，既是理想的境界，也是现实的目标。加强资源节约和环境保护，是我国现阶段建设生态文明必须着力抓好的两项战略任务，既关系人民群众的切身利益，也关系中华民族的生存发展。党的十七大第一次在党代会报告中提出生态文明的概念，并对其主要任务作出部署，体现了党和政府对生态文明建设的高度重视。

第三节　实践创新和理论创新的重要成果

出版发行《江泽民文选》，组织全党同志和全国人民认真学习《江泽民文选》，是党中央的一项战略决策。2003 年 11 月，中央作出决定，编辑出版《江泽民文选》，并由中央文献编辑委员会组织领导。2006 年 8 月 10 日，《江泽民文选》第一、第二、第三卷在全国正式出版发行。8 月 13 日，中央作出《关于学习〈江泽民文选〉的决定》。8 月 15 日，中央在中南海举行学习《江泽民文选》报告会，胡锦涛作了重要讲话。随后，中央各部门、各地方党委，纷纷按照中央的部署，结合各自的实际，作出了学习《江泽民文选》的具体安排，组织了多种学习研讨活动。

一、出版发行《江泽民文选》的背景和重要意义

（一）《江泽民文选》的出版发行

编辑出版江泽民同志的著作，早在十六大之前就已经进行了。到《江泽民文选》出版前，已经出版的江泽民著作有：《论科学技术》、《论"三个代表"》、《论党的建设》、《江泽民论有中国特色社会主义（专题摘编）》、《江泽民论加强和改进执政党建设（专题摘编）》、《论社会主义市

场经济》，共6本。《江泽民文选》是在这6本书的基础上，又吸收了许多过去没有公开发表的文章，重新编辑而成的。

《江泽民文选》中收入的文章，共有203篇。从时间来看，起于1980年8月，止于2004年9月。从文章的写作时间看，可以分为三个阶段。

第一个阶段：1980年8月到1989年6月，这是江泽民担任总书记前发表的文章，共计8篇。为什么要收入这8篇文章？这8篇文章说明了什么问题？虽然当时他不是党的总书记，但是，这8篇文章反映了他的思想，说明了他在出任总书记之前，就具有坚定的改革开放的意志，具有从全局上、宏观上思考中国特色社会主义建设问题的能力与水平。这是他后来能够发展邓小平理论、提出"三个代表"重要思想的重要基础和前提。所以，第一篇文章收入的是江泽民在五届人大十五次会议上所作的关于在广东、福建两省设置经济特区和《广东省经济特区条例》的说明。当时江泽民担任国家进出口管理委员会、国家外国投资管理委员会副主任兼秘书长。

第二个阶段：1989年6月到2002年11月，共有192篇。这是江泽民担任总书记期间的代表作，是反映他的思想的主要部分。

第三个阶段：2002年11月以后，有3篇，这是他在相继从总书记、国家主席、军委主席岗位上卸任后所作的三个重要讲话。可以认为这是江泽民的政治交代。

党的十六大以后，已经组成了以胡锦涛为总书记的新的党中央领导集体。经过2002年以来的艰苦努力，党和国家各项事业健康发展，我们党的执政地位不断巩固，新的中央领导集体的形象已经确立。在这样的情况下，为什么还要出版《江泽民文选》，如此大张旗鼓地学习和宣传，有什么现实意义呢？中央关于学习《江泽民文选》的决定，胡锦涛在学习《江泽民文选》报告会上的讲话，对这个问题作了说明。《中共中央关于学习〈江泽民文选〉的决定》指出："这些重要著作，生动记录了以江泽民同志为核心的党的第三代中央领导集体带领全党全国各族人民把中国特色社会主义事业推向前进的历史进程，科学总结了我们党领导人民战胜各种艰难险阻、全面开创中国特色社会主义事业新局面的宝贵经验，集中反映了我们党坚持以马克思列宁主义、毛泽东思想、邓小平理论为指导，坚持把马克思主义基本原理同当代中国实践和时代特征相结合创造性地提出的新的重大理论成果，为我们巩固和加强全党全国各族人民团结奋斗的共同思想基础提供了最好的教材。"① 胡锦涛在学习《江泽民文选》报告会上的讲话中指出："《江泽民文选》主要收入了江泽民同志从 20 世纪 80 年代末至 21 世纪初具有代表性和独创性的重要著作，为我们更深入地学习领会'三个代表'重要思想，更好地用'三个代表'重要思想武装头脑、指导实践、推动工作，继续推进中国特色社会主义伟大事业和党的建设新的伟大工程，提供了最好的教材。"②

（二）学习党的创新理论的"最好的教材"

第一，《江泽民文选》生动记录了以江泽民同志为核心的党的第三代中央领导集体带领全党全国各族人民把中国特色社会主义事业推向前进的历史进程。2002 年 9 月，江泽民在《对十六大报告的几点意见》一文中指出："'三个代表'的思想，不是凭空产生的，而是我们十三年来在理论和实践上不断探索和开拓的结果。"党的十三届四中全会以后的 13 年间，国际形势风云变幻，我国改革开放和社会主义现代化建设的进程波澜壮阔。特别是 20 世纪 80 年代末 90 年代初，国内发生严重的政治风波，国际上东欧剧变、苏联解体，我国社会主义事业的发展面临着空前巨大的困难和压力，我们党和国家处在决定前途命运的重大历史关头。以江泽民同志为核心的党的第三代中央领导集体，高举马克思列宁主义、毛泽东思想、邓小平理论伟大旗帜，紧紧依靠全党同志和全国各族人民，坚持党的十一届三中全会以来的路线不动摇，坚持以经济建设为中心，坚持四项基本原则，坚持改革开放，从容应对来自各方面的困难和风险，全面推进社会主义现代化建设，开创了中国特色社会主义事业新局面。我国综合国力大幅度跃升，人民生活总体上实现了由温饱到小康的历史性跨越，香港、澳门回到祖国怀抱，我国社会长期保持安定团结，国际影响显著扩大，中华民族以崭新的面貌自立于世界民族之林。学习《江泽民文选》，重温这一历史时期我国非同凡响的发展历程，对于坚定广大党员、干部和人民群众走中国特色社会主义道路的决心和信心，具有十分重大的意义。

第二，《江泽民文选》科学总结了我们党领导人民战胜各种艰难险

① 《中共中央关于学习〈江泽民文选〉的决定》，《人民日报》2006 年 8 月 16 日。
② 胡锦涛：《在学习〈江泽民文选〉报告会上的讲话》，《人民日报》2006 年 8 月 16 日。

阻、全面开创中国特色社会主义事业新局面的宝贵经验。党的十三届四中全会以后的 13 年间，以江泽民同志为核心的党的第三代中央领导集体，科学判断形势，全面把握大局，进行艰辛探索，针对形势和任务的发展，不断研究和提出新的战略部署及政策措施，在极其复杂的情况下，妥善处理和解决了涉及党和国家工作全局的许多重大问题，奋力推进中国特色社会主义伟大事业和党的建设新的伟大工程，积累了大量成功的经验。江泽民同志在党的十六大报告中提出的我们党在领导改革开放和社会主义现代化建设中取得的基本经验，集中体现了我们党在实践中形成的新的重要认识，标志着我们党对共产党执政规律、社会主义建设规律、人类社会发展规律的认识、把握、运用水平都有了进一步提高。学习《江泽民文选》，深刻领会并长期坚持这些宝贵经验，对于我们提高应对国际国内复杂局面、领导建设中国特色社会主义事业的能力和水平，加强党的执政能力建设和先进性建设，具有十分重大的意义。

第三，《江泽民文选》集中反映了我们党坚持以马克思列宁主义、毛泽东思想、邓小平理论为指导，坚持把马克思主义基本原理同当代中国实践和时代特征相结合，创造性地提出的新的重大理论成果。我们党历来高度重视理论指导和理论创新，始终坚持把马克思主义基本原理同中国具体实际相结合，先后产生了毛泽东思想、邓小平理论这两大理论成果。党的十三届四中全会以后，以江泽民同志为主要代表的当代中国共产党人，高举毛泽东思想、邓小平理论伟大旗帜，坚持以发展着的马克思主义指导发展着的实践，准确把握时代特征，科学判断党所处的历史方位，紧紧围绕建设中国特色社会主义这个主题，集中全党智慧，总结实践经验，以马克思主义的巨大理论勇气进行理论创新，逐步形成"三个代表"重要思想这一科学理论。学习《江泽民文选》，始终高举毛泽东思想、邓小平理论和"三个代表"重要思想伟大旗帜，对于我们始终走在时代前列，在建设中国特色社会主义的伟大实践中不断推进马克思主义的中国化，更好地发挥马克思主义对实践的指导作用，具有十分重大的意义。

中国是一个具有光荣的悠久历史传统的国家，是一个善于总结经验、以史为鉴的国家。中国共产党的理论创新也是在总结历史经验的过程中，不断前进的。

党的七大确立毛泽东思想为党的指导思想。毛泽东同志重要著作的各类选编本特别是《毛泽东选集》的出版，对指导全党全国各族人民夺取新民主主义革命的胜利、探索社会主义革命和建设的正确道路，发挥了强大思想威力。毛泽东修订自己的选集，出版发行了《毛泽东选集》第一至第四卷。这在中国的历史上具有重要的意义，对于毛泽东思想的形成，对于统一全党全国的思想，起到了重要的作用。今天看，虽然《毛泽东选集》中的一些文章有过时之嫌，但是，它使我们看到了毛泽东思想的主要部分和精髓。

党的十五大在党的十四大的基础上，确立邓小平理论为党的指导思想。《邓小平文选》等重要著作的出版，为全党全国各族人民在新的历史时期推进改革开放和现代化建设、建设中国特色社会主义，提供了科学理论指导。中央出版发行《邓小平文选》，同样在中国建设发展的历史上发挥了重要的作用。这对于统一全党全国的思想，解放思想，开拓创新，对于确立社会主义市场经济体制，对于社会主义现代化建设的一系列重大问题，也起到了十分重要的作用。

党的十六大确立"三个代表"重要思想为党的指导思想，提出了深入学习贯彻"三个代表"重要思想、提高全党马克思主义理论水平的战略任务。中央出版发行《江泽民文选》，也具有同样的作用，是中央的战略决策，是帮助人们深刻理解"三个代表"重要思想的最好的教材。《江泽民文选》是江泽民同志呕心沥血之力作，是中国共产党领导中国人民建设中国特色社会主义实践经验和集体智慧之结晶。这是一份属于中国共产党和中国人民的宝贵精神财富。这是一部经过实践检验的当代中国马克思主义经典著作。

《江泽民文选》的出版，对于中国共产党和中国人民高举马克思列宁主义、毛泽东思想、邓小平理论和"三个代表"重要思想伟大旗帜，全面贯彻科学发展观，科学总结历史、正确把握现实、胜利开创未来，有着重大而深远的意义。

二、掌握《江泽民文选》的基本思想和精神实质

学习《江泽民文选》主要是解决三个问题：一是要对基本内容有一个总体的了解；二是对精神实质有较为牢固的把握；三是对与个人工作领域和思想实际相关的问题有较为深刻的认识。说到底，就是重在掌握基本思想和精神实质。因为，每个人的工作领域不同，每个人面临的思想问题不同，所以，学习的内容和方法也就不同。

（一）把握建设中国特色社会主义的主题

近代以来，中国面临的一个突出问题，就是中国走什么道路的问题。中国共产党紧紧围绕这个主要问题，领导中国人民进行了长期艰苦的探索，确定了中国必须走、只能走社会主义的正确道路，而且只能走中国特色的社会主义道路。那么，什么是社会主义、怎样建设社会主义，就成为萦绕在中国人民心中的一件大事。围绕着这个问题，中国在前进的道路上有挫折，也有进步。

毛泽东是中国社会主义道路的开创者和探索者。在中国社会发展的重要转折关头他有失误，也有辉煌。比如，苏共二十大以后，毛泽东坚定地提出走自己的社会主义建设道路，在重大历史关头对中国的发展作出了正确的定位。但是，随后，他又犯了错误，搞大跃进、人民公社、"文化大革命"，中国社会主义建设到底怎么搞没有搞清楚。

邓小平是毛泽东的继承者。他在中国发展的关键时刻和转折时机，抓住了历史的机遇，坚定地推进中国社会主义建设的正确道路。一个是"文化大革命"期间，"林彪事件"以后，他紧紧地抓住了重要的历史机遇，受到毛泽东的高度重视，再次复出，主持中央工作，并坚定不移地推动各项整顿，纠正"文化大革命"的错误，把中国引上正确的社会主义建设的道路。另一个是1976年，粉碎"四人帮"以后，中国面临着向何处去的重大转折。当时，摆在中国面前的有三条路：一是继续走毛泽东晚年的路，把无产阶级"文化大革命"进行到底，搞"两个凡是"；二是走"全盘西化"的路，倒向西方一边，放弃社会主义的选择；三是走适合中国自己的社会主义建设的道路。邓小平就是这样，号召全党要全面准确地理解毛泽东思想，要走中国自己的道路。既坚决批判"全盘西化"，又批判"两个凡是"，同时又坚定不移地走社会主义道路，使中国在重大的转折面前走上了正确的道路。

江泽民在一系列重大历史转折面前，也是坚定不移地走中国特色社会主义道路，牢牢把握这个主题不动摇。

在党的十三届四中全会以后的13年中，有几个重要的历史性转折或考验：

第一个考验：1989年我国的政治风波和东欧剧变、苏联解体以后，中国向何处去？江泽民坚定地站在邓小平一边，顶住了各种议论，确定了社会主义市场经济的体制模式，没有搞"左"的一套，也没有被西方敌对势力所吓倒。

第二个考验：1997年邓小平同志逝世，这对江泽民来说，是一个重大考验。人们对邓小平以后中国的走向极其关注和关心。江泽民的重要决策就是在随后召开的党的十五大上明确提出了邓小平理论的科学概念，把邓小平理论作为我们党的指导思想写进了党章，实现了我们党指导思想的与时俱进，保证我们党继续沿着建设中国特色社会主义的道路前进。

第三个考验：人民群众对党的领导干部，特别是对党内存在的腐败现象不满。江泽民立场坚定，积极探索党的建设的新思路，提出了"三讲"，并开展了"三讲"活动，同党内的腐败现象进行了坚决的斗争。正是在"三讲"教育活动的基础上提出了"三个代表"重要思想，使我们党的理论创新和实践创新大大地向前推进了。

第四个考验：来自各方面的挑战。主要是1999年前后的一系列事件：科索沃事件，"法轮功"问题，亚洲金融危机，等等。江泽民同志都能够沉着坚定地指挥，并在解决这些突发事件的过程中，积累经验，发展理论。

江泽民在解决这些考验时的思想脉络、心路历程，在《江泽民文选》中都有反映。在应对和解决这些历史性课题的过程中，江泽民对怎样建设社会主义作出了进一步的回答，从经济、政治、文化、社会、国防和军队建设等方面对什么是社会主义、怎样建设社会主义这个根本问题进行了全方位的探索和创新。

第一，发展是党执政兴国的第一要务。马克思主义执政党必须高度重视解放和发展生产力，解决中国的所有问题最根本的要靠发展；坚持以经济建设为中心，财大才能气粗，落后就要挨打；改革开放是强国之路，坚持和完善公有制为主体、多种所有制经济共同发展的基本经济制度，坚持和完善按劳分配为主体、多种分配方式并存的分配制度，坚持和完善社会主义市场经济体制；全面建设惠及十几亿人口的更高水平的小康社会；推进所有制结构调整、国有经济布局战略性调整、国有企业改革；高度重视农业、农村、农民问题，实施西部大开发战略；推进经济增长方式转变，推进国家创新体系建设，树立人才资源是第一资源的思想；促进经济社会全面进步，实施可持续发展战略；全面扩大内需，实施"引进来"和"走出去"相结合的开放战略。

第二，建设社会主义政治文明。发展社会主义民主政治，实施依法治国的基本方略，建设社会主义法治国家；四项基本原则是立国之本，把坚持党的领导、人民当家做主和依法治国有机地统一起来，保证人民充分行使民主选举、民主决策、民主管理、民主监督的权利；积极稳妥地推进政治体制改革，着重加强制度建设，实现社会主义民主政治的制度化、规范化、程序化；坚持和完善人民代表大会制度、中国共产党领导的多党合作和政治协商制度、民族区域自治制度；尊重和保障人权，扩大基层民主；推进社会主义法制建设，建设中国特色社会主义法律体系。

第三，坚持先进文化的前进方向。建设社会主义先进文化，以科学的理论武装人，以正确的舆论引导人，以高尚的精神塑造人，以优秀的作品鼓舞人，为经济社会发展提供强大的思想保证、精神动力和智力支持；大力弘扬和培育民族精神和时代精神，加强思想道德建设，坚持依法治国和以德治国相结合，不断提高全民族的思想道德素质和科学文化素质；实施科教兴国战略，把教育摆在优先发展的战略地位；大力发展科学事业，推进科技创新，普及科学知识、弘扬科学精神。

第四，正确处理改革发展稳定的关系。把不断改善人民生活作为处理改革发展稳定关系的重要结合点，充分调动各个方面的积极性，努力形成全体人民各尽其能、各得其所而又和谐相处的局面；真心诚意维护群众利益、关心群众疾苦，切实为群众办实事、办好事；千方百计扩大就业，促进再就业，建立健全社会保障体系；加强社会治安综合治理，切实保障人民群众生命财产安全；正确处理新形势下的人民内部矛盾，正确反映和兼顾不同方面群众的利益，使全体人民朝着共同富裕的方向稳步前进。

第五，坚持党对军队的绝对领导。按照政治合格、军事过硬、作风优良、纪律严明、保障有力的总要求，着眼于打得赢、不变质，积极推进中国特色军事变革，加强军队革命化、现代化、正规化建设；贯彻落实新时期军事战略方针，把军事斗争准备的基点由应付一般条件下的局部战争转到打赢现代技术特别是高技术条件下的局部战争上来；完成机械化和信息化建设的双重历史任务，实现建设信息化军队、打赢信息化战争的战略目标；实施科技强军战略，加强质量建设；依法治军，从严治军；坚持国防建设与经济建设协调发展的方针，走出一条投入较少、效益较高的具有中国特色的国防和军队现代化建设的路子。

今天我们读这些文章，备感亲切，备受鼓舞。

（二）把握"三个代表"重要思想的精神实质

我们知道，"三个代表"重要思想是江泽民对我们党和国家的最重大的贡献。他在领导我们党建设中国特色社会主义的伟大实践中，进行了坚持不懈的理论创造，并形成了指导社会主义现代化建设和党的建设的理论。贯彻《江泽民文选》全书的中心内容就是"三个代表"重要思想，我们认真学习《江泽民文选》重点也是学习领会"三个代表"重要思想。正如胡锦涛指出："《江泽民文选》全面反映了'三个代表'重要思想孕育、形成、发展的历史轨迹。要通过学习，进一步领会'三个代表'重要思想的时代背景、实践基础、科学内涵、精神实质、历史地位和重大意义，全面完整地把握'三个代表'重要思想的科学体系；进一步学习领会'三个代表'重要思想的基本观点和丰富内容，系统掌握贯穿其中的马克思主义立场、观点、方法；进一步学习领会'三个代表'重要思想在建设中国特色社会主义一系列重大问题上进行理论思考取得的重大成果，深刻认识'三个代表'重要思想同马克思列宁主义、毛泽东思想、邓小平理论是一脉相承而又与时俱进的科学体系。"[①]

"三个代表"重要思想的内涵丰富，博大精深，有许多思想需要我们去认真领会。江泽民提出和阐述的"三个代表"重要思想，最核心、最本质的是解决了作为共产党人必须始终把人民的利益放在首位的重大问题，这也是执政党必须解决好的最根本性的问题。

第一，"三个代表"的本质是以人为本。"三个代表"跟以人为本有什么关系呢？其实，江泽民所阐述的"三个代表"以及"三个代表"的内在相互关系，所说的核心就是人的问题。

2001年江泽民在庆祝中国共产党成立80周年大会上的讲话内容十分深刻。

关于"我们党要始终代表中国先进生产力的发展要求"，江泽民解释："不断提高工人、农民、知识分子和其他劳动群众以及全体人民的思

---

① 胡锦涛：《在学习〈江泽民文选〉报告会上的讲话》，《人民日报》2006年8月16日。

想道德素质和科学文化素质，不断提高他们的积极性主动性创造性，始终是我们党代表中国先进生产力发展要求的第一要务。""大力推动科技进步和创新……是我们党始终代表中国先进生产力发展要求必须履行的重要职责。"

关于"始终代表先进文化的前进方向"，江泽民解释："发展社会主义文化的根本任务，是培养一代又一代有理想、有道德、有文化、有纪律的公民。""加强社会主义思想道德建设，是发展先进文化的重要内容和中心环节。"

关于"始终代表中国最广大人民的根本利益"，江泽民解释："必须坚持把人民的根本利益作为出发点和归宿，充分发挥人民群众的积极性主动性创造性，在社会主义不断发展的基础，使人民群众不断获得切实的经济、政治、文化利益。"①

"三个代表"重要思想的上述精辟论述，深刻地反映了"以人为本"的理念。正是在"三个代表"重要思想的指导下，党的十六届三中全会明确提出了"科学发展观"，并指出"以人为本"是科学发展观的本质和核心。这是我们党执政治国理念的根本性变化。

第二，对"权力"作了新的阐释。政治的核心就是权力问题，政党的目标就是执政。权力从哪里来？为谁执政？怎样执政？这些问题似乎早就解决了。实际上，很多问题并没有得到真正的解决。江泽民对此的回答是："权力来自于多数人的认可。"这就在理论上、实践上解决了执政党与人民群众之间的关系的重大问题。

第三，把党的干部队伍建设，特别是反腐败斗争，放到十分重要的地位，提出了新的要求，作为坚定不移地贯彻"三个代表"重要思想的关键。《江泽民文选》中有许多这方面的深刻论述。他指出：中央要求领导干部要有忧患意识，要忧党忧国忧民。首先要忧党。如果不这样认识和提出问题，如果听任各种不正之风侵蚀党的肌体、恶化党群关系和干群关系，那就难免出现杜牧所说的"亦使后人而复哀后人也"的局面。如果长期执政以后我们的干部丧失了当年夺取政权和建设初期那样一种蓬勃朝

---

① 江泽民：《在庆祝中国共产党成立八十周年大会上的讲话》，《人民日报》2001 年 7 月 2 日。

气，那样一种昂扬锐气，那样一种浩然正气，而变得明哲保身，事不关己、高高挂起，形式主义、官僚主义严重，以致滥用权力，使党和人民的利益受到损害，那么，我们最后必然失去最广大人民的拥护和支持。这是历史兴亡的规律，古今中外，概莫能外。对这个问题，各级领导干部一定要警醒。

这些话振聋发聩，体现了江泽民同志对这个问题思考的思想深度。

第四，我们党要始终成为中国工人阶级的先锋队，同时成为中国人民和中华民族的先锋队。马克思主义政党要立于不败之地，首先必须明确和坚持自己的性质，为保持和发展党的先进性奠定坚实阶级基础。中国共产党从成立之日起，就确定自己是中国工人阶级的政党。中国工人阶级始终是推动中国先进生产力发展的基本力量。无论党的地位、环境和历史任务如何变化，党的中国工人阶级先锋队性质不能改变，坚持全心全意依靠工人阶级的根本方针不能动摇。中国共产党同时是中国人民和中华民族的先锋队。中国共产党以全心全意为人民服务为宗旨，代表着中国最广大人民的根本利益，肩负着实现中华民族伟大复兴的庄严使命，忠诚地为中国人民和中华民族的根本利益而奋斗。这是中国共产党最为深厚的群众基础、最为深厚的力量源泉。

第五，中国共产党是中国特色社会主义事业的领导核心。江泽民同志强调，要坚持党的领导，必须改善党的领导，使中国共产党在世界形势深刻变化的历史进程中始终走在时代前列，在应对国内外各种风险考验的历史进程中始终成为全国人民的主心骨，在建设中国特色社会主义的历史进程中始终成为坚强的领导核心。

江泽民强调，贯彻"三个代表"重要思想，关键在坚持与时俱进，核心在坚持党的先进性，本质在坚持执政为民。时代在发展，形势在变化，昨天先进，今天未必仍然先进。党的先进性是具体的、历史的，必须放到推动当代中国先进生产力和先进文化的发展中去考察，放到维护和实现最广大人民根本利益的奋斗中去考察，归根到底要看党在推动历史前进中的作用。

（三）把握解放思想、实事求是、与时俱进的思想路线

《江泽民文选》充满了解放思想、开拓创新的精神，处处反映着与时俱进的强烈气息。所以，胡锦涛同志指出："学习《江泽民文选》，要牢

牢把握解放思想、实事求是、与时俱进这个活的灵魂,坚定不移地贯彻执行党的思想路线,努力提高运用马克思主义世界观和方法论研究新情况、解决新问题的能力。"① 江泽民是倡导思想解放的楷模。这种精神和这方面的论述在《江泽民文选》中有丰富的内容。江泽民在倡导解放思想方面有三个突出贡献。

1. 对党的思想路线作了十分重要的发展

我们党的思想路线经历了从毛泽东到邓小平,再到江泽民的发展。毛泽东倡导的我们党的思想路线是实事求是。什么是实事求是? 毛泽东指出,实事,就是客观存在着的一切事务;是,就是客观事物内容的规律性;求,就是要我们去研究、去探索,通过研究和探索,找到事务内部存在的规律性,按照客观规律办事。毛泽东讲实事求是,是有现实针对性的,是针对过去问题的,即针对苏联经验和共产国际指示的。当时有一种倾向,把苏联经验和共产国际指示神圣化。不实事求是,我们党就走不出具有中国特色的正确的革命道路。

邓小平在实事求是的基础上,提出解放思想、实事求是,这是对毛泽东思想的重要发展。实事求是,首先要解放思想,不解放思想,就做不到实事求是,就不能找到中国特色社会主义建设的道路。讲解放思想是针对现实问题的,即针对毛泽东逝世后,中国向何处去的问题的。

江泽民在解放思想、实事求是的基础上,提出解放思想、实事求是、与时俱进,这是对邓小平理论的重要贡献和发展。江泽民明确指出,与时俱进,就是党的全部理论和工作,要体现时代性,把握规律性,富于创造性。这个新的概括,把与时俱进放到十分突出的位置,它主要是解决未来问题的。因为,邓小平理论已经解决了我们前进中的一系列困惑,是我们今后要继续坚持的理论指导。但是,我们的思想是否就停留在邓小平理论的水平上呢? 今后我们怎么办? 与时俱进昭示了我们党今后还要发展邓小平理论,在邓小平理论的基础上继续前进。"三个代表"重要思想就是对邓小平理论的与时俱进,今后我们还要继续与时俱进。

2. 深刻地论述了创新的思想

江泽民有许多关于创新的精辟论述。党的十六大有一段非常精彩的论

---

① 胡锦涛:《在学习〈江泽民文选〉报告会上的讲话》,《人民日报》2006 年 8 月 16 日。

述："创新是一个民族进步的灵魂，是一个国家兴旺发达的不竭动力，是一个政党永葆生机和活力的源泉。世界在变化，我国改革开放和现代化建设在前进，人民群众的伟大实践在发展，迫切要求我们党以马克思主义的理论勇气，总结实践的新经验，借鉴当代人类文明的有益成果，在理论上不断扩展新视野，做出新概括。只有这样，党的思想理论才能引导和鼓舞全党和全国人民把中国特色社会主义事业不断推向前进。实践基础上的理论创新是社会发展和变革的先导。通过理论创新推动制度创新、科技创新、文化创新以及其他各方面的创新，不断在实践中探索前进，永不自满，永不懈怠，这是我们要长期坚持的治党治国之道。"①

十六大报告还指出："创新就是要不断解放思想，实事求是，与时俱进。实践没有止境，创新也没有止境。我们要突破前人，后人也必然会突破我们。这是社会前进的必然规律。我们一定要适应实践的发展，以实践检验一切，自觉地把思想认识从那些不合时宜的观念、做法和体制的束缚中解放出来，从对马克思主义的错误的和教条式的理解中解放出来，从主观主义和形而上学的桎梏中解放出来。"②

（四）鼓励人们特别是青年人敢于创新、敢于争先

在"左"的思想的影响下，人们不敢冒尖。这就严重压抑了人们的创新才能，影响了社会的发展变化。江泽民指出：创新的关键在人才；创新就要靠人才，特别是要靠年轻人才不断涌现出来。人类社会发展进步的历史表明，年轻的总要代替年老的，青出于蓝而胜于蓝。这是自然界和人世间的一般规律。人的思维创造活动的最好年龄，一般是二十几岁到三十几岁。年轻人不但思维敏捷、精力旺盛，而且对知识、经验的积累和掌握也最为快捷，又最少包袱，敢想敢干，再加上其他有利条件，所以新的发现、新的创造出在青年时期居多。这就要求我们一定要大力培养任用年轻人。

青年时代，是最富有创新精神的黄金时代。世界科技发展的一些重大突破，往往是由年轻人搞出来的。要努力为青年人才脱颖而出营造良好的社会环境，让他们充分施展才华，勇于创新，大展宏图。怎样让青年人在

---

① 《十六大报告辅导读本》，人民出版社 2002 年版，第 11 页。

② 同上书，第 12 页。

创新的实践中脱颖而出呢？1999年，江泽民在全国教育工作会议上说："今天，面对世界科技飞速发展的挑战，我们必须把增强民族创新能力提到关系中华民族兴衰存亡的高度来认识。教育在培育民族创新精神和培养创造性人才方面，肩负着特殊的使命。每一所学校，都要爱护和培养学生的好奇心、求知欲，帮助学生自主学习、独立思考，保护学生的探索精神、创新思维，营造崇尚真知、追求真理的氛围，为学生的禀赋和潜能的充分开发创造一种宽松的环境。这就要求我们必须转变那种妨碍学生创新精神和创新能力发展的教育观念、教育模式，特别是由教师单向灌输知识，以考试分数作为衡量教育成果的唯一标准，以及过于划一呆板的教育教学制度。学校的校长和教师在精心培育人才方面负有特殊的责任，既要严格要求，又要平等待人，更要善于发现和开发蕴藏在学生身上的潜在的创造性品质。"①

"高等学校要在培养大批各类专业人才的同时，努力为优秀人才脱颖而出创造条件，尤其是要下工夫造就一批真正能站在世界科学技术前沿的学术带头人和尖子人才，以带动和促进民族科技水平和创新能力的提高。这不仅是教育界的责任，也是全党全社会的战略性任务。在出人才的问题上，要鼓励和支持冒尖，鼓励和支持当领头雁，鼓励和支持一马当先。这不是提倡搞个人英雄主义，而是合乎人才成长规律的必然要求。学得好的影响和带动学得不太好的，水平高的影响和带动水平比较低的，这样就可以促进共同进步和提高。必须坚决克服用一个模子来培养人才的倾向。不准别人脱颖而出，谁一冒尖、一先进，就孤立人家，把人家挤压下去，以为这样大家都公平了、舒服了，殊不知这是扼杀优秀人才、否定先进事物的极其错误的行为。如果让这种现象泛滥作祟，还谈什么创新精神，我们的国家和民族还有什么希望?!"②

（五）把握国际形势的深刻变化

中国的发展离不开世界。随着时代车轮的飞转，世界已经和正在发生新的深刻变化，如何在中国走向世界的历史进程中正确应对激烈的国际竞争，牢牢把握我国发展的主动权，更好地推进中国特色社会主义，是紧迫

---

① 《江泽民文选》第二卷，人民出版社2006年版，第334页。
② 同上书，第335页。

而重大的课题。

从汉代到明代初期，中国科学技术在世界上一直领先长达 14 个世纪以上。然而，由于封建统治者闭关自守、夜郎自大，近代中国落后了，直至在西方列强的坚船利炮面前不堪一击，成为半殖民地半封建社会，沦入任人宰割的悲惨境地。这个历史教训极为惨痛。其基本教训是，不看世界发展大势，故步自封，停滞不前，必然导致国家和民族衰落。放眼看世界，成为中国近代以来寻找救国救民真理和道路的无数志士仁人的重要抉择。孙中山先生说："世界潮流，浩浩荡荡。顺之则昌，逆之则亡。"

纵观 20 世纪 80 年代以来的天下大势，形势逼人，不进则退。站在时代潮流的前头，团结带领全国各族人民继续推进改革开放和现代化建设，在中国特色社会主义道路上实现中华民族的伟大复兴，为人类和平与发展的崇高事业作出更大贡献。这是历史和时代赋予中国共产党人的庄严使命。

江泽民深刻洞察世界形势发展变化的总趋势，指出：维护和平，促进发展，事关各国人民的福祉，是各国人民的共同愿望，也是不可阻挡的历史潮流；不管国际风云如何变幻，我们始终不渝地奉行独立自主的和平外交政策；中国外交政策的宗旨，是维护世界和平，促进共同发展。所以，必须以宽广的眼界观察世界，正确把握时代发展的要求。

——建立公正合理的国际政治经济新秩序；树立互信、互利、平等、协作的新安全观；通过在平等基础上的对话、协商、谈判解决国际争端，而不应诉诸武力或以武力相威胁；维护世界和平，保持国际社会稳定。

——积极促进世界多极化，维护世界多样性；提倡国际关系民主化和发展模式多样化，推动多种力量和谐并存；反对各种形式的霸权主义和强权政治，也反对一切形式的恐怖主义。

——积极促进经济全球化朝着有利于实现共同繁荣的方向发展，趋利避害，使各国特别是发展中国家都从中受益。

——始终把加强同发展中国家的团结合作作为我国对外政策的基本立足点；积极寻求和扩大同各方利益的会合点；坚持与邻为善、以邻为伴，保持良好周边环境；积极开展多边外交，扩大我国战略空间。

在以江泽民为核心的党的第三代中央领导集体领导下，我们坚持冷静观察、沉着应付、绝不当头、有所作为的战略方针，主持公道、伸张正义，树立了促进世界和平与发展的良好形象。我们努力增强综合国力，营造有利战略态势，增强国家战略能力，广泛开展互利合作，在涉及国家利益和国家主权的问题上绝不屈服于任何外来压力，进一步巩固和发展了有利于我国的和平国际环境特别是和平周边环境。

当今世界是一个开放的世界，我们不可能在一个封闭的环境中建设和发展自己。从国际竞争日趋激烈的大环境看，我们搞现代化建设，必须到国际市场的大海中去游泳，不断提高我们搏击风浪的本领。正是基于这样的科学判断和战略思维，我们毫不动摇地坚持对外开放的基本国策，坚持"引进来"和"走出去"相结合，把对外开放提高到一个全新的水平。

在加入世界贸易组织谈判的过程中，党中央制定并坚持了维护我国根本利益的指导原则。在谈判的艰难时刻，江泽民作出了"谈判还要进行，但人不能低下高贵的头"的重要指示。经过15年谈判，经过艰难复杂的斗争，我国正式加入世界贸易组织。这标志着我国对外开放进入了一个新的阶段。加入世界贸易组织后，江泽民又及时提醒全党，新的较量和斗争刚刚开始，真正的较量还是在国际国内市场上。

要在错综复杂的国际局势和日趋激烈的国际竞争中掌握主动，必须善于从国际国内政治大局出发考虑问题，始终把维护国家主权、安全、尊严和完成祖国统一置于神圣地位，切实维护我国的国家安全和根本利益。江泽民总结亚洲金融危机的深刻启示指出，经济全球化是一把双刃剑。一个国家特别是一个大国的经济发展，必须建立在坚实的物质技术基础和合理的经济结构之上，必须有自己强大的基础产业；参与经济全球化条件下的国际经济技术合作和竞争，既要充分利用其中可以利用的各种有利条件和机遇来发展自己，又要清醒认识和及时防范其中可能带来的各种不利影响和风险。

当前，我们正面临着新的国际形势提出的新情况和新问题，要求我们认真研究和解决。我们要像江泽民同志那样，保持清醒的头脑，科学地认识和分析形势发展给我们带来的新情况，努力把中国特色社会主义伟大事业推向前进。

第四节　社会和谐是中国特色社会主义的本质属性

党的十六届六中全会提出了"社会和谐是中国特色社会主义的本质属性"的重要论断。这涉及中国特色社会主义的本质属性问题以及社会和谐与中国特色社会主义的关系问题，由此又涉及什么是社会主义、社会主义的本质是什么等问题。我们感到，深刻认识这一论断，需要从科学社会主义关于未来社会本质特征的科学揭示谈起，深刻认识这一论断的理论渊源；需要结合我们党对社会主义本质的认识成果，深刻认识这一论断的理论意义；需要分析社会和谐在中国特色社会主义和社会主义现代化全局中的地位和作用，深刻认识这一论断的实践意义。我们认为，这一论断反映了科学社会主义关于未来社会的本质规定性，从社会的角度深化了我们党对社会主义本质的认识，对于指导我们在中国特色社会主义道路上实现社会主义现代化具有重大而深远的意义。

一、科学社会主义关于未来社会的本质规定

社会和谐是社会主义与资本主义的本质区别。将社会和谐作为中国特色社会主义的本质属性，反映了科学社会主义关于未来社会的本质规定性。社会主义是作为资本主义的对立物和代替物被提出来的。社会主义者在批判资本主义、预见社会主义时，始终把社会是否和谐作为两个社会形态之间的本质区别，认为社会和谐是社会主义的根本特征。

空想社会主义者从伦理道德的角度，尖锐地批判了资本主义私有制条件下，由于各种自私自利的行为而引起的诸多不和谐问题，明确提出了"和谐社会"这一概念。1803年，法国空想社会主义者傅立叶发表《全世界和谐》一文，指出现存资本主义制度是不合理的，必将为"和谐制度"或称"和谐社会"所取代。1824年，英国空想社会主义者欧文在美国印第安纳州进行的"共产主义试验"，是以"新和谐"命名的。1842年，德国空想社会主义者魏特林在《和谐与自由的保证》一书中，把资本主义社会称为"病态社会"，把社会主义社会称为"和谐与自由"的社会，并指出新社会的"和谐"是"全体和谐"，即在消灭私有制的基础上，消除人所受到的各种奴役以及人与人之间的不平等，实现社会的和谐。

马克思和恩格斯在创立科学社会主义的过程中，对空想社会主义关于

"社会和谐"的思想给予了充分肯定，并通过全新的理论创造，实现了社会主义者关于"社会和谐"的思想从空想到科学的转变。马克思和恩格斯在《共产党宣言》中指出："提倡社会和谐"，"是关于未来社会的积极主张"，"是启发工人觉悟的极为宝贵的材料"。① 马克思、恩格斯从社会制度的角度揭示了资本主义不和谐的实质和根源。认为资本主义是非正义的社会，是人剥削人、压迫人的社会；随着资本主义生产的发展，生产社会化和生产资料资本主义私人占有之间的矛盾日益尖锐化，不和谐因素日益增多，并经常带来大规模的经济危机和社会危机。马克思、恩格斯揭示了人类社会发展的客观规律，认为作为资本主义的对立物和代替物的未来社会是一个人与人、人与社会、人与自然之间都应形成和谐的关系的社会。马克思在《1844 年经济学哲学手稿》中，把共产主义定义为"人与自然之间，人与人之间的矛盾的真正解决"。《共产党宣言》明确提出："代替那存在着阶级和阶级对立的资产阶级旧社会的，将是这样一个联合体，在那里，每个人的自由发展是一切人的自由发展的条件。"② 按照马克思、恩格斯的设想，未来社会生产力将极大发展，将消灭私有制，消除阶级之间、城乡之间、脑力劳动和体力劳动之间的对立和差别，社会物质财富极大丰富、人民精神境界极大提高，实行各尽所能、按需分配，实现每个人自由而全面的发展，在人与人之间、人与自然之间都形成和谐的关系。马克思、恩格斯还指明了根除不和谐的资本主义社会、建立未来和谐社会的现实道路。可见，社会和谐是科学社会主义的基本思想，党中央将社会和谐作为中国特色社会主义的本质属性，反映了科学社会主义关于未来社会的本质规定性。

二、丰富了社会主义本质的理论

经济社会全面发展是社会主义的本质要求。将社会和谐作为中国特色社会主义的本质属性，从社会的角度丰富和发展了我们党关于社会主义本质的理论。在经典作家关于未来社会的科学构想与现实的社会主义之间，既有社会属性上的一致性，又在发展程度上存在很大的落差。所以，必须从理论与实际结合的角度，进一步揭示社会主义的本质，不断深化对社

① 《马克思恩格斯选集》第 1 卷，人民出版社 1995 年版，第 304 页。
② 同上书，第 294 页。

主义本质的认识。

马克思认为，社会是生产关系的总和。现实的社会主义首先被作为一种区别于一切剥削制度的生产关系。我们党对社会主义本质的揭示，就是从生产关系的角度提出的。生产关系是与生产力相对应的理论范畴。长期以来，生产关系被定义为主要包括生产资料所有制、劳动者在生产中的地位和产品如何分配；现实的社会主义按照经典作家的构想，把公有制、按劳分配和计划经济作为社会主义的基本原则，并形成了高度集中的计划经济体制。但是，实践表明：单一的所有制结构脱离了生产力的实际，高度集中的计划经济体制束缚了全社会的创造活力。所以，改革开放后，我们党先是突破了"一大二公"的思想束缚，形成了以公有制为主体、多种所有制经济共同发展的思想；又针对计划经济体制的弊端，提出了"什么是社会主义的本质"的问题，认为不能把计划经济体制与公有制为主体和按劳分配并列起来、一同作为社会主义的本质属性。邓小平指出："社会主义的本质，是解放生产力，发展生产力，消灭剥削，消除两极分化，最终达到共同富裕。"[1] 这就使我们突破了计划经济思想的束缚，为确立社会主义市场经济体制的改革目标扫清了思想障碍。从认识论的角度看，"社会主义本质论"是从理论和实际的结合上实现了对社会主义认识的一次飞跃。需要注意的是，"社会主义本质论"中关于"解放生产力，发展生产力"的思想，关于"消灭剥削，消除两极分化，最终达到共同富裕"的思想，内含着充满活力、公平正义等社会和谐的思想，成为我们党提出"社会和谐是中国特色社会主义的本质属性"的理论基础。

马克思主义经典作家从来不把社会主义局限于单纯的经济运动，他们主要从消除"三大差别"、实现人的自由而全面发展的角度，强调了社会主义社会建设的任务。现实的社会主义从一开始就注重正确处理经济和社会的关系，注重发展教育、文化、科技、卫生、体育等各项社会事业。我们党关于和谐社会的思想，从社会建设的角度深化了对社会主义本质的认识，丰富和发展了马克思主义社会建设理论。我国社会主义建立伊始，毛泽东就发表了《关于正确处理人民内部矛盾问题》，提出了"统筹兼顾、适当安排"的方针，以解决社会主义建设中经济和社会的矛盾、城乡各

---

[1] 《邓小平文选》第三卷，人民出版社1993年版，第373页。

阶层以及国家、集体、个人之间的矛盾。改革开放后，邓小平提出了"两手抓，两手都要硬"的思想，强调在提高人民群众的物质生活水平的同时，提高人民群众的思想道德水平和科学文化水平。随着经济改革的不断深入，我国经济结构和社会结构发生了重大的变化，社会阶层分化加快，社会矛盾日益凸显，我们党对社会建设的认识进一步深化，并将社会建设与社会主义本质联系起来。江泽民指出："社会主义是全面发展、全面进步的社会"；强调"既促进经济的发展，又促进社会的全面进步，这是社会主义的本质要求"。党的十六大将"社会更加和谐"纳入全面建设小康社会的奋斗目标。十六大以来，新一届党中央形成了构建社会主义和谐社会的重大战略思想，将和谐社会建设纳入中国特色社会主义的总体布局，提出了"民主法治、公平正义、诚信友爱、充满活力、安定有序、人与自然和谐相处"的社会主义和谐社会的总要求。在此基础上，六中全会明确提出"社会和谐是中国特色社会主义的本质属性"，进一步深化了我们党对社会主义本质的认识，丰富了我们党关于社会主义本质的理论。

三、对实现中国社会主义现代化有深远意义

经济建设、政治建设、文化建设、社会建设"四位一体"构成了中国特色社会主义事业的总体布局；"富强民主文明和谐"是社会主义现代化国家的根本特征。将社会和谐作为中国特色社会主义的本质属性，对于指导我们在中国特色社会主义道路上实现社会主义现代化具有重大而深远的意义，与党的理论与党的事业紧密相连。党中央提出"社会和谐是中国特色社会主义的本质属性"，正是着眼于我们党所领导的中国特色社会主义事业，着眼于建设社会主义现代化国家，着眼于完成党的执政使命。要从中国特色社会主义总体布局和社会主义现代化国家的根本特征的角度，深刻认识这一重要论断的实践意义。

这一重要论断进一步凸显了社会建设在中国特色社会主义总体布局中的地位和作用。党的十六大以来，新一届党中央把中国特色社会主义事业的总体布局由社会主义经济建设、政治建设、文化建设的"三位一体"发展为包括社会主义社会建设的"四位一体"，极大地拓展了中国特色社会主义的理论体系和实践空间。六中全会提出，"社会和谐是中国特色社会主义的本质属性"，从中国特色社会主义本质属性的高度，进一步凸显了社会建设在中国特色社会主义总体布局中的地位和作用，使我们党关于中国特色社会主义总体布局的理论更加充实、更加完善，成为指导我们通过推动社会建设与经济建设、政治建设、文化建设协调发展，从整体上推进中国特色社会主义事业的强大思想武器。

这一重要论断进一步明确了社会主义现代化国家的根本特征。到本世纪中叶，把我国建设成为社会主义现代化国家，是我们党坚定不移的奋斗目标，是党执政的第一位的历史使命。社会主义现代化国家是什么样子呢？党的十三大概括为"富强民主文明"，此后近 20 年间，我们党一直沿用这一提法。党的十六届六中全会首次使用了"建设富强民主文明和谐的社会主义现代化国家"这一全新的提法。加上"和谐"两个字，意义十分重大。加上"和谐"两个字的理论依据，正是我们党关于"社会和谐是中国特色社会主义的本质属性"的重要论断。既然社会和谐是中国特色社会主义的本质属性，那么，"和谐"就必然成为在中国特色社会主义道路上建成的社会主义现代化国家的根本特征。这是因为，本质是内在的规定性，特征则是本质的外在表现，两者在逻辑上是统一的。

最后，需要说明的是，建设中国特色社会主义是一个长期的历史过程，建设社会主义现代化国家需要长期坚持不懈地努力奋斗，从这一意义上说，我们党关于"社会和谐是中国特色社会主义的本质属性"的重要论断具有长期的指导意义。它不仅是指导现阶段全面建设小康社会、构建社会主义和谐社会的思想武器，而且是把构建社会主义和谐社会贯穿于中国特色社会主义全过程、贯穿于实现社会主义现代化的全过程的重要指针。

第五节　关于当代中国发展道路的科学概括

党的十七大报告指出："努力实现以人为本、全面协调可持续的科学发展，实现各方面事业有机统一、社会成员团结和睦的和谐发展，实现既通过维护世界和平发展自己又通过自身发展维护世界和平的和平发展。"[①]这就深刻揭示了全面建设小康社会、推进中国特色社会主义事业的发展规

---

① 《中国共产党第十七次全国代表大会文件汇编》，人民出版社 2007 年版，第 15 页。

律，回答了在科技进步、经济全球化的时代背景下正确处理国内各方面发展、人类发展与自然发展、中国发展与世界发展的内在联系，规划了夺取全面建设小康社会新胜利的基本要求和实现路径，是我们党对社会主义建设规律、共产党执政规律、人类社会发展规律认识的新飞跃。

一、科学发展、和谐发展、和平发展的深刻内涵

发展是我们党执政兴国的第一要务，是履行党的宗旨的根本体现，是衡量我们党能否承担历史和人民赋予的时代使命的根本标准。中国共产党从成立之日起，就勇敢地担当起带领中国人民创造幸福生活、实现中华民族伟大复兴的历史使命。为找到实现这一历史使命的正确道路，我们党进行了长期的探索，历经几代人的努力奋斗逐步形成了科学发展观，为当代中国的发展指明了正确道路。党的十六届三中全会提出并阐述了科学发展，党的十六届六中全会提出并阐述了和谐发展，并郑重地向全世界宣示了走和平发展道路的坚定信念。党的十七大进一步把科学发展、和谐发展、和平发展作为整体进行系统科学的阐述，构成了当代中国发展的基本要求、基本方向、基本路径，具有深刻的理论和实践内涵。

科学发展就是坚持以人为本、全面协调可持续、统筹兼顾的社会主义事业的发展。科学发展是关于发展理念、发展目标、发展方式、发展路径的新诠释。20世纪以来，发展逐渐成为人类社会的最强音，实现快速发展成为各国家、各民族的共同愿望。但是，受历史和时代的局限，人们最初把发展等同于经济增长，经过长期的实践逐步把可持续发展、合理发展、社会综合发展等理念引入发展范畴。中国共产党提出以人为本、全面协调可持续、统筹兼顾的科学发展，把发展理念提升到一个崭新阶段。科学发展所表达的发展愿望是：坚持以人为本，把实现好、维护好、发展好最广大人民的根本利益作为党和国家一切工作的出发点和落脚点，做到发展为了人民、发展依靠人民、发展成果由人民共享；坚持全面协调可持续，全面推进经济建设、政治建设、文化建设和社会建设，促进生产关系与生产力、经济基础与上层建筑相协调，促进经济发展与人口资源环境相协调，实现经济社会永续发展；坚持统筹兼顾，统筹城乡、区域、经济社会、人与自然、中央地方、个人集体、局部整体、当前长远、国内国际等的协调发展。

和谐发展就是实现各方面事业有机统一，社会成员团结和睦。和谐是世界的本质，和谐是一切事物的原则。任何事物都有决定其自身存在的内在联系，和谐发展正是揭示了事物内在联系的规律。人类在推动社会发展中，始终致力于揭示事物发展的内在联系并按照事物内在联系的特定规律推动社会的发展进步。迄今为止，人类大抵经历了原始文明和农业文明的谋生发展，经历了工业文明的增长性发展以及工业文明后期的可持续发展。但是，以往的发展总是按照平衡、不平衡，再到新平衡，然后又进入新的不平衡的发展路线前进。和谐发展从根本上变革了这种发展理念和发展要求，是一种经济活力与社会和谐兼得的新的发展思路，是坚持"以人为本"和"以经济建设为中心"相统一的发展理念，是对科学发展观的进一步丰富和完善。和谐发展所表达的发展愿望是：关注人际关系，统筹阶层和谐，以利于个体自我的身心和谐，培养和谐发展的人，营造和谐发展的社会关系；关注人与社会的关系，营造一个社会各阶层都能各尽所能、各得其所、互惠互利、相互关系不断得到协调的社会；关注个人发展、经济文化发展与整个社会发展的和谐，合理解决经济社会发展中当前与长远、宏观与微观、速度与效益等的关系，构建整个社会和谐共进的良好氛围；关注人与自然的关系，保护自然环境，合理开发和利用自然资源，建设资源节约型、环境友好型的社会。

　　和平发展就是正确处理中国和外国的关系，既通过维护世界和平发展自己又通过自身发展维护世界和平的发展。和平与发展是当今时代的主题，求和平、谋发展、促合作已经成为不可阻挡的时代潮流。中国共产党始终坚持独立自主的和平外交政策，把推动人类和平与发展作为21世纪三大历史任务之一。改革开放以来，中国的健康发展引起了国际社会的高度关注。2005年我国发表《中国的和平发展道路》白皮书，把科学发展、和谐发展同促进世界的和平发展有机地统一起来，向全世界展示了中华民族热爱和平、追求发展的诚意。和平发展所表达的发展愿望是：以自身的发展促进世界的和平与发展，通过走和平发展道路，正确处理和平与发展的辩证关系，推动国际关系民主化的进程，促进世界经济的健康发展，推动周边地区的稳定发展，维护世界的持久和平；靠自身力量和改革创新现实发展，自力更生为主，同时坚持对外开放，提高开放型经济水平，靠自己的发展来解决发展的问题；实现与各国的互利共赢和共同发展，在平等、互利、互惠的基础上同世界各国发展经贸关系，不断为全球贸易持续增长作出贡献；建设持久和平与共同繁荣的和谐世界。

二、以科学发展观为统领实现全面协调发展

走科学发展、和谐发展、和平发展道路，是我们党以邓小平理论和"三个代表"重要思想为指导，总结借鉴人类社会发展以及我国社会主义建设的历史经验，特别是通过党的十六大以来的理论创新、实践创新，以科学发展观为统领，得出的理论结论和实践结论。科学发展观是我们党立足社会主义初级阶段基本国情，总结我国发展实践，借鉴国外发展经验，适应新的发展要求提出来的，是对我们党三代领导集体关于发展的重要思想的继承和发展，是马克思主义关于发展的世界观和方法论的集中体现，是同马克思列宁主义、毛泽东思想、邓小平理论和"三个代表"重要思想既一脉相承又与时俱进的科学理论，是我国经济社会发展的重要指导方针，是发展中国特色社会主义必须坚持和贯彻的重大战略思想。科学发展观贯穿了马克思主义的立场、观点、方法，体现了世界观和方法论的统一。它集中反映了社会主义建设的内在规律，创造性地回答了什么是发展、为什么发展和怎样发展的重大问题，进一步丰富发展了中国特色社会主义理论体系，开辟了马克思主义发展的新境界，是全面推进社会主义经济建设、政治建设、文化建设、社会建设必须长期坚持的指导方针。在新的历史条件下，树立和落实科学发展观，就是坚持运用马克思主义世界观和方法论指导新的发展实践。没有科学发展观，就不能敏锐全面地提出和深刻系统地阐述科学发展、和谐发展、和平发展的战略思想；走科学发展、和谐发展、和平发展的道路，就必须坚持和贯彻科学发展观，按照科学发展观的要求推进各项事业的健康发展。

发展是科学发展观的第一要义。科学发展、和谐发展、和平发展是内在统一的，三者之间是在发展这个主题下互相联系、互相促进、互为因果的关系，是一个统一的整体。第一，科学发展是和谐发展、和平发展的根基，没有科学发展就没有社会和谐与世界和平。社会要和谐，首先要发展。社会和谐在很大程度上取决于社会生产力的发展水平，取决于发展的协调性。必须坚持用发展的办法解决前进中的问题，大力发展社会生产力，不断为社会和谐创造雄厚的物质基础；同时更加注重发展社会事业，推动经济社会协调发展，让发展的成果惠及全体人民。第二，和谐发展是科学发展、世界和平的保障，没有社会和谐也难以实现科学发展和世界和谐。社会和谐是中国特色社会主义的本质属性，是国家富强、民族振兴、人民幸福的重要保证。实现社会和谐、建设美好社会，始终是人类孜孜以求的一个社会理想，也是包括中国共产党在内的马克思主义政党不懈追求的一个远大目标。因此，和谐发展是中国特色社会主义事业的内在需求。从实现科学发展的必要条件看，只有构建和谐关系，统筹兼顾各方面利益，在推进经济建设的同时保障社会公平正义，着力解决人民最关心、最直接、最现实的利益问题，使整个社会做到民主法治、公平正义、诚信友爱、充满活力、安定有序、人与自然和谐相处，才能为发展提供良好的社会环境，把科学发展的要求和目标落到实处。第三，和平发展是科学发展、和谐发展的重要条件，没有和平发展就没有稳定和谐的世界，就会打断我国现代化建设的正常轨道，并给中国和世界造成巨大灾难。世界是普遍联系和永恒发展的世界。中国的发展离不开世界，世界的繁荣稳定同样离不开中国。只有坚持和平发展，维护世界的和平与稳定，同世界各国友好对话、互信互利、合作共赢，才能为我国全面建设小康社会的宏伟事业营造良好的国际环境，实现科学发展、和谐发展的目标。

三、增强科学发展、和谐发展、和平发展的自觉性

贯彻党的十七大精神，增强走科学发展、和谐发展、和平发展道路的自觉性，要着力转变不适应不符合科学发展观的思想观念，着力解决影响和制约科学发展观的突出问题，把全社会的发展积极性引导到科学发展、和谐发展、和平发展上来，努力推进中国特色社会主义伟大事业。

第一，坚持党在社会主义初级阶段的基本路线，努力实现全面建设小康社会的奋斗目标。以经济建设为中心，坚持四项基本原则，坚持改革开放，努力建设富强、民主、文明、和谐的社会主义现代化国家，是中国经济社会发展的总目标、总政策、总战略，是各项工作的指导方针。科学发展、和谐发展、和平发展既是党的基本路线的根本要求，也是党的基本路线和基本纲领在新时期新阶段的具体体现。要把科学发展、和谐发展、和平发展统一到党的基本路线的要求和道路上来，团结动员全国各族人民，高举中国特色社会主义伟大旗帜，坚定不移地走中国特色社会主义道路，全面开展经济建设、政治建设、文化建设、社会建设，使发展的自觉性、积极性、主动性、创造性落实到实际工作当中。

第二，坚持解放思想，改革开放，大胆创新。解放思想是发展中国特色社会主义的一大法宝，改革开放是发展中国特色社会主义的强大动力。只有解放思想、大胆创新，才能不断突破思想障碍和体制障碍，推动马克思主义中国化的发展进步，为科学发展、和谐发展、和平发展奠定坚实的思想基础，提供科学的理论指导。只有坚持改革开放，不断完善社会主义市场经济体制，推动各方面的体制改革创新，加快重要领域和关键环节改革步伐，才能构建充满活力、富有效率、更加开放、有利于科学发展、和谐发展、和平发展的体制机制，为实现发展目标提供强大动力和体制保障。

第三，坚持在和平共处五项原则的基础上同世界各国发展友好合作，推动建设持久和平、共同繁荣的和谐世界。走科学发展、和谐发展、和平发展道路，代表了中国人民的根本利益，也反映了世界人民的真诚愿望。实现科学发展、和谐发展、和平发展的目标，需要中国人民和世界人民的共同努力，在构建和谐世界的实践中实现发展目标。为此，要弘扬民主、和睦、协作、共赢精神，政治上相互尊重、平等协商，共同推进国际关系民主化；经济上相互合作、优势互补，共同推动经济全球化朝着均衡、普惠、共赢方向发展；文化上相互借鉴、求同存异，尊重世界多样性，共同促进人类文明繁荣进步；安全上相互信任、加强合作，坚持用和平方式而不是战争手段解决国际争端，共同维护世界和平稳定；环保上相互帮助、协力推进，共同呵护人类赖以生存的地球家园。

第四，切实加强和改进党的建设，以改革创新的精神全面推进党的建设新的伟大工程。党的建设是我们的事业取得胜利的根本保证。要站在完成党执政兴国使命的高度，把提高党的执政能力、保持和发展党的先进性，体现到领导科学发展、促进社会和谐、实现和平发展上来，落实到引领中国发展进步、更好代表和实现最广大人民的根本利益上来，使党的工作和党的建设更加符合科学发展观的要求，为科学发展、和谐发展、和平发展提供可靠的政治和组织保障。

第二章 创新党的理论教育

高等学校开展马克思主义理论教育已有几十年的历程。在我国社会主义建设的各个时期，特别是党的十一届三中全会以来，高校思想政治理论教育，坚持党的基本路线，贯彻党的教育方针，在人才培养中发挥了积极的作用。但是，党的理论在创新和发展，党的创新理论的教育必须不断创新和发展。回顾30年来高校思想政治理论教育，我们在教学内容、课程体系、教学方法、工作机制等多方面不断改革创新，适应了时代发展和实际需要，取得了应有的成效。进入21世纪，面对新形势新情况新任务，党的理论教育必须大胆创新。这是实现高校思想政治工作目标唯一正确的道路。

党的理论教育的性质和内容，要求高校党的理论教育工作不断创新。高校党的理论教育是马克思主义的理论教育，是党的工作的重要组成部分，是培养中国特色社会主义合格建设者和可靠接班人的首要工作。教育人的工作，必须适应人的实际需要。青年是思想活跃、善于思考、不断求新的一代。只有用符合时代要求的观念和思想开展理论教育，才能符合青年的实际需要，才能被青年所接受。马克思主义的理论品质是与时俱进，不断创新党的理论，只有用创新的理念、创新的方法、创新的载体，才能达到被青年接受的目的。比如，马克思和恩格斯关于资产阶级必然灭亡、无产阶级必然胜利的科学判断，如果仅仅停留在《共产党宣言》所论述的观点和所采用的材料上，就不能使青年学生信服和接受。只有站在当代世界全局的高度，正确说明当代资本主义和当代社会主义的新情况新问题，才能使马克思主义基本原理与当今时代特征和当代中国国情有机地结合起来，才能取得有说服力的教育效果。

高等学校理论教育工作的现状，要求党的理论教育工作不断创新。高等学校在用党的创新理论教育青年学生方面取得的成效是非常显著的。当前，我国改革开放和社会主义现代化建设正处于新的历史起点上。一方面，改革开放和现代化建设的成就显著，为实现全面建设小康社会目标奠定了重要的基础；另一方面，当今世界和当代中国都在进行深刻而广泛的变革，对人们的思想和行为产生着重要的影响，人们思想活动的独立性、选择性、多变性、差异性明显增强。这两点在高校青年学生身上都有明显的反映和表现。新情况要求在思想观念、体制机制、传统做法等方面，对现有的理论教育进行改革。

创新理论教育，既是学生的要求，也是教师的呼声。在思想理论教育第一线的广大教师，强烈要求改革教学内容、课程体系和教学方法，加强实践教学，坚持因材施教。广大青年学生强烈要求思想理论教育贴近实际、贴近社会、贴近青年的生活。所以，研究和探索理论教育创新，已成为高校党委、领导干部和思想理论教育工作者共同的任务和使命。

方永刚为高校创新理论教育树立了光辉榜样。胡锦涛同志在了解到大连舰艇学院政治理论教师方永刚的先进事迹后，给方永刚写信："我看了你的事迹介绍，很受感动。你长期在军队院校从事政治理论教学和研究工作，为发展军队教育事业，为宣传党的创新理论，作出了优异成绩。你不仅深入学习党的理论、坚定信仰党的理论、积极传播党的理论，而且用自己的实际行动模范践行党的理论。从你的身上，我们看到了共产党员的高度政治觉悟，看到了优秀教师的高尚师德师风。广大共产党员、全军官兵都要向你学习。"[①] 深入学习党的理论、坚定信仰党的理论、积极传播党的理论、模范践行党的理论，既是胡锦涛同志对方永刚的高度评价，也是对所有思想政治理论教师的殷切期望，更为创新党的理论教育指明了前进方向。

本章首先研究和探讨创新理论教育的方法论问题，从阐述马克思主义理论品质，坚持解放思想、实事求是、与时俱进的思想路线，说明无论在什么情况下，创新理论教育都既不能脱离马克思主义基本原理，又不能固守僵死的教条和过时的方法。方永刚是创新党的理论教育的典范，他以自己的创造性工作，提供了创新理论教育的方向。创新党的理论教育，不仅要体现在马克思主义基本理论教育，也要体现在哲学社会科学相关学科的

---

① 《党的理论工作者的光荣》，载《人民日报》2007 年 4 月 6 日。

教育上，在高等学校形成全方位的党的理论教育的局面。

第一节　与时俱进是马克思主义的理论品质

马克思主义的创立和发展，始终是伴随社会历史前进的脚步进行的。它的产生是资本主义社会基本矛盾发展和工人阶级争取解放斗争发展的产物，它在各个历史时期的发展也适应了那个时期资本主义矛盾的发展变化和工人阶级解放斗争的实际需要。这种与时俱进的特点赋予马克思主义强大的生命力，并使之成为推动社会历史前进的精神力量。

一、马克思主义思想路线的产生及其精神实质

作为马克思主义政党，中国共产党的思想路线是解放思想、实事求是、与时俱进。这一思想路线来自于马克思主义的科学的世界观和方法论，是马克思主义基本原理在中国的实际运用。

马克思和恩格斯创立科学社会主义，探讨人类社会发展规律问题，是从确立正确的世界观和方法论，必然即为工人阶级政党确定马克思主义思想路线开始的。探寻人类社会发展规律，为工人阶级指出获得解放的正确道路，在马克思之前就已经开始了。1516 年莫尔《乌托邦》的诞生，给受苦受难的人们展示了从未有过的美好前景。到 19 世纪初期，圣西门、傅立叶、欧文三个伟大的空想社会主义者的出现，使人类解放的朦胧意识，演变为既有理论（空想社会主义）又有实践（办各类合作社）的工人运动。但是，所有这些空想社会主义者如同资产阶级学者一样，把人类社会的历史看成是杂乱无章的自然发展过程，否认历史前进过程中各方面的内在联系。所以，在他们看来，社会主义的实现不过是某种偶然的历史现象。如果产生了天才的人物，社会主义在 500 年前也是可以实现的。在空想社会主义理论的指导下，工人阶级争取解放的斗争无一例外地以失败告终，而这种理论本身也随着时代的发展而走向反面，成为阻碍无产阶级解放斗争的理论。

马克思和恩格斯借助空想社会主义的思想，又批判其唯心主义历史观，在世界观和方法论领域进行了一场伟大的革命。首先，他们对自己的思想进行彻底的清理，冲破黑格尔和费尔巴哈哲学的思想禁锢，创立辩证唯物主义和历史唯物主义，揭示了认识客观世界和改造客观世界的根本方

法。《德意志意识形态》是马克思和恩格斯合作的一部重要著作，在科学社会主义形成中具有重要地位。他们在这部书中，系统地阐述了唯物主义历史观，揭示了社会结构和历史发展的规律，把社会看成是受生产力制约，以生产关系为基础的有机体。这标志着他们世界观和方法论的根本转变。同时，他们对工人阶级的政治组织进行思想意识的彻底改造，为工人阶级政党制定了科学的思想路线、正确的政治路线和组织路线。《共产党宣言》是马克思和恩格斯为第一个马克思主义政党——共产主义者同盟撰写的纲领，它的发表标志着科学社会主义的产生和国际共产主义运动的开始。《宣言》奠定了理论联系实际、一切从实际出发这一工人阶级政党思想路线的基础。恩格斯指出："贯穿《宣言》的基本思想：每一历史时代的经济生产以及必然由此产生的社会结构，是该时代政治的和精神的历史的基础；因此（从原始土地公有制解体以来）全部历史都是阶级斗争的历史，即社会发展各个阶段上被剥削阶级和剥削阶级之间、被统治阶级和统治阶级之间斗争的历史；而这个斗争现在已经达到这样一个阶段，即被剥削被压迫的阶级（无产阶级），如果不同时使整个社会永远摆脱剥削、压迫和阶级斗争，就不再能使自己从剥削它压迫它的那个阶级（资产阶级）下解放出来"[①]。上述思想领域的伟大变革，奠定了马克思主义理论的科学基础，为科学社会主义与时俱进地发展，指出了正确的方向。

马克思和恩格斯为工人阶级政党确定的世界观和方法论，总是随着实践的发展而不断发展。正是马克思和恩格斯本人，对他们创立的理论采取了解放思想、实事求是、与时俱进的科学态度。在经历了1871年巴黎公社革命的洗礼之后，马克思和恩格斯对《共产党宣言》作了新的评价，"不管最近25年来的情况发生了多么大的变化，这个《宣言》中所述的一般原理整个说来直到现在还是完全正确的。某些地方本来可以作一些修改。这些原理的实际运用，正如《宣言》中所说的，随时随地都要以当时的历史条件为转移。"[②] 基于这一基本态度，马克思和恩格斯不断发展自己的理论。他们在《共产党宣言》中运用历史唯物主义原理论述了"两个必然"理论，得出了资产阶级的灭亡和无产阶级的胜利同样是不可

[①] 《马克思恩格斯选集》第1卷，人民出版社1995年版，第252页。

[②] 同上书，第248页。

避免的结论。但依据新的历史材料，他们在完善剩余价值学说中，进一步得出"两个决不会"的结论，指出："无论哪一个社会形态，在它所能容纳的全部生产力发挥出来以前，是决不会灭亡的；而新的更高的生产关系，在它的物质存在条件在旧社会的胎胞里成熟以前，是决不会出现的。"① 他们在分析研究了俄国的情况后，提出了落后国家有可能跨越资本主义"卡夫丁峡谷"的思想；他们在总结工人阶级斗争新情况的基础上，提出了无产阶级革命可以采用暴力与和平两种方式的思想，等等。

综观马克思、恩格斯、列宁关于正确对待理论与实践的论述，他们对马克思主义思想路线的说明主要如下。

（一）马克思主义是发展着的理论

对于一种理论，是把它看做认识的顶峰，还是把它看做实践发展到一定阶段的成果，是真假马克思主义的试金石。马克思主义在同形形色色的机会主义斗争中，赢得了胜利，被工人阶级所崇拜。一些所谓的理论家脱离社会发展的实际，僵死地对待马克思的个别论断。马克思和恩格斯立即站出来以科学的态度维护这一理论的科学性。恩格斯在《自然辩证法》一文中指出："从历史的观点来看，这件事也许有某种意义：我们只能在我们时代的条件下去认识，而且这些条件达到什么程度，我们才能认识到什么程度。"② 恩格斯在给弗·凯利－威士涅威茨基夫人的一封信中说得更加清楚："我们的理论是发展着的理论，而不是必须背得烂熟并机械地加以重复的教条。"③ 这一鲜明的态度，强调理论必须不断发展的精神，赋予马克思主义强大的生命力，推动着这个理论的不断发展。列宁坚持马克思主义的思想路线，继续以发展的观点对待马克思主义，在许多重要方面发展了马克思主义，创立了列宁主义，完善了马克思主义思想路线。

（二）马克思主义是科学方法和行动指南

空想社会主义的突出特点是把解决某一问题的方法作为处理一切事务的万应灵丹。这种脱离实际、不顾客观条件的思想方法，使他们到处碰壁。客观事物是复杂的，人类社会是不断发展的，只有做到理论与实践相

---

① 《马克思恩格斯选集》第2卷，人民出版社1995年版，第33页。
② 《马克思恩格斯选集》第4卷，人民出版社1995年版，第337—338页。
③ 同上书，第681页。

结合、主观与客观相统一，才能准确地把握客观事物的发展规律，得出正确的理论。所以，任何一种理论的生命力，都不在于它的结论，而在于它为解决客观事物所提供了方法。所以，恩格斯认为，首先必须说明的是，"如果不把唯物主义方法当作研究历史的指南，而把它当作现成的公式，按照它来剪裁各种历史事实，那它就会转变为自己的对立物。"① 列宁综合马克思和恩格斯的相关论述，结合俄国革命的历史经验，作了进一步论述。列宁指出："马克思和恩格斯多次说过，我们的学说不是教条，而是行动的指南，我想我们应当首先和特别注意这一点。马克思和恩格斯的学说不是我们死背硬记的教条，应该把它当作行动的指南。我们一直在这样说，而且我们认为，我们的行动是适当的，我们从来没有陷入机会主义，而只是改变策略。我以前说过，现在还要再三地说，这个学说不是教条，而是行动的指南。"②

（三）把一般原则和具体实际相结合

原则是准绳，没有原则就失去了规则，就会迷失方向。但是，任何原则都是以过去的事实为根据，是对以往经验的总结和概括，它只能说明过去，而不能说明现在和将来。所以，马克思主义思想路线强调和坚持一般原则和具体实际相结合，并要一切从实际出发。恩格斯在阐述这一道理时指出："原则不是研究的出发点，而是它的最终结果；这些原则不是被应用于自然界和人类历史，而是从它们中抽象出来的；不是自然界和人类去适应原则，而是原则只有在符合自然界和历史的情况下才是正确的。"③列宁在领导俄国革命的伟大实践中，反复强调：我们要求对具体运用这些一般原则的条件进行具体的分析，并对马克思主义思想路线作了精辟的经典性的概括："马克思主义的精髓，马克思主义的活的灵魂：对具体情况作具体分析。"④

（四）理论由实践赋予活力、由实践来修正

理论和实践的关系问题，是工人阶级政党经常面对的重大问题。没有

① 《马克思恩格斯选集》第4卷，人民出版社1995年版，第688页。
② 《列宁全集》第35卷，人民出版社1985年版，第219页。
③ 《马克思恩格斯选集》第3卷，人民出版社1995年版，第374页。
④ 《列宁选集》第4卷，人民出版社1995年版，第213页。

科学的理论就没有革命的行动。工人阶级争取解放的斗争，必须坚持马克思主义的指导。但是，马克思主义同时指出，科学社会主义是以事实，而不是以可能性为依据的，理论的指导地位是在伟大的实践中确立起来的。所以，马克思、恩格斯、列宁进行理论创造的过程中，特别注重实践的作用，总是在伟大的社会实践中给自己的理论吸取和补充营养，并使这些理论在实践中得到发展和完善。在工人阶级争取解放斗争的重大转折关头，在世界历史从一个阶段向另一个阶段转变的时期，实践对于理论的作用和意义就更加突出。俄国十月革命胜利后，面对异常复杂的形势和巩固政权、发展经济的艰巨任务，列宁强调："现在一切都在于实践，现在已经到了这样一个历史关头：理论在变为实践，理论由实践赋予活力，由实践来修正，由实践来检验；马克思说的'一步实际运动比一打纲领更重要'这句话，显得尤其正确了。"①

（五）善于根据实践的发展不断丰富和完善理论

怎样对待自己创立的理论？是孤芳自赏、故步自封，还是勇于探索、不断创新？不同的思想家采取了不同的态度。马克思主义采取的态度是善于根据实践的发展不断丰富和完善自己的理论。马克思和恩格斯的一生经历了无数次革命斗争的洗礼。他们总是站在群众运动的前头，总结人民群众的伟大创造，使之成为科学社会主义理论的组成部分。在总结 1848 年欧洲革命、1871 年巴黎公社革命中，马克思和恩格斯进行了理论创造，得出一系列重要结论。但他们总是在实践中修正自己的理论。1892 年，恩格斯在谈到他在早年撰写的《英国工人阶级状况》一书的某些论点时曾说："我这本书只是它的胚胎发展的一个阶段。""例如本书，特别是在末尾，很强调这样一个论点：共产主义不是一种单纯的工人阶级的党派性学说，而是一种最终目的在于把连同资本家在内的整个社会从现存关系的狭小范围中解放出来的理论。这在抽象的意义上是正确的，然而在实践中在大多数情况下不仅是无益的，甚至还要更坏。"② 这样一种科学态度，已经成为马克思主义的基本立场和基本观点，成为指导后来的马克思主义者进行理论探讨和理论创新的行动指南。

---

① 《列宁选集》第 3 卷，人民出版社 1995 年版，第 381 页。
② 《马克思恩格斯选集》第 4 卷，人民出版社 1995 年版，第 423 页。

二、马克思主义中国化的三次历史性飞跃

中国共产党是在马克思主义指导下，按照列宁主义的建党原则成立起来的工人阶级政党。中国共产党接受马克思主义，并写在自己的旗帜上，是全面、准确、科学地掌握并运用马克思主义，而不是片面、机械地搬用马克思主义的个别论断；是运用马克思主义的立场、观点、方法分析中国革命所面临的问题，而不是照搬照抄外国革命的具体做法。所以，中国共产党从成立之日起，就善于研究马克思主义的科学内涵和精神实质，善于分析和研究中国的社会问题，从中国的实际出发，制定符合中国自己情况的革命道路。1930 年毛泽东就依照马克思主义的思想路线，结合党领导革命的历史经验，鲜明地提出："我们说马克思主义是对的，决不是因为马克思这个人是什么'先哲'，而是因为他的理论，在我们的实践中，在我们的斗争中，证明是对的。"① "中国革命斗争的胜利要靠中国同志了解中国情况。"② 在这个思想的指导下，中国共产党人历尽艰辛，不断推动马克思主义与中国实际相结合，实现马克思主义中国化。在马克思主义中国化的实践历程中，先后创立了毛泽东思想、邓小平理论和"三个代表"重要思想，使马克思主义与时俱进的理论品质得到发扬光大。

（一）马克思主义中国化的第一次历史性飞跃创立了毛泽东思想

中国共产党是中国人民争取解放斗争不断发展的产物，它的诞生又推动人民革命向纵深发展，出现了新的革命高潮。在中国共产党的领导和推动下，1922 年出现了工人运动高潮，反动统治阶级深刻地体会到中国工人阶级的强大力量；1925 年出现了中国农民运动的高潮，农村封建势力受到了一次最为深刻的冲击；1926 年迎来了北伐战争的胜利进军，北洋军阀的反动统治如大厦将倾。然而，蒋介石的背叛使中国共产党及其领导的革命力量措手不及，革命遭到失败。此后，我们党又经历了土地革命战争的辉煌和被迫长征的艰辛。所有这些波折，根源就是我们党在理论上还没有把马克思主义同中国实际很好地结合起来，没有形成自己的科学理论。以毛泽东为代表的中国共产党人，在艰苦的条件下进行了伟大的理论探索。他们坚持马克思主义思想路线，从中国实际出发，提出了适合中国

---

① 《毛泽东选集》第 1 卷，人民出版社 1991 年版，第 111 页。

② 同上书，第 115 页。

实际的理论和路线，这就是不同于俄国十月革命的以农村包围城市、武装夺取政权的革命道路。这条道路所包含的科学思想，集中地体现在毛泽东的理论创造中。所以，中国共产党把自己的理论概括为毛泽东思想，并于1945年在中共七大上将毛泽东思想作为指导思想写入党章，实现了马克思主义中国化的历史性飞跃。

毛泽东思想是马克思主义民族化的典型，在马克思主义发展史上具有划时代的伟大意义。马克思主义是产生于欧洲资本主义条件下的科学理论。使之符合中国的特点，能够解决中国革命的各种问题，必须解决两个问题。一是在内容上，对马克思主义的词句不能照搬照抄或简单重复，要运用其立场、观点、方法，分析中国历史、中国社会、中国民族的特点，研究和解决中国革命的客观实际问题，阐明中国革命的规律，并把中国人民在长期革命斗争中所积累起来的丰富经验，进行科学的总结和概括，上升为新的理论。二是在形式上，把马克思主义从欧洲的形式和语言，变成中国的民族形式和语言，以此来阐明马克思主义的基本原理，说明中国革命的理论和政策，使之成为中国人民进行斗争的锐利武器。毛泽东思想很好地解决了这些问题：它是在坚持马克思主义理论基础上，根据中国民族的特点和中国革命的经验进行科学分析的结果；是站在工人阶级和全体人民利益的立场上，应用马克思主义的科学方法概括中国历史和中国革命经验的结果。因此，毛泽东思想是中华民族和中国人民争取自身解放的唯一正确的理论和政策。

毛泽东思想的诞生标志着马克思主义中国化的伟大飞跃，还在于毛泽东思想是一个完整的理论体系。这一体系的主要内容是：关于新民主主义革命的理论，毛泽东概括了统一战线、武装斗争、党的建设是中国革命的"三个法宝"；关于社会主义革命和社会主义建设的理论；关于革命军队的建设和军事战略的理论；关于政策和策略的理论；关于思想政治工作和文化工作的理论；关于党的建设的理论。实事求是、群众路线、独立自主，是毛泽东思想的活的灵魂，是贯穿于毛泽东思想各个组成部分的立场、观点和方法。在毛泽东思想的指导下，我们取得了新民主主义革命的胜利，建立了中华人民共和国；取得了社会主义改造的胜利，建立了社会主义制度；进行了中国社会主义建设道路的探索，成为建设中国特色社会主义的良好开端。

（二）马克思主义中国化的第二次历史性飞跃创立了邓小平理论

生产资料所有制的社会主义改造的完成，标志着社会主义制度在我国基本建立，中国人民进入全面建设社会主义的新的历史时期。但是，社会主义建设，尤其是在中国这样经济文化比较落后的国家建设社会主义，是一项前无古人的伟大事业，我们没有建设的经验，社会主义建设的规律还需要在实践中探索并掌握。中国共产党人在社会主义建设的新的历史条件下，勇敢地开始了新的探索，试图找到一条适合中国情况的社会主义建设路线。这一伟大探索的工作仍然是在马克思主义思想路线的指导下进行的。毛泽东是这一探索的开拓者。他指出，"我们必须把马克思列宁主义的普遍真理同中国社会主义建设的具体实际……尽可能好一些地结合起来"①。但是，由于缺乏经验，由于指导思想上"左"的倾向的干扰，毛泽东的探索走了弯路，发动了"文化大革命"，在社会主义时期继续推进马克思主义中国化的进程被阻滞了。"文化大革命"结束后，推进马克思主义进一步中国化的使命，历史性地落在了以邓小平为核心的党的第二代领导集体的肩上。随着改革开放和现代化建设的深入，随着我们对社会主义建设规律认识的不断深化，邓小平理论应运而生。邓小平理论紧紧抓住什么是社会主义、怎样建设社会主义这个首要的基本的理论问题，把马克思主义基本理论运用于中国社会主义建设的实际，科学地初步回答了在中国这样经济文化比较落后的国家什么是社会主义、怎样建设社会主义的一系列问题，开拓了马克思主义理论发展的新境界，实现了马克思主义中国化的第二次历史性飞跃。

马克思主义中国化的第二次历史性飞跃，是从恢复和发展马克思主义思想路线开始的。针对"文化大革命"期间"左"的束缚和"两个凡是"的影响，刚刚获得"解放"的邓小平尖锐地提出了"完整地准确地理解毛泽东思想"这一有重大历史意义和现实意义的问题，积极支持关于"真理标准问题"的大讨论，倡导解放思想、实事求是。他指出："一个党，一个国家，一个民族，如果一切从本本出发，思想僵化，迷信盛行，那它就不能前进，它的生机就停止了，就要亡党亡国。""只有解放思想，坚持实事求是，一切从实际出发，理论联系实际，我们的社会主

---

① 《毛泽东著作选读》下册，人民出版社1986年版，第828—829页。

现代化建设才能顺利进行，我们党的马列主义、毛泽东思想的理论也才能顺利发展。"① 1978 年 12 月，党的十一届三中全会重新恢复了党的马克思主义思想路线，把全党的工作重心从"以阶级斗争为纲"转变为"以经济建设为中心"，开始在正确理论指导下独立探索中国特色社会主义建设，把马克思主义中国化的进程引入到正确道路。党的十一届三中全会以后，邓小平提出了"建设有中国特色的社会主义"的科学命题，制定了改革开放和社会主义现代化建设的战略策略，尤其是制定了"一个中心、两个基本点"的党在社会主义初级阶段的基本路线，形成了邓小平理论。这个理论在中国特色社会主义建设的发展道路、发展阶段、根本任务、发展动力、外部条件、政治保证、战略步骤、领导力量和依靠力量、祖国统一等各方面，提出了完整的理论和战略，极大地发展了马克思主义。1997年党的十五大把这个理论高度地概括为邓小平理论，并作为党的指导思想写入党章，从而完成了马克思主义中国化第二次历史性飞跃的任务。

（三）马克思主义中国化的第三次历史性飞跃创立了"三个代表"重要思想

随着改革开放和社会主义现代化建设的深入发展，国内国际的形势发展不断提出新的问题，中国特色社会主义建设的伟大实践面临着新的考验。这些考验集中到一起，仍然是怎样正确对待马克思主义思想路线。1989 年党的十三届四中全会选举产生了以江泽民为核心的党中央第三代领导集体。面对风云变幻的当今世界，中国共产党人再一次承担起发展马克思主义的历史任务。推动马克思主义中国化的进一步发展，也就从这时开始了。

推动马克思主义中国化的新发展，是在坚持解放思想、实事求是、与时俱进的思想路线的基础上，围绕建设一个什么样的党和怎样建设党、什么是社会主义和怎样建设社会主义这个重大问题展开的。推进马克思主义中国化，必须以创新为先导。江泽民多次强调："创新是一个民族进步的灵魂，是一个国家兴旺发达的不竭动力，也是一个政党永葆生机的力量源泉。""实践基础上的理论创新是社会发展和变革的先导。通过理论创新推动制度创新、科技创新、文化创新以及其他各方面的创新，不断在实践中探索前进，永不自满，永不懈怠，这是我们要长期坚持的治党治国之

---

① 《邓小平文选》第二卷，人民出版社 1994 年版，第 143 页。

道。"他还说："创新就要不断解放思想、实事求是、与时俱进。实践没有止境，创新也没有止境。我们要突破前人，后人也必然会突破我们。这是社会前进的必然规律。"基于创新的伟大思想，江泽民号召全党和全国人民，在建设中国特色社会主义的伟大实践中，"一定要适应实践的发展，以实践来检验一切，自觉地把思想认识从那些不合时宜的观念、做法和体制的束缚中解放出来，从对马克思主义的错误的和教条式的理解中解放出来，从主观主义和形而上学的桎梏中解放出来。"①

从 1989 年到 2002 年党的十六大，在创新引领下 13 年的伟大实践，积累了推进马克思主义中国化的丰富经验。这就是：坚持以邓小平理论为指导，不断推进理论创新；坚持以经济建设为中心，用发展的办法解决前进中的问题；坚持改革开放，不断完善社会主义市场经济体制；坚持四项基本原则，发展社会主义民主政治；坚持物质文明和精神文明两手抓，实行依法治国和以德治国相结合；坚持稳定压倒一切的方针，正确处理改革发展稳定的关系；坚持党对军队的绝对领导，走中国特色的精兵之路；坚持团结一切可以团结的力量，不断增强中华民族的凝聚力；坚持独立自主的和平外交路线，维护世界和平与促进共同发展；坚持加强和改进党的建设，全面推进党的建设新的伟大工程。江泽民把这十条基本经验，联系党成立以来的历史经验，集中概括为"三个代表"重要思想：我们党必须始终代表中国先进生产力的发展要求，代表中国先进文化的前进方向，代表中国最广大人民的根本利益。"三个代表"重要思想，反映了我国最广大人民的共同意愿，体现了当今世界和中国发展的时代精神，显示了马克思主义科学理论的强大力量，是全党和全国人民在新世纪新阶段继续团结奋斗的共同思想基础。

（四）马克思主义中国化的进一步发展创立了科学发展观

面对新世纪新阶段国际国内形势的新情况新变化，以胡锦涛为总书记的党中央领导集体坚持马克思主义的基本原理，按照辩证唯物主义和历史唯物主义的基本要求，在认真总结改革开放 30 年历史经验的基础上，提出了科学发展观，进一步创造性地探索和回答了什么是马克思主义、怎样对待马克思主义，什么是社会主义、建设什么样社会主义，建设什么样的

---

① 《十六大报告辅导读本》，人民出版社 2002 年版，第 11—12 页。

党、怎样建设党，实现什么样的发展、怎样发展等重大理论和实际问题，把马克思主义发展到新阶段。科学发展观是立足社会主义初级阶段基本国情，总结我国发展实践，借鉴国外发展经验，适应新的发展要求提出来的。

发展观是关于发展的本质、目的、内涵和要求的总体看法和根本观点。有什么样的发展观，就会有什么样的发展道路、发展模式和发展战略，也就会引导和推动着发展的实践朝着一定的方向前进。因此，发展观对于整个国家的经济和社会发展起着全局性和根本性的作用。科学发展观就是用科学的世界观和方法论来看待和解决为什么发展、发展什么、为谁发展、靠谁发展、怎样发展的一系列重大问题。科学发展观是马克思主义关于发展的世界观和方法论的集中体现。从这个意义上说，科学发展观具有四个明显特征。

第一，具有深厚的思想内涵，紧紧围绕发展中国特色社会主义这个主题，准确把握世界发展趋势和我国发展的阶段性特征，正确回答了我国经济建设、政治建设、文化建设、社会建设、生态文明建设和党的建设面临的一系列重大问题。

第二，具有深厚的理论渊源，继承和发展了马克思主义关于发展的重要思想和毛泽东、邓小平、江泽民三代领导集体关于发展的理论精髓，标志着我们党对共产党执政规律、对社会主义建设规律、对人类社会发展规律的认识达到了新高度新水平。

第三，具有深厚的实践依据，是在实践基础上创立、经过实践检验、在实践中不断丰富发展的科学理论，为我国物质文明、政治文明、精神文明、社会文明、生态文明建设指明了正确方向，是发展中国特色社会主义必须坚持和贯彻的重大战略思想。

第四，具有深厚的群众基础，深刻反映了我们党坚持立党为公、执政为民的本质要求，揭示了新世纪新阶段人民群众过上幸福美好生活的新期待，一经提出便很快被全党全国人民所认同，成为改造客观世界和改造主观世界的强大思想武器。

三、要使事业不停顿首先理论上不能停顿

推进马克思主义中国化的目的在于发展中国特色社会主义事业。坚持"三个代表"重要思想的关键在落实。新世纪我国进入全面建设小康社会、加快推进社会主义现代化的新的发展阶段，国际形势更加复杂，社会主义建设的任务更加艰巨，要求我们努力探索共产党执政的规律、社会主义建设的规律和人类社会发展的规律。与时俱进是马克思主义的理论品质，也是"三个代表"重要思想的理论品质，是我们在不断前进的伟大事业中推进理论创新的思想指导。

（一）党的全部理论和工作要体现时代性

与时俱进的"时"就是不断发展变化的客观实际，就要站在时代前列，把握时代脉搏，符合时代特点，如果时代特点变了，解决问题的理论、思路、方法和措施也要改变。如果不加改变地照搬旧时的理论、思路、方法和措施来面对新的情况，解决新的问题，必然四处碰壁、遭遇失败。必须在新的实践中坚持和发展马克思主义，用发展着的马克思主义指导新的实践。"三个代表"重要思想已经确立为党的指导思想，用发展着的马克思主义指导新的实践，关键就是用"三个代表"重要思想指导新的实践，在解放思想中统一思想，把全党全国人民的思想统一到"三个代表"重要思想上来，并在新的实践中不断丰富和发展"三个代表"重要思想。这正是党的全部理论和工作具有时代性的集中体现。

（二）党的全部理论和工作要把握规律性

客观事物的发展、变化是无限多样的，人们对它的认识也是无止境的。人们要想使认识符合变化和发展了的客观实际，就必须坚持与时俱进，研究新情况、新问题，把握事物变化发展的新规律、新趋势，并用对新规律的认识和把握来指导我们的行动。因此，由于时代特点发生了变化，党的全部理论和工作就要不断深化对共产党执政规律、对社会主义建设规律、对人类社会发展规律的再认识，使理论发展和各项工作更加符合这三个规律。这是当代共产党人丰富和发展马克思主义的最基本最重大的理论问题，是中国共产党保持先进性、巩固执政地位，把建设中国特色社会主义事业不断推向前进所必须解决的基本问题，是新时期坚持和贯彻党的思想路线的出发点和落脚点。

（三）党的全部理论和工作要富于创造性

与时俱进，归根到底要体现在"进"上。"进"就是理论和实践要随着客观实际的变化而发展。就要不断吸取一切科学的新经验、新思想、新成果，通过理论创新推动制度创新、科技创新、文化创新以及其他各方面的创新，把坚持马克思主义基本原理与谱写新的理论篇章结合起来，把发扬革命传统与创造新鲜经验结合起来，永不自满，永不懈怠。在十六大报告中，江泽民深刻指出，实践没有止境，创新也没有止境。我们要突破前人，后人也必然会突破我们。全党必须在思想上不断有新解放，理论上不断有新发展，实践上不断有新创造。

四、与时俱进对发展中国特色社会主义的指导意义

坚持党的思想路线，解放思想、实事求是、与时俱进，是我们党坚持先进性和增强创造力的决定性因素。这对于加强党的思想理论建设，以不断创新所取得的新的理论成果指导党的建设和中国特色社会主义建设的实践，具有非常重要的指导意义。

（一）党的理论创新和实践创新的需要

坚持解放思想、实事求是、与时俱进，才能不断进行理论创新和实践创新。客观事物是不断发展的，人类的社会实践也是不断发展的，与此相适应，人类对于客观事物的规律和人类实践的规律的认识也是不断发展、上升和深化的。马克思主义的发展史，就是对于自然、社会和人类思维发展规律的认识不断深化的历史；中国共产党诞生以来 80 多年的历史，就是对中国革命、建设和改革的规律的认识不断深化的历史。正是由于对中国共产党建设的规律、中国新民主主义革命和社会主义革命的规律、中国社会主义建设和改革规律的认识的不断深化，才使我们党在把马克思主义基本原理同中国实际相结合的过程中，实现了历史性飞跃，产生了毛泽东思想、邓小平理论、"三个代表"重要思想、科学发展观，指导中国共产党及其领导的伟大的革命和建设事业不断从胜利走向胜利。在新世纪的征途上，我们党面临许多前所未有的新情况和新问题，承担着领导人民实现中华民族伟大复兴的历史重任。新的形势、新的实践、新的任务要求我们的思想认识绝不能停留在一个水平上，一定要不断地有所发现、有所创新、有所前进。解放思想、实事求是、与时俱进，是马克思列宁主义、毛泽东思想、邓小平理论的精髓和理论品质，也是"三个代表"重要思想的精髓和理论品质，是贯穿于马克思列宁主义、毛泽东思想、邓小平理论和"三个代表"重要思想之中的基本的立场、观点和方法论，是我们党永葆指导思想的生机活力、永葆自身的先进性和创造力的决定性因素。

（二）坚持和发展马克思主义的关键所在

坚持解放思想、实事求是、与时俱进，是坚持和贯彻"三个代表"重要思想的关键。客观实际是不断变化的，作为客观实际之反映的人们的思想以及指导人们行动的实践规律也必将随之不断变化。无论是先进的生产力和先进的文化，还是广大人民的根本利益，都是动态的和不断变化的，因此，我们党作为中国工人阶级的先锋队，要永葆其先进性，就必须不断地解放思想，不断地使自己的指导思想、路线纲领、方针政策与不断变化的先进生产力的发展要求、先进文化的前进方向和最广大人民的根本利益相符合，使"三个代表"重要思想所概括的"发展要求"、"前进方向"和"根本利益"，随着时代的发展、时代的变迁而增添新的内涵和意义，就必须坚持解放思想、实事求是、与时俱进的思想路线，不断研究新情况，解决新问题，创造新理论，开辟新境界。

（三）用马克思主义武装全党的必由之路

坚持解放思想、实事求是、与时俱进，是加强全党理论武装和理论创新的必由之路。我们既要不丢老祖宗，坚定不移地坚持马克思主义的基本原理，又要讲新话，顺应时代进步潮流，从不断变化的客观实际出发，开拓马克思主义理论发展的新境界。如果不解放思想，就谈不上用科学的态度对待马克思主义，就无法领会马克思主义的精神实质，就会陷入教条主义、本本主义。"三个代表"重要思想既是解放思想、实事求是的最新成果，又是解放思想、实事求是的最新要求。我们只有解放思想，才能真正理解和掌握其深刻的思想内涵和创新意义，掌握这一马克思主义的新的理论武器，发扬"三个代表"重要思想所体现的马克思主义的与时俱进的理论品质，在实践中勇于进行理论创新，使全党思想在坚持和发展马克思主义的基础上达到高度统一。

（四）发展中国特色社会主义的前提条件

坚持解放思想、实事求是、与时俱进，是团结全党、领导人民不断夺取建设中国特色社会主义事业新胜利的前提条件。我们干的是全新的建设中国特色社会主义的伟大事业。马克思主义经典作家只是为我们提供了一些基本原理和原则，没有提供现成的答案；对于别国的经验，我们又不能照搬照抄。无论是照搬本本，还是固守过去的经验、照搬别人的办法，都不能解决问题。只有坚持解放思想、实事求是，才能在实践中开拓前进。

我们只有坚持在新的实践中解放思想，才能使全党对于我们在改革开放和现代化建设过程中所形成的新观点、新决策达成共识，才能促进改革开放和现代化建设的顺利发展。当今世界的经济、政治、文化、科技正在发生着重大变化，我国的社会主义建设正在发生着重大变化。我们要正确把握这些重大变化，不断提高贯彻党的基本理论、基本路线、基本纲领和"三个代表"重要思想的自觉性和坚定性，在解放思想中统一思想。

（五）永葆党的先进性和创造力的可靠保证

坚持解放思想、实事求是、与时俱进，是我们党永葆先进性和创造力的可靠保证。始终保持党的先进性，是党长期执政的根本。中国共产党作为一个长期执政的工人阶级政党，要使自己永葆生机活力，永远得到人民群众的拥护，就必须坚持解放思想、实事求是的思想路线，坚持与时俱进，根据新的条件、新的时代和新的实践，不断丰富和发展马克思主义，用发展着的马克思主义指导新的实践。

第二节　以高度的政治觉悟学习贯彻党的创新理论

2007年年初，胡锦涛同志看望大连海军舰艇学院政治理论教师方永刚教授时，高度肯定了方永刚学习、宣传、践行党的创新理论的先进事迹。他对方永刚说："我看了你的事迹介绍，很受感动。你长期在军队院校从事政治理论教学和研究工作，为发展军队教育事业，为宣传党的创新理论，作出了优异成绩。你不仅深入学习党的理论、坚定信仰党的理论、积极传播党的理论，而且用自己的实际行动模范践行党的理论。从你的身上，我们看到了共产党员的高度政治觉悟，看到了优秀教师的高尚师德师风。广大共产党员、全军官兵都要向你学习。"① 胡锦涛总书记就认真总结宣传方永刚同志的先进事迹所发表的重要指示，站在用发展着的马克思主义武装、教育全党和全国人民，牢固树立建设中国特色社会主义共同理想，认真贯彻科学发展观，加快构建社会主义和谐社会的战略高度，对方永刚事迹的精神实质作了科学概括，对学习贯彻党的创新理论作了全面部署，是十六大以来我们党坚持和发展马克思主义一系列重大战略思想的重

---

① 《党的理论工作者的光荣》，载《人民日报》2007年4月6日。

要组成部分。在全党全社会掀起学习方永刚事迹的热潮中，只有认真学习、深刻领会胡锦涛总书记的重要指示，才能很好地把握方永刚事迹的精神实质和重要意义，使方永刚精神成为学习贯彻党的创新理论，推进社会主义和谐社会建设的典型引领和精神动力。

一、当代理论工作者的时代风范

解放军大连舰艇学院方永刚教授以对马克思主义的坚定信念和对中国特色社会主义的不懈追求，谱写了当代共产党员的一曲辉煌赞歌，给当代中国马克思主义理论工作者树立了光辉的榜样，引发了诸多的思考。

方永刚教授对马克思主义科学理论和共产主义核心价值的不懈追求，是中国马克思主义理论工作者优良传统的时代诠释。马克思主义揭示了人类社会发展的一般规律，指出了社会主义的发展方向和人类和谐幸福的美好前景。马克思主义的科学理论所以不断地转化为工人阶级和劳动人民争取人类解放的伟大实践，在很大程度上在于有一代又一代的马克思主义理论工作者认真学习、钻研马克思主义，并以坚定的理想信念传播马克思主义，使马克思主义结合并指导社会实践。在这个过程中，理论工作者就是一个媒介，人民群众对马克思主义的信仰，既来自于马克思主义理论本身的科学性，也来自于对理论工作者的信任。所以，一个合格的理论工作者必须具有坚定的理想信念和正确的价值追求。在这一点上，方永刚教授做到了。他坐在书房里潜心研究当代马克思主义的著作，站在讲台上激昂地讲授当代中国马克思主义的理论，并以自己的文章和演讲赢得读者和听众，就来自于他理论上的坚定和信念上的坚定。这就启示我们，学习、研究、宣传理论的前提是信仰马克思主义，树立共产主义信念，有为科学理论和美好理想而献身的精神。否则，就会研究没有劲头，宣传没有底气，工作没有生气。

方永刚教授为发展和传播当代中国马克思主义所作出的贡献，是当代理论工作者投身中国特色社会主义事业的辉煌展示。理论工作者的生命力在于投身于这种理论所指导的伟大实践。中国共产党曾经培养了许多著名的马克思主义理论家。他们以深邃的思想和博大的胸怀，树立了坚定的理想信念，并积极投身于中国革命和建设的伟大事业，在实现马克思主义与中国实际相结合的道路上，在实现中华民族伟大复兴的事业中，推动了马克思主义在中国的不断发展。在全面建设小康社会、加快推进社会主义现代化的新的时代面前，理论工作者的任务仍然是以自己的才智和优势，投身于伟大的实践。改革开放和现代化建设最需要理论，尤其需要把马克思主义中国化的最新成果转化为全体人民团结奋斗的精神力量。研究理论、发展理论、宣传理论恰恰是理论工作者的优势，也是理论工作者的天职。方永刚教授以拼命的精神深入进行理论研究，撰写了那么多的论文、著作，把优秀的精神食粮奉献于人民；同时仍然以拼命的精神积极从事理论宣传，讲了那么多的课程，作了那么多精彩的报告，把深奥的道理转化成人民群众切实接受的道理。如果我们每一个理论工作者都这样做了，马克思主义在中国的进一步发展，人民群众树立共同的理想追求，就会取得更大的成绩。这就启示我们，理论工作者的生命力在于投身社会实践，站在人民群众的立场上，坚持不懈地研究探索和积极宣传马克思主义，在加快建设社会主义和谐社会的实践中体现理论工作者的社会价值。

方永刚教授勇于创新的精神和脚踏实地的科学态度，是马克思主义与时俱进理论本质在当代理论工作者身上的具体实践。创新是一个民族进步的灵魂，是一个国家兴旺发达的不竭动力，也是一个政党永葆生机的源泉。理论的生命在于创新，事业的发展有赖于创新。这就要求理论工作者牢固树立创新精神，大力推动创新事业。方永刚教授从事科学研究工作的实际践行了创新的要求，体现着理论的本质。我们发现，方永刚教授的科研活动始终反映着创新的要求。他对当代中国马克思主义的理论发展有创新的独特视角，所以在诸多理论工作者中脱颖而出，完成了一大批有理论深度的课题；他对科研课题的选择有独特的眼光，总是选择前沿问题，运用新的方法，取得了具有启发性的理论成果；他总是不断开拓新的研究领域，在完成了一个方面的研究之后，再转向新的学科。这种开拓精神与脚踏实地的科学作风紧密联系，紧紧抓住社会主义现代化建设中的重大理论问题和现实问题，进行扎实深入的理论论证，写出的文章有的放矢、掷地有声、引起共鸣。这就启示我们，理论工作者的研究和宣传，要有自己的思考，进行深入的研究，善于开拓理论研究的新领域，多出成果，出好成果，出服务于人民、服务于现代化建设的理论和思想，为发展马克思主义作出应有的贡献。

方永刚教授热爱生命、热爱生活、热爱家庭、热爱同事的人本意识，是当代理论工作者对党和人民一片爱心的真情表白。理论工作者也是普通的老百姓，具有人所共有的情感。当这种情感与国家的利益、人民的事业结合到一起的时候，就能释放出巨大的能力，作出超越自我的事业。方永刚教授是一个用生命进行理论研究和理论宣传的人，也是一个有丰富思想感情的人。他对家庭有责任感，对学生有责任心，在身患重病的时候还对生活充满着无限的希望，还在把快乐和阳光带给家人和同事。这是一个鲜活的共产党员的形象。他是人而不是神。但是，他拥有"神"所不具备的生命动力。这是一种对现实生活具有更大感召力的精神力量。热爱生活才能奉献社会，投身社会才能服务人民。方永刚教授以崇高精神和蓬勃朝气为当代理论工作者树立了光辉的榜样，指出了理论工作者取得成功的正确道路。这就启示我们，理论工作者面对"灰色"的理论更要充满热情和朝气，对我们的社会充满爱心，对我们的事业充满信心，以昂扬向上的精神状态，谱写不断发展马克思主义的辉煌篇章。

二、时代和社会对创新理论的渴求与需要

方永刚事迹和方永刚精神充分彰显了我们党的创新理论的魅力和活力。没有科学理论的武装就没有工人阶级的觉悟和成熟，没有创新理论的指导就没有创新事业的前进。改革开放以来，我们党在马克思主义的指导下，坚持从实际出发，自觉地把思想认识从那些不合时宜的观念、做法和体制的束缚中解放出来，从对马克思主义的错误的和教条式的理解中解放出来，从主观主义和形而上学的桎梏中解放出来，大胆进行理论创新，形成了邓小平理论、"三个代表"重要思想、科学发展观等一系列重要思想，用创新理论培养了一大批政治成熟、立场坚定、思想解放、开拓创新的理论工作者，并构建社会主义核心价值体系哺育人民。这就为方永刚的成长成熟奠定了雄厚的理论基础和良好的思想氛围。我们党与时俱进的理论品质成为方永刚深入学习党的理论、坚定信仰党的理论、积极传播党的理论、模范践行党的理论的思想支持和精神动力。党的创新理论的无穷魅力，给方永刚宣传党的理论带来了巨大的说服力，并使理论宣传具有强大的生命力和广泛的认同。科学发展观统领下的蓬勃向上的社会主义现代化建设为方永刚提供了学习理论、研究问题并在人民群众中释疑解惑的物质材料。贯彻科学发展观，构建社会主义和谐社会是前无古人的伟大事业，许多实际问题需要得到理论上的说明，人民群众的困惑需要得到思想上的解答。方永刚把理论结合于实际，深入浅出地回答了人民群众提出的问

题，把科学的理论落实到具体的实践，进一步展示了党的创新理论的魅力。实践越发展，人民群众对理论的需求越强烈。时代和社会提出了学习方永刚事迹，弘扬方永刚精神，用党的创新理论武装全党、教育人民、指导实践的历史任务。

通过弘扬方永刚精神，用党的创新理论武装全党、教育人民，进一步确立和巩固十六大以来党中央提出的重大战略思想的指导地位，为迎接党的十七大的胜利召开奠定良好的思想理论基础。实践不断发展，思想解放和理论创新也没有止境。党的十六大以来，党中央以邓小平理论和"三个代表"重要思想为指导，科学判断和全面把握形势的发展变化，提出了以人为本、实现科学发展、构建社会主义和谐社会等一系列重大战略思想和重大战略任务，实现了马克思主义中国化的新发展。理论一经掌握群众，就会变成巨大的物质力量。党的创新理论只有被人民群众所掌握，并与社会主义现代化建设实践紧密结合，才能发挥其巨大的威力。这就要求我们大力推进理论武装工程，把全党和全国人民的思想进一步统一到十六大以来党中央提出的重大战略思想上来，把一切智慧和力量都凝聚到全面建设小康社会、努力构建社会主义和谐社会的伟大事业上来，万众一心建设中国特色社会主义。

通过弘扬方永刚精神，学习践行中国化马克思主义最新成果，进一步确立和巩固社会主义核心价值体系的主导地位，为构建社会主义和谐社会营造良好的思想舆论氛围。我们要构建的社会主义和谐社会，是在中国特色社会主义道路上，党领导人民共同建设、共同享有的和谐社会。实现民主法治、公平正义、诚信友爱、充满活力、安定有序、人与自然和谐相处的总要求，必须坚持社会主义核心价值体系。因此，党在构建社会主义和谐社会中的首要任务是用社会主义核心价值体系凝聚全党和全国人民的智慧与力量，始终坚持马克思主义在意识形态领域的指导地位，牢牢把握社会主义先进文化的前进方向，弘扬民族优秀文化传统，借鉴人类有益文明成果，倡导和谐理念，培育和谐精神，形成全社会共同的理想信念和道德规范。方永刚事迹展示了优秀教师的高尚师德师风，方永刚精神凝聚了社会主义核心价值体系的深刻内涵。弘扬方永刚精神，为全党和全国人民形成共同的理想信念和道德风范，树立了光辉的榜样。

通过弘扬方永刚精神，加强党的执政能力建设和先进性建设，提高全党的高度政治觉悟，进一步增强忧患意识、公仆意识和节俭意识，为我们党永葆先进性提供坚强有力的政治保证。党的领导是我们的事业不断取得胜利的根本保证，永葆先进性是我们党始终站在时代前列，得到人民群众拥护和支持的根本所在。在方永刚身上，我们看到了共产党员的高度政治觉悟。因为有高度的政治觉悟，才做到了不仅深入学习党的理论、坚定信仰党的理论、积极传播党的理论，而且用自己的实际行动模范践行党的理论。保持高度的政治觉悟，重在保持和发展党的先进性，把永葆先进性体现在执政治国上，落实在发展社会主义市场经济、社会主义民主政治、社会主义先进文化和构建社会主义和谐社会、实现最广大人民的根本利益上，进一步增强忧患意识，始终保持开拓进取的锐气；进一步增强公仆意识，始终牢记全心全意为人民服务的宗旨；进一步增强节俭意识，始终发扬艰苦奋斗的精神，团结带领人民群众不断夺取改革开放和社会主义现代化建设的新胜利。

三、践行党的创新理论的历史责任和时代任务

方永刚精神的实质在于他以高度的政治觉悟践行党的创新理论，在平凡的岗位上为建设中国特色社会主义的伟大事业作出了不平凡的业绩。方永刚鲜活的先进事迹揭示了当代共产党员的优秀品质，体现了共产党员在新时代的价值定位和目标追求。学习方永刚事迹，弘扬方永刚精神，最根本的要求，是贯彻胡锦涛总书记的重要指示，以高度的政治觉悟更加深入有效地学习贯彻党的创新理论。

创新理论武装工程，用党的创新理论武装全党、教育人民，把全党和全国人民的思想统一到十六大以来党中央提出的一系列重大战略思想上来。传播党的创新理论，教育和引导人民群众掌握党的创新理论，必须创新理论武装工程。在新的历史时期，我们要像方永刚那样，发扬勇于探索、刻苦钻研的精神，深入执著地学习党的创新理论，完整准确地把握党的创新理论，讲出党的创新理论的精神实质和理论的魅力与活力；我们要像方永刚那样，坚持理论联系实际，大胆创新理论武装的形式、方法、手段，让科学的理论变成人民群众喜闻乐见、易于把握的道理，以创新的形式兴起学习党的创新理论的热潮；我们要像方永刚那样，紧紧把握一个时期以来党的创新理论的发展脉搏，当前要着重学习贯彻好以人为本、实现科学发展、构建社会主义和谐社会、建设社会主义新农村、建设创新型国家、树立社会主义荣辱观、推动建设和谐世界、加强党的先进性建设等重大战略思想，把全党和全国人民的思想统一到这些重大战略思想上来。

贯彻科学发展观，全面推进社会主义现代化建设，把全党和全国人民的智慧与力量凝聚到十六大以来党中央提出的一系列重大战略任务上来。发展是我们党执政兴国的第一要务，科学发展是完成党执政兴国第一要务的唯一正确的途径。十六大以来，党中央以邓小平理论和"三个代表"重要思想为指导，科学规划了新世纪我国社会主义现代化建设的发展目标、发展任务、发展道路等一系列战略问题，提出了构建社会主义和谐社会等重大战略任务。贯彻落实好这些重大战略任务，实现新世纪我国社会主义现代化建设的战略目标，是当前最大的政治。为此，我们要进一步深刻领会完成重大战略任务的现实意义和深远的历史意义，认真研究在本地区本部门落实重大战略任务的具体方案，大力宣传重大战略任务，把全体人民的智慧和力量凝聚到落实重大战略任务的实际工作当中。

增强全党的政治觉悟，培育全民的道德情操，努力在全党和全社会形成开拓进取、奋发向上的精神风貌。方永刚精神是我们党在革命和建设长期历史进程中形成的优良传统与作风在新时期的凝练与升华，是民族精神与共产主义信仰的有机结合，是社会主义核心价值体系在精神领域的集中体现。人是要有一点精神的。一个政党、一个民族、一个国家同样需要精神的支撑和引领。新时期学习方永刚事迹，弘扬方永刚精神，重在倡导和谐理念，培养和谐精神，构建和谐文化，建设社会主义核心价值体系。马克思主义指导地位，中国特色社会主义共同理想，以爱国主义为核心的民族精神和以改革创新为核心的时代精神，社会主义荣辱观，构成社会主义核心价值体系的基本内容。把建设社会主义核心价值体系与弘扬方永刚精神相结合，重在落实两个方面的任务。在党内，以培养共产党员的高度政治觉悟为重点，以提高党的执政能力、保持党的先进性为目标，全面加强党的思想政治建设；在全社会，以培养人民群众的高尚道德情操为重点，以培养有理想、有道德、有文化、有纪律的公民为目标，全面加强社会主义民主政治建设和社会主义精神文明建设。

第三节　站在时代高度学习弘扬方永刚精神

学习方永刚，第一位的是明确用什么思想态度来学习；接下来，就是要明确应该向方永刚同志学习什么。笔者认为，方永刚作为当今时代的学习楷模，代表了一种很高的思想和工作境界，这就要求我们站在时代的高度学习方永刚，在高的境界中与其对接。

一、站在执政党的高度学习方永刚

面对我国"四个深刻变化"，我们正处于一个前所未有的大建设、大发展时期，也是一个大反思的时期。党的指导思想——马克思主义能否在每个党员心中深深扎根，巩固在全社会的指导地位，是一个极其重要的政治问题。胡锦涛总书记谈到方永刚时谈到"本色"，就是指我们党的本色，是执政党的"本色"。学习方永刚，一定要站在执政党的高度，坚守共产党员的政治信仰和历史使命。苏联解体、东欧剧变的教训可谓深刻之至。共产党员一定要有忧患意识。经济发展了，不等于什么都在跟着发展，特别是意识形态、价值取向。眼下，我们文化建设滞后，信仰问题、社会诚信问题、腐败问题等在不同程度危及社会发展。要像方永刚那样，牢牢坚守党的思想理论阵地，巩固马克思主义在意识形态领域的指导地位。

二、站在党的理论创新的高度学习方永刚

从毛泽东同志开始，我们党就坚持把马克思主义基本原理同中国实践相结合。十六大以来，形成了科学发展观等一系列党的创新理论。思想是行动的指南。党的理论的与时俱进，为中国革命、建设和改革克服困难、走向胜利提供了不竭的精神动力。在"黄金发展期"和"矛盾凸显期"相交叉的关键时期，一定要像方永刚那样，始终站在党的理论创新的最前沿，以高度的政治责任感和理论自觉性，为党的理论创新鼓与呼。

三、站在构建和谐社会的高度学习方永刚

和谐社会是党领导人民共建共享的社会。每个共产党员，每个公民，都要爱岗敬业，通过做好自己的工作，履行好自己的社会义务，来为社会更加和谐作出贡献。和谐社会离不开和谐文化，最重要的是建设社会主义核心价值体系。作为理论工作者，方永刚深入学习、坚定信仰、积极传播、模范践行党的理论;作为教师,方永刚具有高尚的师德师风,这些都是建设和谐文化、推动构建和谐社会的宝贵精神财富。要学习方永刚,成为和谐文化和和谐社会的建设者。

四、学习方永刚精神关键在于精神实质

学习方永刚,主要有两个层面的学习:一个层面是他的典型事迹,包括科学的思维方式、新颖的传播手段、有效的教育方法、创新的工作思路等;另一个层面是他的精神。两个层面都要学习,但最主要还是学习他的精神,并且把方永刚精神细化、转化、具体化到自己的岗位上。学习典型好比摄影和照相的关系,我们要给方永刚摄影而不是照相,不是复制方永刚,而是通过摄影,发掘他内在的美,发掘他内在的灵魂本质和精神世界,学习他闪光的思想和可以传承的精神动力。

学习方永刚同志的平民意识。方永刚的平民思想情感很深,心中始终装着百姓。方永刚是"贴近实际、贴近生活、贴近群众"的典型。他不仅通过深入学习,自己掌握了真理,而且深入群众之中,当群众的"政治理论翻译",自觉做到了让真理成为群众的思想武器。政治理论有它的系统性和哲理性,又有繁杂的概念和需要抽象的思维,有的理论观点比较难以理解,也比较难解释,但方永刚悟进去了,他对农民讲时用农民的话,向工人讲时用工人的话,通俗易懂,深入浅出,所以就克服了"两层皮"的问题。当今社会需要广大理论工作者当平民的教师。有平民的思想才有平民的感情、平民的语言。现在强调立党为公、执政为民,教育界要执教为民。

学习方永刚同志的党性意识。方永刚经常挂在嘴边的是对党的感恩之情。而其最突出特点是真学、真信、真用、真懂、真情传播、真诚实践党的理论。用他的话说,就是"走过了一条从感恩、感悟到确立信仰的心路历程"。那么,构成这条心路历程的最基本的元素是什么呢?应该说,就是党的观念、党的意识。方永刚对党的感恩、对党的理论的信仰,既来自于切身体验,也来自理性思考。唯其如此,方永刚的党性意识才会那么强烈而持久,把自己的生命完全献给了党的理论事业。感恩思想,是朴素的,也是深刻的;是古老的,又是现实的。我们每个有良知的人都需要具有对党的感恩情怀。对党有感情,才会不断深化对党的理论的学习,不断深化对党的事业的认识,从而不断增强追随党的信心和力量。在认识论上，从感恩到感悟是从感性认识到理性认识的过程，贯穿其间的就是学习，既包括书本学习，也包括实践学习。所以，增强党性意识也需要加强学习。

学习方永刚同志的责任意识。方永刚说"人活着就要尽职。我要让自己的生命在传播党的理论事业中燃烧"。那么，方永刚的理论激情从哪里来？用他的话来表述是"激情从热爱中来，从对使命责任的感悟中来"。方永刚说，"我不怕癌症，就怕离开我最钟爱的三尺讲台"。"传播和践行党的理论，是我生命的全部意义和最大价值，是我的生命之约"。可以说，责任意识在方永刚身上体现得非常充分。责任意识对任何一个人来讲都是人生重要的价值取向。在家庭中，夫妻之间要讲责任，父母儿女之间要讲责任。在社会上，没有事业心、责任感的人是不会被人们所认同的。在全面建设小康社会、构建社会主义和谐社会的今天，我们每个人都要认真履行职责，为经济发展和社会进步添砖加瓦。

学习方永刚同志的创新意识。方永刚的人生和事业与党的创新理论密切相连。而他模范践行党的创新理论的一个重要表现就在于，他本人也富于创新精神。他有很多创新之处。比如，对理论深化理解的创新；工作思路上的创新；研究方法上的创新；实践环节上的创新；所讲授课程内容的创新；传播方式的创新，等等。有人曾提醒他讲课声音低些，但他无法意识到怎么控制，他一上讲台，一见到学生、听众，他就精神兴奋。台上、台下的共鸣使他激情涌动。这一点说明，方永刚的创新与他对党的创新理论的激情是分不开的，是对党的理论事业的热爱与赤诚永远激励他在理论工作中不断创新和进步。我们学习方永刚的创新精神，最重要的，也正是要学习他对党的事业的无限忠诚。

第四节　哲学社会科学相关学科的思想政治教育功能

高校哲学社会科学相关学科担负着认识世界、传承文明、创新理论、咨政育人、服务社会的重要功能。2004年，《中共中央国务院关于进一步加强和改进大学生思想政治教育的意见》指出，高等学校哲学社会科学课程负有思想政治教育的重要职责。深入研究高校哲学社会科学相关课程在大学生思想政治教育中的功能，以及探索发挥其功能的有效途径具有重要意义。

一、哲学社会科学相关学科属性及特点

社会科学是研究社会现象及社会发展规律的科学。19世纪下半叶以来，人们借鉴自然科学方法，研究日趋复杂的社会现象，形成了政治学、经济学、社会学、法学、教育学等现代意义上的社会科学。社会科学从多侧面、多视角对人类社会进行分门别类的研究，把握社会本质和发展规律，更好地建设和管理社会。哲学是关于世界观、价值观的学说，是高度抽象的意识形态，对人类的认识和实践活动具有规范和指导作用，与社会科学研究的关系更是特别密切。因此，将"哲学"与"社会科学"并行并统称为"哲学社会科学"。

自然科学与哲学社会科学都是人类智慧的结晶，共同构成了灿烂的人类文明。但它们的学科属性不同。自然科学研究的是自然规律，即自然现象发生的原因及其发展变化的规律，具有客观性和真理性。它忽视价值判断，可为任何阶级、民族和国家服务。哲学社会科学总体上说是关于人类社会发展规律的理论体系，是关于人的世界观、人生观、价值观的学说，也是推动人类历史发展的重要力量。哲学社会科学是人生意义的产生者、民族文化的承担者、社会活动的参与者。它往往程度不同地具有阶级或民族的烙印，难以无差别地为一切阶级、民族和国家服务。哲学社会科学工作者总是从属于一定的阶级、民族和国家等利益集团，与社会现象之间存在着或多或少的利害关系，研究成果往往渗透着各自的知识背景、价值观、民族文化传统，带有阶级倾向性。

哲学社会科学相关学科的属性决定了它除了具有学术性以外，必然具有自身的特点。

（一）鲜明的意识形态属性

意识形态属性这一特点决定了哲学社会科学相关学科对大学生人生观、世界观和价值观的形成具有明显的政治倾向和思想导向。社会意识形态是反映社会经济形态和政治制度的思想观念和思想体系的部分。在阶级社会里，意识形态具有阶级性。社会意识形态的主流历来都是统治阶级的意志和思想体系的反映，这是社会发展规律。因此，我们党领导的哲学社会科学事业就是要体现党和人民的意志，就是要为社会主义服务，为人民服务。对上层建筑中所包含的反映经济基础和政治倾向要求的意识形态的

灌输，很重要的一个途径就是通过哲学社会科学来实现。因此，哲学社会科学相关学科作为意识形态的主要载体，决定了它本身必然具有意识形态的属性特征。

（二）鲜明的政治性

意识形态性在思想和精神上反映执政者的主张和导向，具有一定的导向性；政治性则要求人们必须认同和接受执政者所倡导的思想和意识形态，并与之保持一致，从而具有一定的强制性。因此，哲学社会科学相关学科对大学生的政治倾向、政治观点、政治主张、政治立场的形成具有重要作用。

（三）不可替代的人文特性

哲学社会科学是人类智慧的结晶，其中包含大量的分析、判断等主观因素，因而具有浓重的人文特色。其重要表现之一就是对真理的认同和坚持。哲学社会科学真理观是客观事物及其规律在人的意识中的正确反映，人们一旦认定真理，就会坚持并为之奋斗。哲学社会科学还具有独特的凝聚力和感召力。哲学社会科学不仅体现着时代精神，更是引导人们前进方向的航标灯。我国社会正处于从一般温饱型向发展型社会转变的重要时期，也是社会利益关系发生深刻变化的关键时期。在这一时期，高等教育在传播科学文化知识的同时，还要传承民族文化，树立符合社会主义现代化和市场化的道德标准，使人们在社会上表现出凝聚力和感召力，使我们的社会井然有序，归于和谐。而这种社会的感召力和凝聚力必须靠哲学社会科学来完成。

二、哲学社会科学相关学科思想政治教育的主要功能

从上面的分析我们看到，哲学社会科学相关学科既是知识体系，又是价值体系，是科学知识教育与人性教育的统一。它在大学生思想政治教育中发挥着十分重要的功能。

（一）价值观念导向功能

哲学社会科学相关学科对大学生树立科学的世界观、人生观和价值观具有导向作用。人生在世，必须有自己的理想信念，并且为了理想信念勇往直前，奋斗终生，甚至牺牲生命。这就需要树立正确的世界观、人生观和价值观。大学阶段正是世界观、人生观和价值观逐渐走向成熟时期，同时也是世界观、人生观和价值观教育的关键时期。在这一时期，哲学社科学相关学科发挥着重要的导向作用。一方面，作为知识体系，它向学生传授科学知识；另一方面，作为价值体系，它体现着支配国家社会和政治生活的主流意识形态，引导学生如何去正确认识世界和改造世界，为社会生活提供指导。它在培育大学生坚定的政治信念、积极向上的人生理念和生活态度、提高认识和分析复杂的社会现象等方面发挥着巨大的作用。

（二）民族精神培育功能

民族精神是一个民族赖以生存和发展的精神支撑，是一个国家的脊梁。一个民族，没有振奋的精神和高尚的品格，就不可能立于世界民族之林。民族精神是一种社会意识，是维系中华民族团结和国家统一的精神纽带，也是促进中华民族与时俱进、不断走向兴盛繁荣和文明进步的重要精神动力，是一个民族区别于其他民族的精神特质，是民族大多数成员所认可和接受的、富有生命力的优秀思想品格、价值取向和道德规范的总和。它与一个民族的传统文化密不可分。要弘扬民族精神，就必须重视这个民族的历史文化，并加以继承和发展。

一个民族要始终走在时代的前列，保持其民族精神的先进性，就不仅要弘扬民族精神，更重要的是要以与时俱进的精神不断地提升民族精神。而这种民族精神是通过哲学社会科学对传统文化进行概括、总结和提升而形成的。哲学社会科学相关学科作为时代精神的精华，集古今一切优秀的文化传统之大成，是经过对一切优秀文化的阐释、解剖、挑选、变革、重建后形成的具有时代特色的理论体系，再经过长期的积淀和一代代传承累积成优秀的文化传统，然后提升为一种民族精神。哲学社会科学相关学科无疑是培育大学生民族精神的必要手段。它们从不同的角度向大学生展现中华民族精神，将人类文化的精髓传授给大学生，并对以往文明进行概括、总结和传承，对民族精神进行时代提升，从而对当代大学生产生更加深刻的影响。

（三）思想道德教育功能

哲学社会科学相关学科是大学生道德教育的重要渠道。以基本道德规范为基础，深入进行公民道德教育是大学生道德教育的主要内容。哲学社会科学相关学科中含有丰富的道德思想和人类普遍遵循的道德规范。这些学科不仅是一种人性教育，也是一种道德规范教育；不仅教育学生们认识自身，还教育学生认识个人在社会生活中的地位和作用；不仅教育学生如何分辨善恶，还教育学生什么是真、善、美。它们作为社会意识形式贯穿于大学生的成长过程，给大学生以世界观、人生观和价值观的指导，心灵感召和情感熏陶。哲学社会科学依靠理论的力量，开阔眼界，提高鉴别是非、善恶、美丑的能力，激发大学生追求高尚的道德情操和精神境界，以潜移默化的形式全方位地提高大学生的思想道德素质。哲学社会科学相关学科是大学生道德教育的重要渠道，而且由于它们是人类文化发展长期积淀的成果，因而寓于其中的道德教育可以以文化熏陶的方式让高尚的道德思想逐渐内化于大学生的心中。可见，哲学社会科学相关学科作用的充分发挥，有助于促进思想政治教育的功效。

（四）综合素质提升功能

哲学社会科学相关学科教育是大学生素质教育的基本途径。以大学生全面发展为目标，深入进行素质教育，是大学生思想政治教育的重要内容。素质是人的基本品质，一个人的素质高低，不仅要看其科学素质，而且要看其是否拥有崇高的道德观念、高度的政治自觉性和强烈的法律意识，是否具有集体主义和团结合作精神等。大学生的素质教育从根本上说就是教育大学生成为一个既具有实际技能，又具有文化素养和高尚道德情操的人。相对于自然科学而言，哲学社会科学侧重于培养人的素质，侧重于多视角、全方位地培育学生的理想信仰、道德情操、政治素质、法律意识、生活态度、审美能力，等等，因此，哲学社会科学课程在大学生素质教育中发挥着其他课程所无法替代的作用。它能够促进大学生思想道德素质、科学文化素质和健康素质协调发展，引导大学生勤于学习、善于创造、甘于奉献，成为有理想、有道德、有文化、有纪律的社会主义新人。

三、哲学社会科学相关学科思想政治教育的现状分析

高校哲学社会科学相关学科在对大学生进行思想政治教育和人文素质教育等方面发挥着重要作用。那么，当前在教学中这种作用究竟发挥得如何？笔者就此在某高校大二、大三文科学生中进行了调查。调查结果显示，从总体上看，哲学社会科学相关学科思想政治教育功能得到普遍认同。绝大多数被调查者认为，哲学社会科学相关学科具有价值观念导向功能，有利于形成良好的人生观、世界观和方法论；具有思想道德教育功能；具有民族精神培育功能；具有综合素质提升功能，有利于人文素养的塑造。可见，绝大多数学生认为，哲学社会科学相关学科教学对学生的健全人格的培养具有重要作用，在育人方面发挥重要功能。

但是，随着主、客观条件的变化，哲学社会科学相关学科思想政治教育功能在教学中并没有得到充分发挥，在一些哲学社会科学课程教学中存在着亟待解决的问题。

（一）教学过程中不够重视的现象

在教学过程中，存在削弱马克思主义指导地位的个别现象，从而导致在教学中存在明显的意识形态方面的错误。个别教师在教学中淡化意识形态领域的斗争问题，把哲学社会科学课程看成是纯粹的学术、知识课程来对待，甚至以学术自由为理由在教学中不加批判地介绍、宣传西方哲学社会科学思想政治观点以及价值观，从而对学生成长产生严重的误导作用。有12%的人认为，教师在教学过程中，存在照抄照搬西方理论、运用西方现代理论而脱离中国实际的问题；有8.3%的人认为，个别教师宣传西方政治观点及价值观，有悖中国主流意识形态；还有个别人认为，在经济、政治改革和宗教等问题上，有的教师存在主张完全西化的观点。

（二）教材建设中相对滞后的现象

在教材建设中，存在着教材建设滞后、课程实效性差的问题。有学生认为，教材中缺少我国哲学社会科学相关学科研究的原创性；教材内容与现实结合得不够紧密。在选择教材方面，个别课程使用外文原版教材，其中存在着指导思想与我国主流意识形态不一致的个别现象，存在着与思想政治理论课相抵触的观点。在被调查者中，有61.6%的人认为，如果不加选择地使用原版教材，会存在意识形态与我国主流意识形态相抵触的观点。

（三）教师队伍中素质欠缺的现象

在教师队伍中，存在着教师素质不过硬的现象。在被调查者中，有41.3%的人认为，教师的学术水平对哲学社会科学的教学效果起着重要作用。有64.5%的人认为，从事哲学社会科学相关学科教学的教师学识渊博，有一定的理论修养。但仍有11.6%的人认为个别教师理论修养差；有8.3%的人认为教师的专业水平不高；有4.1%的人认为教师的责任心差；一些教师不能把握和突出研究热点；此外，在教学过程中存在对教科书中的观点持半信半疑的态度；甚至存在极个别教师否定马克思主义的倾向。上述问题严重影响了哲学社会科学相关学科教学效果与育人功能的充分发挥。

四、充分发挥哲学社会科学相关学科育人功能的途径

从上面的分析我们看到，哲学社会科学相关学科在大学生思想政治教育中发挥着不可替代的作用，但是，目前高校哲学社会科学相关学科在大学生思想政治教育中的作用还需要进一步加强。因此，必须采取有效措施，切实加强哲学社会科学相关学科在大学生思想政治教育中的作用。

（一）巩固主导地位，把握正确方向

在哲学社会科学相关学科教学中坚持马克思主义的指导地位。马克思在《德意志意识形态》中指出："统治阶级的思想在每一时代都是占统治地位的思想。这就是说，一个阶级是社会上占统治地位的物质力量，同时也是社会上占统治地位的精神力量。"[1] 在阶级社会里，任何真正的意识形态都是与它所处时代的统治阶级的生存发展相联系的。哲学社会科学的重要性和无可替代的作用取决于它的指导思想和学科本身的科学水平。中国共产党把马克思主义作为自己的指导思想，哲学社会科学要为建设中国特色社会主义和实现中华民族的伟大复兴服务。高校是思想文化的交会处，是各种思潮发挥影响的场所。高校哲学社会科学历来是马克思主义理论教育、宣传和研究的主阵地。因此，在哲学社会科学相关学科的教材建设和教学过程中，必须毫不动摇地坚持和巩固马克思主义的指导地位，坚持正确的政治方向，把马克思主义的立场、观点和方法贯穿到教学当中去。在哲学社会科学相关学科的指导思想问题上，只能搞一元化，不能搞多元化。同时，这种马克思主义必须是发展着的、创造性的马克思主义，在哲学社会科学相关学科教学中充分体现马克思主义中国化的最新成果，与时俱进，用发展着的马克思主义来指导我国的哲学社会科学相关学科，反对把马克思主义僵化、教条化。哲学社会科学教育工作者要对理论和实践中面临的若干问题进行研究，以便以创造性的马克思主义来指导研究工作和教学工作。

（二）强化使命意识，提升教育功能

提高高校哲学社会科学相关学科教师对哲学社会科学在大学生思想政治教育中的重要作用的认识，切实担负起大学生思想政治教育的使命。高

---

① 《马克思恩格斯选集》第 1 卷，人民出版社 1995 年版，第 98 页。

校哲学社会科学相关学科教师是学科的建设者和课程的实施者，是教学科研的组织者和管理者。他们对大学生的影响最直接、最深刻、最持久。他们的世界观、人生观、思想方法、行为方式都潜移默化地影响着大学生。因此，高校哲学社会科学教育工作者，必须从关系社会主义事业兴衰成败、中华民族的前途命运和中国社会的长治久安的战略高度来认识大学生思想政治教育的极端重要性，不断增强对大学生进行思想政治教育的社会意识和责任意识。在政治上，必须坚持正确的政治方向，坚持用马克思主义指导哲学社会科学的教学科研工作，坚持用科学的理论武装大学生；在业务上，要树立和强化育人为本、德育为先的观念，全面关心大学生的进步成长，使大学生不仅专业成才，而且精神成人，不仅要为丰富和发展当代中国哲学社会科学理论作出贡献，还要为培养德智体美全面发展的社会主义建设者和接班人作出贡献；在作风上，要自觉加强师德修养，做到教书育人，为人师表。从事哲学社会科学相关学科教学的教师一定是有理想、有追求、有师德、有人格的群体。他们要以高度负责的态度，率先垂范、言传身教，以良好的思想、道德、品质和人格给大学生以深刻影响。因此，强化教师的使命意识、提高教师的素质对大学生的健康成长，对坚持和巩固马克思主义在意识形态领域的指导地位，建立具有中国特色、中国风格、中国气派的哲学社会科学体系，培养合格的中国特色社会主义建设者和接班人至关重要。

（三）推进理论创新，增强引导作用

要不断推进哲学社会科学相关学科的理论创新，增强对大学生的教育和引导作用。这是整个哲学社会科学面临的共性问题。创新是一个民族进步的灵魂，是马克思主义的永恒主题。对于哲学社会科学相关学科来说，创新同样是推动哲学社会科学繁荣发展的动力。在繁荣发展哲学社会科学的伟大任务中，要努力建设哲学社会科学创新体系，积极推动学术观点创新、学科体系创新和科学研究方法创新，处理好继承和发展的关系，提倡求真务实，求真和求新相结合，在教材中反映当代中国马克思主义的新成就，特别要提倡理论与实际相结合，在结合中创新，在应用中创新，为大学生解疑释惑。哲学社会科学相关学科教师要发扬理论联系实际的优良学风，发挥哲学社会科学的优势，紧密围绕大学生普遍关心的、改革开放和现代化建设中的重大问题，做好释疑解惑和教育引导工作。当前我国的改革还处于攻坚阶段，新旧体制的转换尚未完成，利益格局的调整影响深远，这都造成大学生的思想不适应，产生一些困惑和迷惘，从而出现了一些热点问题。要解决学生的思想问题，就要从实际出发，实事求是地分析，运用哲学社会科学的基本原理和基本知识以及最新理论创新成果，解决学生的思想问题，从而增强哲学社会科学相关学科的说服力和影响力。同时还要使学生变书本知识为实际能力，把哲学社会科学的学习变成学生解决思想问题的过程。

（四）配合理论课教学，形成教育合力

哲学社会科学和思想政治教育课程是可以实现互动，形成教育内部合力的。哲学社会科学课程负有思想政治教育的重要职责，说明了思想政治教育的状况与哲学社会科学课程的发展有着密切的关系。哲学社会科学课程的建设和发展，能够为思想政治教育打下坚实的理论基础和创造学科条件。因此，要加强哲学社会科学相关学科的教材建设，用马克思主义占领阵地；要加强思想政治理论课教师和哲学社会科学教师的交流环节，保证在重大理论和现实问题上保持思想观点上的一致性；确保哲学社会科学教师在教学过程中，坚持宣传的纪律性，使之与思想政治理论课形成有效配合，增强思想政治教育的功能。

第三章　探索高校思想政治教育规律

规律是事物运动过程中固有的本质的必然联系。探索并把握规律，是正确认识客观事物的基础和前提，是按照事物自身的发展变化推动事物前进的基本方法。思想政治教育是高等学校的一项重要工作，是运用马克思主义的基本原理，适合大学生的思想实际，帮助和引导大学生树立正确的世界观、人生观、价值观，成为有理想、有道德、有文化、有纪律的社会主义建设者和接班人的重要工作。这项工作如同其他工作一样，也有其自身的内在规律。通过反复研究和深度探索，我们把握了高校思想政治教育的规律，就能够掌握大学生思想发展的一般特点和要求，就能够实现社会需求与学生成长的有机结合，从而达到思想政治教育的目的。否则，就会导致思想政治教育与实际相脱节、与学生相脱节，不仅不能起到应有的作用，还会走向反面。因此，探索高校思想政治教育规律，对于思想理论教育而言，是一项重要的基础性工作。

探索高校思想政治教育规律，要从人的思想及其发展特点，尤其是从大学生的思想及其发展特点出发，从时代发展的新情况新要求出发，从教育的功能、特征、作用出发，既把握思想的发展规律，把握社会发展的一般进程，又了解和把握思想政治教育若干基本要素之间的有机结合。首先，人的思想源于对客观事物的反映，形成在对事物的欲望或渴求这一基点上，即需要。人们对某种事物目标的欲望或渴求，形成了最基本的思想。也就是说，有了某种需要，就意味着确定了一定的奋斗方向作为激励目标，并付诸行动，朝着一定的方向或目标去努力。大学生的思想就是大学生的欲望与渴求的表现和反映。他们欲望和渴求的是成长成才所必需的知识和技能。所以，对一切新事物好奇、热心是大学生思想的重要动机和表现。了解了这一点，就要求我们开展思想政治教育，必须了解学生的实际需要，关心学生的成长和发展，而不能凌驾于学生之上。其次，社会是人的思想产生发展的物质基础。做好思想政治教育工作，必须了解社会的发展态势，把握社会的基本需求，找出社会现实生活中的积极因素和消极因素，使我们的工作符合社会的实际需要。再次，学校是思想政治教育的环境和氛围，教师是思想政治教育的主体。学校作为社会的细胞，既是社会的组成部分，又有区别于一般社会生活的特殊性。这种特殊性就在于，学校是传承知识、研究科学、培养人才的阵地，浓厚的学术氛围和人文氛围，使青年学生的成长具有其他社会组织所不具备的有利条件。上述三个方面，既相互联系，又各有特点。既掌握各自的自身发展规律，又掌握相互间的内在联系，是一项十分复杂而艰巨的任务。只有坚持不懈地探索，才有可能接近规律本身，才有可能正确地运用规律，做好思想政治教育工作。

探索高校思想政治教育规律，必须坚持辩证唯物主义和历史唯物主义。马克思主义的世界观和方法论，揭示了事物内部自身发展的一般规律，是我们认识和把握事物发展规律的理论指导。马克思主义最重视思想政治教育，对思想政治教育规律有很多的研究和经典的阐述。尽管时代在不断发展变化，思想政治教育的主体、客体、环境等都不同了，但是，马克思主义所阐释的思想政治教育规律的一般原理仍然是正确的。在建设中国特色社会主义的伟大进程中，中国共产党对当代中国高校思想政治教育规律的探索，取得了积极成果。胡锦涛《在纪念党的十一届三中全会召开三十周年大会上的讲话》中对当代中国思想政治教育做了深刻的论述。他总结我国改革开放30年的重要经验之一是："我们既重视物的发展即社会生产力的发展，又重视人的发展即全民族文明素质的提高，坚持物质文明和精神文明两手抓，实行依法治国和以德治国相结合，以科学的理论武装人、以正确的舆论引导人、以高尚的情操塑造人、以优秀的作品鼓舞人，着力培养有理想、有道德、有文化、有纪律的公民，着力提高全民族的思想道德素质和科学文化素质，为改革开放和社会主义现代化建设提供强大精神动力和智力支持、营造良好舆论环境。"① 这就为我们在新的情况下，积极探索并切实做好高校思想政治教育指明了方向。

---

① 胡锦涛：《在纪念党的十一届三中全会召开三十周年大会上的讲话》，《求是》杂志2008年第24期。

探索高校思想政治教育规律这一章，从学习研究马克思和恩格斯在《共产党宣言》中所阐发的思想政治教育基本原理出发，从不同的侧面对新时期高校思想政治教育进行研究和探索。不仅研究探索马克思主义思想政治教育的基本原理，也借鉴西方思想行为科学研究的新成果，借鉴国外开展思想政治教育和德育工作的经验与做法，以启发我国高校的思想政治教育工作。

第一节 《共产党宣言》的思想政治教育原理及其当代启示

1848 年 2 月，《共产党宣言》（以下简称《宣言》）的问世，标志着马克思主义的诞生和国际工人运动发展的新阶段。随着时代的变迁，《宣言》中某些论断和设想或许已经显得比较久远，但其中所包含的科学精神却依然闪耀着真理的光芒。《宣言》不仅是一部系统阐述科学社会主义原理，揭示资产阶级必然灭亡、无产阶级必然胜利的科学巨著，也是第一次系统深刻地论述工人阶级政党思想政治教育原理的理论巨著。它所揭示的思想政治教育的客观规律及其蕴涵的丰富的思想政治教育原理，对当代思想政治教育具有重要的时代启示。

一、《共产党宣言》揭示了思想政治教育的战略地位

《宣言》是第一次系统阐述工人阶级政党思想政治教育战略地位的科学著作，认为思想政治教育是建设工人阶级政党的重要基石，是启发工人群众阶级意识和培育共产主义新人的重要手段，同时发挥着引领社会发展方向的功能和作用。

（一）建设马克思主义政党的重要基石

首先，思想政治教育是一个事关马克思主义政党性质的根本问题。共产党有一个很大的优点，就是有一个新的科学的世界观作为理论的基础。这个最早通过《宣言》得到深刻阐述的新的世界观就是马克思主义，即把社会生活领域也包括在内的彻底的唯物主义、作为最全面最深刻的发展学说的辩证法，以及关于阶级斗争和共产主义新社会创造者无产阶级肩负的世界历史性的革命使命的理论。只有坚持思想政治教育，才能坚持以这个新的世界观为指南；只有坚持以这个新的世界观为指南，才能成其为马

克思主义政党。

其次，思想政治教育是马克思主义政党实现先锋队作用的重要保证。马克思主义政党是以共产主义为奋斗目标的无产阶级政党。《宣言》深刻阐明了工人阶级政党的性质，指出共产党人在实践方面是世界各国工人政党中最坚决的、始终推动运动前进的一部分，在理论方面比其余无产阶级群众更善于了解无产阶级运动的条件、进程和一般结果，从而能够制定正确的路线、方针和政策，引导革命事业走向胜利。这表明，决定马克思主义政党性质的主要不是党员的数量，而是党员的质量，即广大党员的马克思主义思想政治素质，对社会主义、共产主义事业的坚定信念和忠诚态度。

（二）启发工人阶级自我意识的重要手段

恩格斯指出："完成这一解放世界的事业，是现代无产阶级的历史使命。深入考察这一事业的历史条件以及这一事业的性质本身，从而使负有使命完成这一事业的今天受压迫的阶级认识到自己的行动的条件和性质，这就是无产阶级运动的理论表现即科学社会主义的任务。"① 无产阶级的阶级觉悟，并不是每一个工人与生俱来或自发产生的，它是科学认识的结果，也是在广大工人中进行广泛深入、艰苦细致的思想政治教育的结果。《宣言》指出，"共产党一分钟也不忽略教育工人尽可能明确地意识到资产阶级和无产阶级的敌对的对立"② 列宁进一步要求党的所有成员都应当既以理论家的身份，又以宣传员的身份，既以鼓动员的身份，又以组织者的身份，到居民的一切阶级中去，在所有的活动领域内进行工作，以便向无产阶级传播马克思主义革命理论，建立无产阶级组织的"堡垒"。

（三）引领社会发展方向的功能和作用

唯物史观认为，虽然人类社会的发展是一个自然历史过程，但以正确反映这个历史过程的理论为内容的思想政治教育能够深刻影响社会历史的进程。所以思想政治教育具有引领社会发展方向的作用和功能。如果说有目的地对受教育者施加影响是教育的一般特点，那么思想政治教育的这一特点则更加突出。对一个马克思主义执政党来说，思想政治教育的根本目

---

① 《马克思恩格斯选集》第3卷，人民出版社1995年版，第634页。
② 《马克思恩格斯选集》第1卷，人民出版社1995年版，第306页。

的是在全党牢固确立起共产主义理想，在全社会牢固确立起建立社会主义的信念，提高人们认识世界和改造世界的能力，动员和凝聚社会力量为建设社会主义、实现共产主义而奋斗。

（四）培育"四有"新人的重要手段

马克思主义理论教育的根本目的就是培育共产主义新人，即培养为共产主义而奋斗的社会主义事业建设者和接班人。列宁指出："在无产阶级专政时期，即为使共产主义的完全实现成为可能而准备条件的时期，学校不仅应当传播一般共产主义原则，而且应当对劳动群众中的半无产者和非无产者阶层传播无产阶级在思想、组织、教育等方面的影响，以培养能够最终实现共产主义的一代人。"① 共产主义新人，是一种自由而全面发展的人，其培育是一项系统而长期的工作，其中带根本性的一条，是坚持不懈地进行思想政治教育。

二、思想政治教育的基本内容

作为工人阶级政党"详细的理论和实践的党纲"②，《宣言》系统地阐述了思想政治教育的内容，指出了思想政治教育的主体、对象和教育的内容。

（一）《宣言》科学阐述了思想政治教育的主体

马克思主义是关于无产阶级解放的学说，是无产阶级政党制定正确路线、方针、政策的理论基础，也是党的全部实践活动的理论基础。思想政治教育的实质，是向无产阶级传播、普及真理，使人民群众接受真理、掌握真理并运用真理改造自然、社会和自身。思想政治教育的主体，是无产阶级政党。无产阶级政党必须始终把教育引导群众作为一项根本性任务，高度重视和精心组织，以卓有成效的工作排除各种机会主义、改良主义对工人阶级的影响，使工人阶级保持高度的政治觉悟。

（二）《宣言》对思想政治教育的对象做了深入分析

工人阶级和劳动人民是思想政治教育的对象。马克思主义是工人阶级的思想武器，"马克思的哲学是完备的哲学唯物主义，它把伟大的认识工

---

① 《列宁全集》第36卷，人民出版社1985年版，第87页。
② 《马克思恩格斯选集》第1卷，人民出版社1995年版，第248页。

具给了人类，特别是给了工人阶级"①。工人阶级不会自发地产生本阶级的政治意识，这种政治意识要靠从外面灌输给工人。为了灌输作为工人阶级解放旗帜的马克思主义理论，必须深入工人群众中进行宣传教育，掌握了马克思主义的工人阶级，才能从"自在阶级"变成"自为阶级"。马克思主义由理论变为现实，要靠用马克思主义武装起来的工人阶级。因此，要对工人阶级和劳动人民不断进行思想政治教育。

(三)《宣言》规划了思想政治教育的基本内容

第一，开展资本主义发生、发展、灭亡的普遍规律的教育，向工人阶级揭示资本主义社会本身存在着生产社会化和生产资料私人占有之间的不可克服的基本矛盾，宣布资产阶级的灭亡和无产阶级的胜利是同样不可避免的。

第二，共产党的纲领、宗旨、目标的教育。《宣言》是无产阶级政党的第一个纲领，它宣布：全世界共产党人的最高纲领是实现共产主义。《宣言》阐述了作为无产阶级先进队伍的共产党的性质、特点和斗争策略，指出为党的最近目的而奋斗与争取实现共产主义终极目的之间的联系，并庄严宣告："无产者在这个革命中失去的只是锁链。他们获得的将是整个世界。"②

第三，进行无产阶级历史使命的教育。《宣言》教育工人阶级认识到从来就没有什么救世主，工人阶级是与社会化大生产相联系的先进阶级，它们是最先进、最有前途的阶级，它们在为工人阶级最近目的和利益斗争中，同时代表运动的未来。无产阶级的最终目标就是建立"这样一个联合体，在那里，每个人的自由发展是一切人的自由发展的条件"。③

第四，进行战略与策略的教育。《宣言》指出无产阶级争取受教育权的斗争策略。《宣言》认为，在斗争中，资产阶级都不得不向无产阶级呼吁，要求无产阶级援助，这样就不可避免地把无产阶级卷进了政治运动。于是，资产阶级就把本身的教育因素即反对自身的武器交给了无产阶级；同时，工业的进步促进了整个社会的发展，无产阶级的生活待遇也得到了

① 《列宁选集》第2卷，人民出版社1995年版，第311页。
② 《马克思恩格斯选集》第1卷，人民出版社1995年版，第307页。
③ 同上书，第294页。

一定改善。这样，无产阶级也就具有一定能力，采取恰当方式去争取受教育权。

三、对非马克思主义思潮的坚定立场

作为全面阐述科学社会主义基本原理的科学巨著，《宣言》不仅正面论述了系统的科学理论，而且对当时存在于工人运动中的各种社会主义思潮进行了深刻的剖析，以便于把工人阶级从空想社会主义的影响下解放出来，认清社会发展的一般规律和工人阶级的历史使命。这为工人阶级政党树立了开展思想政治教育的典范。

（一）运用唯物史观剖析批判空想社会主义思潮

《宣言》有针对性地进行了理论分析，在引导工人阶级树立正确的思想观点方面，有三个突出的特点。

第一，《宣言》旗帜鲜明地划清了科学社会主义和其他各种社会思潮的界限。《宣言》指出，当时欧洲流行的反动的社会主义、保守的或资产阶级的社会主义、批判的空想的社会主义和共产主义等，虽然打着维护劳动者利益的旗号，但都是为各自阶级服务的。批判的空想的社会主义也不得不求助于资产阶级的"善心"和"钱袋"。从而划清了科学社会主义和其他各种思潮的界限，为工人阶级树立起正确的旗帜。

第二，坚持历史唯物主义基本原理，把各种社会思潮放在历史背景中评价其历史地位和作用。《宣言》深刻分析了各种社会思潮产生的历史必然性，既肯定了空想社会主义的历史价值，又深刻地指出空想社会主义的危害。各种反动的社会主义是阻挠社会历史前进的力量，保守的或资产阶级的社会主义是为资本主义制度寻找思想基础，批判的空想的社会主义也是在唯心史观的指导下寻找改良社会药方的空想行为。

第三，坚持辩证唯物主义，透过现象看本质。马克思、恩格斯不是从各种社会思潮的词句中，而是从其代表的阶级，从它们反映的社会主张，分析它们的本质。各种社会主义流派代表着各自不同的阶级利益，在对待资产阶级统治的问题上，甚至公开反对阶级斗争和暴力革命，与马克思主义有着本质区别。

（二）剖析"社会主义的和共产主义的文献"的意义深远

《宣言》专门阐述社会主义的和共产主义的文献，主要是基于对工人阶级进行思想政治教育的需要，是思想政治教育重要组成部分。

第一，马克思和恩格斯不回避问题，而是直面当时流行的各种思潮，启示我们理解并善于科学分析社会发展进程出现的各种思潮，帮助工人对思潮进行理性分析，在各种思潮中保持清醒头脑。

第二，马克思和恩格斯本着科学的精神对待政治理论问题，敢于同各种各样的思潮斗争并提出同这些思潮斗争的基本原则。

第三，马克思和恩格斯在进行斗争中阐述了自己的观点，表明主张、立场，并在论战中不断发展自己的理论。

(三)《宣言》同各种思潮进行斗争的深刻启示

第一，要高度关注中国特色社会主义建设实践中社会思潮的潮起潮落。改革开放以来，在中国经济社会突飞猛进发展的同时，意识形态领域的问题也逐渐凸显并趋于严重。各种思潮在经济、社会、文化各个领域与处于主流意识形态地位的马克思主义争夺话语权。因此，我们要密切关注各种社会思潮并认真研究，加强和巩固马克思主义指导地位。

第二，当前要特别警惕三种社会思潮的影响。新自由主义是西方资产阶级右翼的主流意识形态，在经济上主张全面私有化、市场化和自由化，在政治上主张实行多党制和议会民主，在思想上推崇西方资产阶级抽象的自由、公正、人权和人性观念，与中国特色社会主义的发展方向是背道而驰的。民主社会主义在思想上主张多元主义，在经济上主张在私有制基础上搞混合经济，在政治上主张以"三权分立"为特征的议会民主和多党制，在文化上崇尚资产阶级自由、平等、博爱的思想，实质是企图把马克思主义边缘化。历史虚无主义否认历史的规律性，承认支流而否定主流，透过个别现象而否认本质，通过对我国历史发展中某些失误的分析，全面否定中国革命和民族独立斗争的历史，其根本是历史唯心主义。

第三，思想政治教育必须旗帜鲜明地坚持两个"坚定不移"：既要坚定不移地坚持马克思主义的指导地位，又要坚定不移地坚持解放思想、大胆创新；思想政治教育既要尊重差异、包容多样，又要有力地抵制各种错误和腐朽思想的影响。

四、思想政治教育坚持解放思想、实事求是的原则

马克思主义是一个开放的科学体系，是不断发展的科学体系。与时俱进是马克思主义的理论品质；创新是马克思主义的本质特征，是其永葆生命力的不竭源泉。党的十七大报告指出："《共产党宣言》发表以来近一百六十年的实践证明，马克思主义只有与本国国情相结合、与时代发展同进步、与人民群众同命运，才能焕发出强大的生命力、创造力、感召力。"①

（一）《宣言》体现着解放思想、实事求是的精神

马克思、恩格斯写作《宣言》的过程就是从资本、私有制等的固有观念中解放出来的过程，就是从欧洲空想社会主义解放出来的过程，也是从唯心主义历史观中解放出来的过程，从陈旧观念中解放出来的过程。《宣言》的精髓体现了解放思想的实质。它反复强调，马克思主义基本原理的实际运用，随时随地都要以当时的历史条件为转移。"以当时的历史条件为转移"②意味着一般原理必须与具体国情结合，在结合中产生新的思想，以新的思想指导新的实践。这实际上告诉我们要运用好马克思主义的基本原理，就必须冲破思想禁锢。1872—1893 年，马克思和恩格斯为《共产党宣言》先后写了 7 篇序言。这 7 篇序言展现给我们的是，随着实践的发展，他们对原来的观点所作的重大修改和完善，这也是一种自我的思想解放，即马克思、恩格斯从不拘泥于已有的结论。

（二）新时期思想政治教育要解放思想、敢于创新

党的十七大报告明确提出："解放思想是发展中国特色社会主义的一大法宝。"《宣言》的理论真谛就在于马克思主义是在解放思想中不断发展和前进的，思想政治教育一定要贯彻解放思想、实事求是思想路线。新世纪新阶段，我国发展站在了新的历史起点上。面对新形势新任务，必须始终不渝地坚持以邓小平理论和"三个代表"重要思想为指导，深入贯彻落实科学发展观，毫不动摇地坚持和发展中国特色社会主义，必须坚持用发展着的马克思主义指导中国特色社会主义的新实践。

第一，坚持把马克思主义基本原理同我国具体实际有机结合起来，用发展着的马克思主义即马克思主义中国化的最新成果指导新的实践，是我国革命、建设和改革事业不断取得新胜利和新成就的根本思想保障。一是必须始终坚持以马克思主义作为自己的行动指南，否则我们的事业就会因为没有正确的理论基础和思想灵魂而迷失方向、归于失败。同时，马克思

---

① 《中国共产党第十七次全国代表大会文件汇编》，人民出版社 2007 年版，第 11—12 页。

② 《马克思恩格斯选集》第 1 卷，人民出版社 1995 年版，第 248 页。

主义是发展的科学，与时俱进是马克思主义的重要理论品质。我国革命、建设和改革事业之所以能不断取得新胜利和新成就，首先就是因为我们始终坚持党在指导思想上的与时俱进，善于根据客观情况的变化，勇于进行理论创新，不断丰富和发展马克思主义理论。二是必须始终坚持理论联系实际的马克思主义的优良学风。面对新形势和新任务，我们必须坚持理论和实际相结合，立足于新的实践和新的发展，着眼于对重大问题的理论思考，并以反映时代特征和实践要求的创新理论指导实践，不断开拓马克思主义理论发展新境界，不断开创中国特色社会主义事业新局面。

第二，用发展着的马克思主义指导新的实践，是毫不动摇地坚持和发展中国特色社会主义的现实需要，也是党的理论武装工作的重大任务。新形势下，用发展着的马克思主义指导新的实践需要重视和加强以下四个方面。

（1）引导人民群众深入学习马克思列宁主义、毛泽东思想、邓小平理论和"三个代表"重要思想，深入学习科学发展观，深刻领会其科学内涵和精神实质，着力掌握其科学态度和创新精神，全面认识贯穿其中的马克思主义的立场、观点和方法。

（2）引导人民群众加强修养，增强能力，提高水平，使人民群众通过科学理论的学习，坚定理想信念，提高思想政治水平，加强道德品德修养，切实转变作风，增强坚定不移走中国特色社会主义道路的自觉性和坚定性。

（3）用科学理论指导实践，解决问题，推动工作。深刻认识学习好、运用好科学理论对推进事业发展的重大意义，努力做到学以致用、用以促学、学用相长。进一步巩固马克思主义在意识形态领域的指导地位，不断增强党的思想理论工作的创造力、说服力和感召力。

（4）不断创新，有所发现，有所前进。实践永不停顿，理论创新没有止境。在发展着的马克思主义指导下，从理论和实践的结合上不断研究新情况，解决新问题，总结新经验，作出新概括，不断推进马克思主义理论的新发展。

第二节　思想政治工作的社会价值

思想政治工作是我们党的经济工作和其他一切工作的生命线，是团结全党和全国人民实现党和国家各项任务的中心环节。但是，在社会主义市场经济发展过程中，有人怀疑甚至否认思想政治工作的价值，影响到思想政治工作队伍的稳定和作用的发挥。因此，笔者试从哲学、历史和社会的角度分析思想政治工作的价值和重要作用，以求人们明确并认同思想政治工作的价值。

一、价值与思想政治工作价值

思想政治工作是一项处理人与人、人与社会之间的关系，解决人的思想问题和社会政治问题的具体实践活动。这种实践活动具有重大的社会价值和历史价值。然而，由于思想政治工作的特殊性和社会实践的复杂性，一些人很容易造成错觉。他们往往不能正确认识和评价思想政治工作的价值，从而有意无意地贬低其价值，不同程度地损害了思想政治工作的权威和效果，影响了思想政治工作者的情绪。因此，对思想政治工作作出正确的评价，其意义不仅在于使人们对这项实践活动有一个正确的全面的认识，而且还在于使思想政治工作者本身能够正确认识党和人民赋予的光荣使命，从而自觉地把新时期思想政治工作做得更好。

（一）价值的含义

什么是价值？这里的价值并不完全等同于经济学意义上的价值。马克思曾经说过，"价值"这个普遍的概念是从人们对待满足他们需要的外界物的关系中产生的。这就是说，价值是一种关系范畴，价值只有在人与客观世界以及人与人之间的关系中才能表现出来。只要这个人、这项工作对他人、对社会产生积极作用，就表现出有价值。所以，价值的本质是能够满足他人和社会的需要。而思想政治工作的价值，不仅体现在它的社会效果上，而且也体现在它的实际作用上。

（二）思想政治工作价值的特殊性

思想政治工作的价值与其他工作的价值不同，有其自身的特殊性，主要表现在以下几个方面。

第一，思想政治工作的价值表现为人的价值的叠加。也就是说，思想政治工作的价值直接体现在人的价值上。马克思指出："人的本质并不是单个人所固有的抽象物，在其现实性上，它是一切社会关系的总和。"[1]因此，人的价值问题实质上是人与社会的关系问题。人的社会价值是指个

---

[1]　《马克思恩格斯选集》第 1 卷，人民出版社 1995 年版，第 56 页。

体或群体对满足社会物质需要和精神需要所作的贡献。社会价值的高低关键在于个人对社会所作贡献的多少。思想政治工作的对象是生活在一定社会关系之中的、有思维、有意识、有个性的活生生的人。人的社会性和复杂性决定了思想政治工作的复杂性。它是通过做人的思想工作调动人的积极性，形成一种较稳定的思想意识，并用以指导自己的行动，从而使个人或群体对社会作出更大的贡献。所以说，思想政治工作价值的表现是人的价值的叠加。

第二，思想政治工作的价值是无形价值和有形价值的统一。无形价值即精神价值，是指思想政治工作者通过一定的手段、方式和方法，提高人们的思想，转变人们的观念。有形价值即物质价值是精神价值的转化结果，是指由于人们思想境界的升华，导致生产和工作积极性的自觉提高，促进了物质财富的创造，推动了社会生产的发展。

第三，思想政治工作的价值是动力价值和导向价值的统一。思想政治工作的一个重要任务是调动人的积极性，为社会的发展提供精神动力。在提供精神动力的同时，还要发挥导向作用，即把我们事业的每一项工作都引导到有中国特色社会主义的方向，引导到党的路线、方针、政策上来，这是它的导向价值。一般来说，思想政治工作的动力价值比较明显，易于被人们看到和接受，因为它最终要在实践中体现出来，转化为物的价值。而它的导向价值却往往被人们所忽视，或者不被人理解，似乎有了正确的理论、路线、方针和政策，不经过艰苦细致的灌输和疏导工作就可以为群众自发接受。事实上，在社会主义初级阶段，由于经济、政治、文化、思想等领域矛盾和斗争的复杂性，各种腐朽没落的封建意识和资产阶级错误思潮还会不时地影响人们的思想，经常同社会主义意识形态争夺阵地。那种幻想人们的正确思想可以自发地形成、错误思想可以自发地消失的观点是根本不现实的。所以说，思想政治工作的价值是动力价值和导向价值的统一。

第四，思想政治工作的价值是宏观价值和微观价值的统一。宏观价值是指它在全社会的价值，比如，维护社会的稳定，建立良好的社会风气，促进社会的发展，增强民族凝聚力，等等。微观价值是指它在每一个具体环境产生的价值，表现为具体单位员工整体的政治方向、思想水平、精神面貌等。在社会主义条件下，凡是正确的思想政治工作，它的宏观价值和微观价值必然是统一的。如果发生了偏离，思想政治工作必然是失败的。

二、思想政治工作的哲学价值

（一）马克思主义关于人的本质理论的体现

思想政治工作中思想政治工作者和工作对象都是人，因此他们的活动必然受到人的本质的制约。所以，马克思主义关于人的本质理论对思想政治工作具有重要的指导作用。

1. 马克思人的本质理论能帮助我们认识人的思想特点和变化

第一，人的本质理论能指导我们认识人的思想特点。马克思的人的本质理论认为，人的本质既是抽象的，也是历史的、具体的，还是运动变化的。在人的本质制约下，不仅在不同地区和不同的历史阶段的人的思想，就是在不同人的身上其思想也会表现出不同的特点。比如城市和农村，人的社会关系就存在较大差别，这种差别使得城市人和农村人的思想特点就不同。

第二，人的本质理论能指导我们认识人的思想变化。人的本质是一种变化和发展中的本质。人类社会不断地向前发展，人的各种社会关系会发生变化，因此，人的本质的内容也就要随之发生变化。所以研究人的本质理论，有助于我们认识人的思想的变化。

2. 马克思关于人的本质理论制约着思想政治工作的性质

思想政治工作者和工作对象在社会生产关系中居于什么样的地位，直接影响着思想政治工作的性质。比如，思想政治工作者是占有生产资料的统治者或者是代言人，工作对象没有生产资料而受奴役，这样的思想政治工作其性质必然是剥削阶级的。在我国，思想政治工作者和工作对象都是国家的主人，共同占有生产资料，共同为社会创造财富。按照马克思关于人的本质理论的基本原理，我国所进行的思想政治工作就是无产阶级性质的，是为无产阶级和人民群众的根本利益服务的。

3. 马克思关于人的本质理论制约着思想政治工作的目标、内容和方法

马克思关于人的本质理论告诉我们，人的本质就是一切社会关系的总和。我们在确定思想政治工作目标，选择思想政治工作的内容和方法时，必须考虑工作对象所处的具体社会关系。因为这些具体的社会关系不仅会影响工作对象的思想，而且还会影响思想政治工作目标的实现。如果我们脱离工作对象所处的具体社会关系的实际，那么我们所确定的目标、内容

和方法就缺乏针对性，思想政治工作就达不到预期的目标，从而影响思想政治工作的效果。

（二）经济基础和上层建筑辩证关系的要求

坚持马克思主义关于经济基础和上层建筑辩证关系原理有助于我们正确认识思想政治工作的地位和作用。经济基础决定上层建筑，上层建筑又具有强大的能动作用的观点一直是我们必须遵循的基本观点。党在现阶段的思想政治工作作为社会主义上层建筑的重要组成部分，必须服从于和服务于以经济建设为中心的社会主义现代化建设，正是这一科学原理的生动体现。

这里的"服从"，反映了思想政治工作对社会主义经济基础的依存关系，要求思想政治工作必须适应社会主义经济建设的需要，适应党的中心任务的转移；这里的"服务"，反映了上层建筑对经济基础的巨大的能动作用，要求思想政治工作对社会主义经济的发展，发挥导向、调节、推动和保证作用。在实际工作中，只讲"服从"不讲"服务"，或者只讲"服务"不讲"服从"都是错误的，都不利于思想政治工作的开展。

（三）改造客观世界和改造主观世界相统一的要求

党的思想政治工作的根本任务是用马克思列宁主义、毛泽东思想、邓小平理论、"三个代表"重要思想和科学发展观，教育人、培养人，提高人们认识和改造世界的能力。无产阶级和革命人民改造世界的斗争，包括实现下述任务：改造客观世界，也改造自己的主观世界——改造自己的认识能力，改造主观世界同客观世界的关系。

人们改造主观世界的任务，必须结合改造客观世界的活动来进行，但人们认识自己是最困难的，人们主观世界的改造绝不可能自发地实现，必须通过先进思想理论的指引和自觉的思想政治工作才能完成。无产阶级只有在建设社会主义和共产主义的过程中，自觉运用马克思主义进行思想政治教育，才能使人对客观世界的改造达到新阶段，从而为人的彻底解放和全面发展开辟道路。

恩格斯在预言未来共产主义社会的情景时指出："人终于成为自己的社会结合的主人，从而也就成为自然界的主人，成为自身的主人——自由的人。"① 这当然是人本身改造的最高境界，需要经历很长的历史过程，

① 《马克思恩格斯选集》第3卷，人民出版社1995年版，第760页。

特别需要人们在改造客观世界的过程中，通过思想政治教育加强对人本身的自觉改造才能实现。因此，重视思想政治工作，重视人本身素质的提高，正是共产党区别于其他剥削阶级政党的一大特色。

三、思想政治工作在党的历史中的价值体现

马克思指出："批判的武器当然不能代替武器的批判，物质力量只能用物质力量来摧毁；但是理论一经掌握群众，也会变成物质力量。"[①] 他科学地阐明了思想理论的巨大能动作用，也为我们党的思想政治工作提供了重要的理论依据。正是基于对思想政治工作的巨大能动作用的重视，我们党把思想政治工作看成是一切工作的生命线，从而形成了党的优良传统和政治优势。可以说我们党成立以来的历史，是一部贯穿着不断加强和改进思想政治工作的历史。我们党的思想政治工作随着党在各个时期的任务而展开，变换其内容和形式，保证了党在各个时期任务的完成。

（一）宣传思想工作伴随党的事业的始终

中国共产党是马克思主义与中国工人运动结合的产物。苏联十月革命胜利以后，马克思主义在中国知识分子和工人群众中广泛传播，为共产党的成立准备了思想条件。1921 年 7 月召开的中国共产党第一次代表大会通过的《第一个决议》就对党的宣传工作做了规定：要求全党努力做好马克思主义的宣传工作，使更多的工人、知识分子以及各界群众接受马克思主义理论，投身到革命洪流中来，这是党的思想政治教育工作开创的标志。

自此以后，在各个革命时期，包括第一次国共合作中的工农运动、北伐战争，以后的土地革命、长征、抗日战争、解放战争，到社会主义建设时期，党都十分注意思想政治工作。在党的各次代表大会和重要会议上，都结合当时的形势、任务提出思想政治工作的要求和任务；在重要的关键时刻，还召开专门的思想政治工作会议，作出专门的决议，发出专门的文件。做好思想政治工作成为教育和发动广大党员干部和革命群众，认清形势，把握方向，掌握政策，改进方法，以完成各个时期革命和建设任务的重要前提和动力。

---

① 《马克思恩格斯选集》第 1 卷，人民出版社 1995 年版，第 9 页。

（二）一切工作的"生命线"和"中心环节"

随着革命的逐渐开展和深入，党在实践中越来越感到做好思想政治工作的重要性，越来越认识到政治工作与思想教育在党所肩负的重任中的地位。

在 1929 年年底召开的红四军第九次党的代表大会的决议中，明确提出"红军党内最迫切的问题要算是教育问题"。[①] 1934 年 2 月 7 日，在红军第一次全国政治工作会议上，首次提出"政治工作是红军的生命线"的论断。1944 年 4 月，经毛泽东、周恩来审查修改，并由中央扩大的书记处会议讨论通过的《关于军队政治工作问题的报告》，再一次明确了"共产党领导的革命的政治工作是革命军队的生命线"。

在党的重大历史转折时期，能否坚持思想政治工作在完成任务中的地位，尤显得十分重要。比如，第一次大革命失败后的形势教育，秋收起义后开始向井冈山进军的"三湾改编"，反围剿开始前的红军工作，遵义会议以后恢复思想政治工作的正确方针，"西安事变"后建立抗日民族统一战线，抗战胜利前的延安整风运动，解放战争全国胜利前夕贯彻七届二中全会精神，以及中华人民共和国成立以后历次转折时期，都显示了思想政治工作在转折中的重要作用。

因此，能否坚持把思想政治工作放在党的工作的重要地位，成为衡量和决定各项任务能否顺利完成的重要因素和标志。

四、新时期加强思想政治工作的必要性

思想政治工作是属于意识形态领域的社会实践，任何国家为了维系它所实行的社会制度，维护社会的稳定，推进经济和社会的发展，以及培养青少年一代，都十分重视意识形态领域的工作。因此，在新的历史条件下，面对着国际国内纷繁复杂的新形势，思想政治工作只能加强不能削弱。

一方面，伴随着经济全球化的迅速发展和我国对外开放的不断扩大，意识形态领域的斗争从远距离变成近距离甚至是零距离，西方敌对势力凭借其经济与科技优势，加紧对我国进行意识形态渗透，妄图实现对我国的"西化"和"分化"。特别是我国加入世界贸易组织后，由于历史原因形成的社会主义中国与发达资本主义国家间存在的多方面差距直接显现出

---

① 《毛泽东文集》第 1 卷，人民出版社 1991 年版，第 94 页。

来。在这样的背景下，如何巩固和加强马克思主义的指导地位，有效地抵御西方国家意识形态的渗透，用健康、正确、积极的思想文化来引导人们正确认识社会主义和资本主义，增强爱国主义和社会主义信念，成为我们思想政治工作的重大课题和紧迫任务。

另一方面，随着我国社会主义市场经济的不断发展，社会经济成分、组织形式、就业方式、利益关系和分配方式日益多样化，必然形成思想文化和意识形态领域的多样化状态。因此，在市场经济条件下正确引导价值取向和行为选择，在多种文化的环境中坚持社会主义意识形态的主导性，是需要思想政治工作亟待研究和解决的重大问题。

在新时期针对党的思想政治工作的地位和作用，邓小平就作出了明确的回答和深刻的阐述。他指出："我们一定要把思想政治工作放在非常重要的地位，切实认真做好，不能放松。"① "思想政治工作和思想政治工作队伍都必须大大加强，决不能削弱。"② 对此，邓小平还作了以下几方面的论述。

第一，思想政治工作是我们的政治优势和优良传统。我们干的是社会主义事业，最终目的是实现共产主义，这一点任何时候都不要忽略。

第二，革命精神是夺取革命和建设胜利的强大精神力量。没有革命精神，光靠物质条件，我们的革命和建设都不可能胜利。

第三，思想政治工作是现代化建设的重要保证。我国的现代化是社会主义现代化，它包括社会主义的物质文明和精神文明。思想政治工作不仅能保证社会主义现代化建设的正确方向，而且能调动广大干部群众的积极性和创造性。

第四，在实现四个现代化的进程中，必然会出现许多我们不熟悉的、预想不到的新情况和新问题。尤其是生产关系和上层建筑的改革，不会是一帆风顺的，一定会出现各种各样的复杂情况和问题，一定会遇到重重障碍，这就需要通过思想政治工作把情况和问题向群众讲明白，化解矛盾，协调关系，增强凝聚力。

第五，加强思想政治工作是加强和改善党的领导的重要内容。改善党

---

① 《邓小平文选》第二卷，人民出版社 1994 年版，第 342 页。
② 《邓小平文选》第三卷，人民出版社 1993 年版，第 145 页。

的领导，其中最主要的，就是加强思想政治工作。要腾出主要的时间和精力来做思想政治工作，做人的工作，做群众的工作。否则党的领导既不能改善也不能加强。

第六，我国正处在社会主义初级阶段，封建思想残余、资产阶级思想、小资产阶级思想和其他各种非无产阶级思想仍然存在。随着对外开放，国外资产阶级思想和腐朽的生活方式也会乘虚而入，坚强有力的思想政治工作是抵制和克服各种错误思想的锐利武器。可见，邓小平的这番论述足以说明思想政治工作在当今的新形势下仍具有至关重要的地位和作用。

第三节　接受规律与大学生思想政治教育的可持续发展

加强和改进大学生思想政治教育工作，培养造就千千万万具有高尚思想品质和良好道德修养、掌握现代化建设所需要的丰富知识和扎实本领的优秀人才，是高等教育的核心任务。大学生思想政治教育是个双向的过程，即授与受的过程。授与受是一个矛盾统一体，两者互相影响、互相作用，推动思想政治教育的发展。如何让大学生在纷繁复杂的信息时代接受思想政治教育，提高高校思想政治教育的针对性和实效性，就显得尤为重要。研究接受理论，探索接受规律，实现大学生思想政治教育的科学发展，是值得思想政治工作者深入研究和思考的问题。

一、接受理论概述

（一）接受理论的理论渊源

接受美学是接受理论的主要来源。西方理论界对于"接受"问题的关注，始于古希腊的解释学（Hermeneutics），这也是接受美学可追溯的最久远的理论起点。[①] 由古典解释学转向方法论解释学，再转到本体论解释学，最终成为接受美学的理论先驱。20 世纪 60 年代末 70 年代初，在联邦德国出现了文学美学思潮，形成了由联邦德国的姚斯和伊瑟尔为代表

---

① 杨丽慧：《接受美学理论渊源及其对教育的新启示》，《兰州学刊》2004 年第 3 期，第275—277 页。

的康斯坦茨学派所创立的接受美学，又称接受理论。接受理论认为，接受过程是一个积极的参与过程。读者在欣赏文学作品时，是带着自己的生活经历和思想感情来阅读的，因此，作品美学价值的实现是读者参与创造的结果，离开了读者的审美接受，作品就没有意义可言。以往的文学和美学研究、创作，都是以作者—艺术家为中心，姚斯则主张根本性地、颠覆地转向以读者（接受者）为中心。接受理论的核心是以接受者为中心，主要特点是把信息传递和认知看做是主客体双向建构的过程，而接受过程的有效性在于使传导者、传导内容、传导渠道和受传者有较高的契合程度。80 年代后，我国学者开始了对西方的接受理论的分析和研究，并将接受理论应用于思想政治教育领域。

（二）思想政治教育接受理论的基本内涵

接受活动是人类社会的普遍现象，是人类文明超越时空的认同与创造过程。接受，是对一种理念、信仰、事物、实践、精神的容纳。"接受，是关于思想文化客体及其体认者相互关系的范畴。它标志的是人们对以语言象征符号表现出来的思想文化客体信息的择取、解释、理解和整合，以及运用的认识论关系和实践关系。"[1] 思想政治教育接受是指发生在思想政治教育领域内的接受活动，它反映了思想政治教育接受主客体之间的相互关系，是接受主体处于自身需要，在环境作用影响下通过某些中介对接受客体进行反映、选择、整合、内化、外化等多环节构成的、联结的、完整的活动过程。通过有效的接受，社会和社会群体的一定的思想观念、政治观点、道德规范，就可以被内化为接受主体品德思想，并外化为品德行为。[2] 因此，思想政治教育接受过程既是一个内化的整合过程，又是一个外化的践行过程，一般包括反映、选择、整合、内化和外化践行。

（三）思想政治教育接受理论的基本要素

接受活动一般包括接受主体、接受客体、接受中介和接受环境四个基本要素。[3]

---

① 胡木贵、郑雪辉：《接受学导论》，辽宁教育出版社 1989 年版，第 1 页。

② 张耀灿、郑永廷等：《现代思想政治教育学》，人民出版社 2006 年版，第 191 页。

③ 张世欣：《思想政治教育接受规律论》，上海三联书店、华东师范大学出版社 2005 年版，第 71 页。

接受主体即受教育者，是思想政治教育的接受者，也是思想政治教育的直接参与者，思想政治教育效果的体现者。在思想政治教育过程中，接受者具有主体能动性，其主动性的发挥直接影响思想政治教育的成败。

接受客体即教育者，是思想政治教育源。在高校，教育者既包括专门的思想政治教育专业工作者，又包括领导、其他教师和工作人员；既包括直接思想政治教育者，又包括间接思想政治教育者。接受客体的施教活动是有目的有组织的社会活动，在接受主体的受教育活动中具有主导作用，为接受主体提供指向服务。

接受环境即思想接受活动赖以存在的、对接受活动产生影响的周围状况的总和，包括教育环境、物质环境、经济环境、政治环境等。环境在接受主体的接受活动中具有不可低估的作用，接受者必须在一定的时空范围内去判断自己是否接受、接受的程度及接受的方式。因此，接受主客体都必须考虑环境的制约作用。

接受中介即接受主体、接受客体、接受环境三者在思想授受活动中赖以发生相互关系，产生相互作用的因素的总和，包括思想授受内容、思想传递载体、思想授受途径等，是授受的对象和手段，是思想信息授受活动运行的必要条件。

上述四个要素是一个有机整体，任何一个环节的缺失，思想政治教育都不会正常进行。它们互相关联，相互影响，互相依赖，相互作用，接受主体与接受客体之间存在着双向互动关系，接受环境会对接受主客体产生正反两方面影响，接受中介调节三者的关系，并对接受效果产生重要影响。

思想政治教育是一个接受过程。通过以人为本的理念的转换，教育主体与接受主体的双向互动，教育环境的有效配合，教育中介的纽带作用的充分发挥，实现思想政治教育的"知—受—化"的过程。在思想政治教育活动中，大学生知道了教育者倡导的是什么，要接受的是什么，即"知"；通过对教育者提供的信息的感知，经过理性的权衡和验证，产生对"知"的认同，即"受"，是内化的过程。思想政治教育并没有到此结束。更重要的是将思想观念、政治观点、道德规范等外化为坚定的信念、坚强的意志和健康向上的品德行为，并在社会上扩散。这是思想政治教育接受的最佳状态，是思想政治教育的最佳效果。大学生经过"知—受—

化"这样一个接受链，完成思想政治教育从反映、选择、整合、内化到外化践行的接受过程。

二、大学生思想政治教育实效性现状分析

改革开放以来，我国高校思想政治教育走过了不平凡的发展道路，坚持以人为本，改革创新，在改进中加强，在创新中发展，取得了巨大的成绩，并逐步走上了科学化、规范化、现代化的发展之路。大学生不仅系统掌握了马克思主义的基本原理，还深入了解了中国特色社会主义理论体系，顺应了中国改革开放形势下对大学生培养的时代要求。然而，随着时代的发展，高校思想政治教育也面临着不少挑战，增强大学生思想政治教育实效性问题日益成为高等教育的迫切任务。

（一）偏重教育主体，忽视接受主体的地位

思想政治教育是一种外在的作用和影响，其效果关键要看接受者的态度和接受程度。要将被动接受转化为主动接受，将外在的教育转化为内在的思想和现实行动，必须最大限度地激发和发挥接受者的主体性，尊重受教育者，让受教育者主动地参与到教育活动中来。只有他们积极主动地参与，才能实现高校思想政治教育的目标。长期以来，思想政治教育理论与实践较多地强调思想政治教育过程中教育者的主导作用，重视研究教育者、教育内容、教育过程、教育方法、教育环境，而把受教育者置于消极被动的地位，没有充分从接受者的角度考虑他们的主体性的发挥。教育者对大学生的现实生活和渴求研究不够，对解决大学生的思想问题和实际问题的方法不多，受教育者在思想政治教育中的主动性没有充分发挥。因而导致高校思想政治教育的实效性不强。

（二）偏重灌输教育，忽视渗透教育

思想政治教育是一门实践性非常强的学科，它的目的在于培养大学生知行合一的行为习惯和勇于实践的科学态度和能力。灌输教育是十分重要的思想政治教育方法之一，但是，单纯靠灌输教育很难达到预期的效果，需要其他学科和相关活动的积极配合，渗透教育显得极为必要。当前，在思想政治教育中，通过各学科和各种丰富多彩的活动进行思想渗透力度还不够，针对性还不够强，需要加以重视和改进。

（三）偏重系统理论，忽视实践环节

党中央高度重视大学生思想政治教育，理论课教材建设是马克思主义理论研究和建设工程的重要组成部分。目前，马克思主义理论课教材形成完整的体系，并且各高校对大学生进行了系统的思想政治理论教育，使教材体系逐渐向教学体系转化。但是，在理论与实践相结合方面还比较欠缺。虽然目前高校开展了不同形式的社会实践活动，但是针对性和广泛性还不够，社会实践活动与理论灌输没有形成有效的配合，因此，从整合、内化到外化践行，缺少必要的实践环节的有力支持。

（四）偏重教材体系，忽视创新载体

当代大学生群体思想状况等发生了很大变化，而且所处的社会环境也发生了巨大变化，特别是随着信息时代的到来，对大学生思想政治教育提出了新的要求，目前，虽然在思想政治教育方法上做了进一步的探索，但是，总体来讲还没有脱离理论灌输为主的现状。灌输是必要的，但是多种方法的有效配合是必不可少的，特别是利用网络进行思想政治教育显得尤为重要。通过对思想政治教育接受主体思想状况的了解，为他们的学习、生活提供服务，对他们进行教育、引导，不断拓展大学生思想政治教育的渠道和空间，创新思想政治教育方法，使思想政治教育方法跟上时代的步伐。

（五）偏重专业队伍，忽视各种力量的整合

各高校普遍加强思想政治理论课教师队伍、辅导员队伍、专职思想政治工作者队伍的建设，这三支队伍的力量不断加强，在思想政治教育中发挥主力军作用。但是，对于这三支队伍的有效配合以及同专业教师的有效配合方面存在着很大的差距，因此，在思想政治教育工作中没有形成有效的教育合力，使得思想政治教育的实效性没有充分发挥。

三、基于接受理论的思想政治教育发展路径

研究大学生思想政治教育接受规律，既是时代发展的需要，又是高校思想政治教育实现科学发展的内在要求。研究思想政治教育接受理论，就是要以科学发展观指导高校思想政治教育，切实转变教育理念，转变思维方式，转变教育模式，学会换位思考，互动转化。高度重视大学生主体地位和主体作用的发挥，把研究的重点由教育者转向接受者，促进思想政治教育的可持续发展。

（一）坚持以人为本

借鉴接受理论，大学生思想政治教育必须坚持以人为本的理念，为高校思想政治教育可持续发展提供价值取向。教育理念贯穿于教育活动的始终，是全部教育活动所遵循的基本准则。坚持以人为本的教育理念是科学发展观的核心，也是高等教育可持续发展的必然要求。思想政治教育是按照党和国家的要求及意识形态价值取向，有计划、有目的地对教育对象施加政治和思想影响的活动，这种活动具有明显的意识形态性质和社会政治功能。思想政治教育的根本目的就是反映思想政治教育最基础、最本质的愿望和要求，体现一定社会发展的目标，它是思想政治教育的出发点和最终归宿。概括地说，就是要提高人们认识世界和改造世界的能力，在改造客观世界的同时改造主观世界。思想政治教育的培养目标是促进大学生的全面发展。为此，要切实转变观念，创新工作。

第一，必须转变教育理念，将以人为本的教育理念贯穿于高校思想政治教育的始终。思想政治教育工作要围绕大学生的成长需要而展开，要将过去有偏差的手段和目的纠正过来。要把大学生作为主体，把大学生的全面发展作为目的，而不仅仅是作为被塑造的对象，把大学生作为教育的本质，而不单纯是教育的结果。要充分考虑大学生的思想政治教育接受规律，尊重他们，了解他们，同他们交朋友，以多向思维、多样化的沟通方式和人文情怀，把握和熟知各类青年人的心理、生理、学业成长过程与特点，通过青年人易于接受的丰富多彩的方式方法帮助引导他们，为他们的全面发展和素质的整体提高，开拓心路成长的绿色通道和拓展丰富头脑的思想空间，使思想政治教育的社会功能和个体价值功能得到充分实现。

第二，要充分认识大学生是思想政治教育的接受者、思想政治教育的直接参与者、思想政治教育效果的体现者。在思想政治教育过程中，要充分发挥和尊重接受者的主体能动性，这是现代思想政治教育伦理观的基本思想。要尊重和倡导大学生的独立性、自主性、能动性、创造性、实践能力的发挥，把教育的着眼点放在大学生主动性的发挥和培养上来。

（二）实现主客体双向互动

借鉴接受理论，大学生思想政治教育必须实现教育主、客体双向互动，为高校思想政治教育可持续发展提供动力支持。教育主、客体之间是平等互动的，教育主、客体都是具有独立自主、主观能动性的主体，它们之间不是支配和被支配、控制与被控制的关系，而是双向互动关系。这种关系是现代思想政治教育的重要标志。要实现高校思想政治教育可持续发展，要在实现教育主客体双向互动上下工夫。

第一，要充分发挥双方的主体性。教育者要真正成为实施教育的主体，发挥主体性，全面客观地认识受教育者，积极主动地研究时代发展和人的发展的新变化，科学预测发展趋势，提炼出反映时代和人的发展的新要求的教育内容，使教育内容充满时代气息和发展性，善于选择和创造灵活多样的教育方法，主动适应、选择和改造教育环境；受教育者要真正成为思想政治教育的接受主体，发挥主体性，积极主动地参与教育活动，并实际影响教育者的教育活动，对教育目的和教育内容有价值认同，积极应对环境的变化，自教自律，使整个教育呈现出独立自主、积极主动和富有创造性的发展状态。

第二，要注重契合性。研究接受者的需要和特点，使思想政治教育与受教育者的接受倾向、接受水平、接受能力相吻合，从而取得良好的效果。关注和研究思想政治教育接受者的需要是思想政治教育理论和实践的重要维度。政治理论课教师、专业辅导员队伍、心理咨询师以及其他思想政治教育工作者必须了解大学生的需要及群体特征、个性特征，了解他们需要什么，以及通过什么方式和途径满足他们的需要，还要善于创造有利的教育时机引导受教育者的需要从初级向高级、由浅层次向深层次、由个体需要向个体需要与社会需要相结合的方向发展。这样，就能选择丰富的、富有时代性的、适应受教育者实际的教育内容，选择灵活多样的、丰富生动的教育方法和手段，从而满足大学生全面发展的需要，满足社会和谐发展的需要。辅导员队伍的专业化职业化建设对于加强大学生思想政治教育的针对性、实效性具有重要意义。

第三，要实现教育者和接受者的平等对话。思想政治教育是发生在教育者和接受者之间的活动。作为交往、互动的双方，两者都是不可或缺的。他们之间不存在霸权、支配中心地位，两者应互相尊重知情权、参与权、话语权。受教育者的言与行可能有偏离和错位，但是许多思想政治教育的火花和积极因子是从受教育者中获取的。换言之，受教育者同样会对教育者产生积极的影响和启迪。另外，教育者本身也需要自我教育、自我感悟，不断提升思想境界和教育水平的过程。因而，两者是平等共生的关系。但必须特别强调，在思想政治教育中作为教育的主体要避免产生霸权和支配中心，避免单向灌输和强制压服的倾向。

（三）优化思想政治教育环境

借鉴接受理论，大学生思想政治教育必须大力优化思想政治教育环境，为高校思想政治教育的可持续发展提供外部支持。思想政治教育环境是构成思想政治教育过程的基本要素，也是思想政治教育接受的基本要素，是思想政治教育的外部条件，是人的思想品德形成和发展的客观基础。一定的思想政治教育总是与一定的环境联系在一起并形成互动的，受到各种环境的制约和影响。思想政治教育环境包括社会经济环境、政治环境和文化环境；家庭环境、学校环境和社区环境；理念层、制度层和物质层；现实生活环境和网络虚拟空间。① 思想政治教育环境对教育者和接受者具有重大影响，它影响思想政治教育者的素质，影响思想政治教育内容和方法，对思想政治教育接受者的思想品德形成具有促进作用、感染熏陶和潜移默化的作用，对接受者的思想品德发展具有约束和规范作用。因此，必须优化高校思想政治教育环境。

第一，要优化校园环境，创造良好的育人环境是优化整个思想政治教育环境的关键。为此，必须大力优化校园物质环境，加强各种设施建设，为大学生的自我发展和健康成长提供物质保障。

第二，要优化校园文化环境，加强校风、校纪、学风建设，制度文化建设，发挥校园文化的教育和引领风尚的作用。

第三，要优化校园民主政治环境，发挥大学生在学校的参政议政作用，培养大学生的主人翁意识，为大学生的健康成长提供良好的政治氛围。

第四，要优化就业创业环境，通过大学生创业就业教育，培养大学生自立自强精神、开拓进取精神和坚强的意志品质。

第五，要优化校园舆论传媒环境，利用校刊、校报、广播、网络等手段，营造积极向上、健康活泼的文化氛围，特别是要加强网络文化环境建设，通过网上课堂等手段，净化网络，利用网上师生的交流互动，引导学生养成积极向上的人生态度和良好的生活习惯。

第六，要优化校园人际环境，形成教书育人、管理育人、服务育人的人际氛围。

---

① 成嫒：《思想政治教育学原理》，上海中医药大学出版社 2007 年版，第 208—213 页。

　　第七，要优化社会实践环境，积极倡导开展丰富多彩的社会实践活动，接触社会，服务社会，运用所学知识回报社会，在实践中感受中国特色社会主义理论的正确性和与时俱进性。通过优化校园文化环境，培育大学生的民族精神和时代精神，增强大学生的社会责任感和使命感，构建社会主义核心价值体系，使大学生成为社会风尚的引领者。

　　第八，要优化社会环境，为思想政治教育提供良好的外部条件。要在全社会形成共同理想和精神支柱，形成社会主义道德风尚，发扬中华民族的传统美德；要加强党风廉政建设，弘扬正气，形成正确的政治观；优化社会传媒环境，为思想政治教育创造良好的舆论氛围。宣传、理论、新闻、文艺、出版等方面要坚持弘扬主旋律，为大学生思想政治教育营造良好的社会舆论氛围，为大学生提供丰富的精神食粮。

　　（四）创新思想政治教育方法

　　借鉴接受理论，大学生思想政治教育必须创新思想政治教育方法，为高校思想政治教育学科可持续发展提供载体支持。创新是思想政治教育工作的生命力，马克思、恩格斯在《共产党宣言》中指出，"人们的观念、观点和概念，一句话，人们的意识，随着人们的生活条件、人们的社会关系、人们的社会存在的改变而改变"①。现代思想政治教育，面临着与以往完全不同的时代背景和条件，面对着人们已经深刻变化了的思想活动特点和思想道德实际，因此，必须坚持思想政治教育方法创新，才能始终保持思想政治教育的生机和活力，才能符合时代发展的要求，赢得教育对象，成为社会进步的强大精神动力支持。科学有效的思想政治教育方法是实现思想政治教育目的重要手段，是教育者和接受者互动连接的纽带，是保证思想政治教育实际效果的重要条件。

　　第一，要强化人本管理方法。人本管理方法是一种柔性管理的方法，它融合了管理科学与人文精神，与思想政治教育以实现人的全面发展，以培养充满活力、和谐发展的人的教育目标相契合。要营造浓郁的人文关怀的教育氛围，关怀接受主体的生活、学习、工作与成长、发展，注意在工作中弘扬个性，激发潜能，在合作中包容个性，善待差异，在服务大局中克服个性，促进和谐，创造个体自身发展的空间，搭建施展个体才华的舞

────────────

　　① 《马克思恩格斯选集》第1卷，人民出版社1995年版，第291页。

台，将思想政治教育贯穿于大学生成长的全过程。

第二，要坚持与时俱进、分类渐进的思想方法，针对不同的个体，采取不同的工作方法，循序渐进。注重研究思想政治教育方法，不断在实践中实现方法创新。

第三，要遵循渗透原则，将思想政治教育渗透到大学生活的各个方面。要强化渗透意识；要使各方面教育力量形成合力，形成党、政、工、青齐抓共管，专兼职思想政治教育工作队伍密切配合的社会化网络体系；要把思想政治教育渗透到大学生活全过程，通过潜移默化，循序渐进，寓教于无形。

第四，要加强思想政治理论课教学方法的改革与创新。要实现思想政治理论课由"教材体系"向"教学体系"的转化；要打破传统的授课方式，采用多样化的方式方法，如启发式、案例式、讨论式、参与式、探究式教学法，激发学生的学习热情，增强思想政治教育的针对性和实效性。要加强实践教学环节，推进思想政治教育由内化到外化的转化；要培养大学生的理论思维，授之以渔，达到思想政治教育的目的。

总之，高校思想政治教育工作者要不断探索大学生思想政治教育接受规律，在微观领域不断扩展，注重发挥大学生的主体性，不断创新高校思想政治教育方法，构建多渠道、多层次、全方位实施思想政治教育的综合育人体系，实现高校大学生思想政治教育的可持续发展。

第四节　社会主义道德与职业道德规范

社会主义道德体系包括社会公德、职业道德和家庭美德。为了加强思想道德建设，首先要理解道德的含义、特征及其社会作用；把握社会主义道德的本质特征及其核心、基本原则和基本要求；了解社会主义公民道德的基本规范，加强公民道德建设的战略地位；特别是要明确职业道德的含义、特征和基本范畴，以及社会主义职业道德的主要内容和基本规范。

一、道德的本质与功能

（一）道德的含义及其产生和发展

1. 道德的含义

道德是人类在改造自然和社会的实践中，以善恶为标准，依靠内心信念、社会舆论和传统习惯，来评价人们的行为，调整人与人、人与自然环境以及个人与社会之间关系的行为准则和规范的总和。道德产生于人类物质资料生产活动的实践，它遍及社会生活的方方面面，体现于人们的一言一行。

中华民族是具有优良道德传统的民族，五千年来始终崇尚以道德准则规范人们的言行。中华民族在改造自然、改造社会以及同时改造自己的漫长岁月中，逐渐形成了崇高的民族精神、优秀的民族道德、高尚的民族感情、文明的民族礼仪。这种优良道德传统，集中体现在以儒家为主并包括墨家、道家、法家的传统伦理道德思想的精华。

道德以善恶为最一般的评价标准，一切有利于人类的行为就是善，属于有道德行为；反之亦然，有损人类的利益、损人利己的行为就是恶，属于不道德行为。通过教育、舆论影响，使人们形成善恶观念、情感意向，直至形成内心信念和道德意识。在社会生活中，道德是依靠内心信念、社会舆论、传统习惯加以维系，并通过它们作出道德评价，调整和规范人们的行为。

2. 道德的产生和发展

历史唯物主义认为，社会存在决定社会意识，作为一种社会意识的道德，根源于人类物质资料生产活动。人们为了生存首先要进行物质资料生产，人们在生产活动中不仅结成了各种社会关系，而且需要调整个人利益和社会利益之间关系的行为准则，规范人们的行动，在习惯中形成了这类准则和规范，这就是道德。

从人类社会发展史上看，随着生产力的发展，出现了五种社会形态及其道德类型，即原始社会道德、奴隶社会道德、封建社会道德、资本主义社会道德和社会主义社会道德。然而，自原始社会解体后，人类社会进入阶级社会，阶级社会的意识形态及其道德标准并不统一。由于阶级划分，与不同的阶级社会相适应，形成了奴隶主阶级道德和奴隶阶级道德、封建地主阶级道德和农民阶级道德、资产阶级道德和无产阶级道德。在阶级社会，由于统治阶级掌握社会经济命脉和政治统治，剥削阶级道德也就占了统治地位，而劳动人民的道德备受压抑和限制。

社会主义社会替代了资本主义社会，在社会主义经济关系基础上形成了新型的社会主义道德。社会主义社会是共产主义社会的初级阶段，随着社会主义的发展，社会主义道德有着自己的发展前景和更高阶段，这就是共产主义道德。共产主义道德是人类历史上最进步的道德体系。

（二）道德的本质和特征

1. 道德的本质

道德的本质，是指道德现象的内在联系和道德的内在矛盾，它是规定道德发展方向和最能反映道德特性的深刻的稳定的内核。道德根源于人类物质资料生产，道德由经济关系决定，是经济关系的反映。因此，道德的本质，是一种社会意识形态，是一定社会经济关系上形成的社会上层建筑之一，是经济利益关系的反映并随着经济关系的变化而变化。

恩格斯说，社会直到现在还是在阶级对立中运动的，所以道德始终是阶级的道德。一切剥削阶级道德是私有制经济关系的反映，是为了维护剥削阶级的利益，维护统治阶级的统治的社会秩序。因此，其本质都是私有制经济基础上的上层建筑和意识形态，是剥削阶级根本利益的反映，是用来维护剥削阶级统治的思想武器。刘少奇同志说，一切剥削者要发展自己都必须损害别人。剥削阶级这种损人利己的阶级本性，决定它们的一切道德原则，把利己主义作为它们道德体系的基本原则。

历史上，劳动人民道德的本质截然不同，它是在私有制经济关系中所处的地位决定的，并随着劳动人民经济地位的变化而变化的特殊意识形态，是劳动人民根本利益的反映，也是他们反抗剥削阶级统治的一种思想武器。历史上，不同社会形态的劳动人民有着诸多共同的社会特征，如他们都直接从事物质资料生产，解决人类物质生活需要；都处于社会最底层，受剥削、受压迫；都要求从根本改变现存的社会制度。因此，他们在长期的物质资料生产中，在反剥削、反压迫和变革现存社会制度的实践中，形成了反映劳动人民的根本利益的道德意识。

2. 道德的特征

道德作为一种意识形态，自身有许多特征，其主要特征表现如下。

第一，道德的客观性。道德属于意识形态，是主观的东西，但有其客观性，它是客观存在的道德现象，它的形成和发展有其客观基础和客观规律，道德规范的内容有客观性，在社会生活中发挥着客观作用。首先，一切道德都是一定经济关系的反映，其产生与发展有其客观基础和客观规律，不是人们任意主观捏造的。其次，任何道德规范都是客观存在的道德关系和道德要求的概括和总结，它是制约人们道德意识和行为的社会力量。再次，道德评价标准也是客观的。

第二，道德的广泛性。道德同其他意识形态相比，其社会性更广泛。一是道德贯穿于人类各个社会形态。从原始社会起，便有了维护人类社会秩序的道德，过去、现在和将来任何社会都不可能没有道德。二是道德遍及社会各个领域，经济、政治、文化、外交、军事、民族、宗教等领域都有道德现象和道德规范。三是道德渗透于各种社会关系，人人都要以一定准则规范自身的行动，越轨就犯错误，以致犯罪。

第三，道德的阶级性。在阶级社会中，一定的道德具体体现一定阶级的利益，为一定的阶级服务。首先，阶级社会的一切道德，都是不同阶级的根本利益的反映。其次，一切阶级都以自身的经济地位和阶级利益，确定本阶级的道德原则、道德规范和道德评价标准。再次，在阶级社会中，不同阶级的道德体现着不同阶级的意志和要求，都是阶级斗争的工具。

第四，道德的继承性。道德是一定经济关系的反映，一种社会形态代替另一种社会形态，行为准则和道德规范会有很多的变更。但是，任何新的社会形态都会把有利于自己的道德规范加以继承和发展，尤其是要把有利于人类共同利益的道德规范保留下来，特别是社会公德的某些基本规范会更加发扬光大。当代中国形成了社会主义道德，但也离不开过去，而是把传统道德的精华加以继承和发扬光大。

第五，道德的共同性。各社会形态的道德，特别是阶级社会各阶级的道德，都有差别，甚至差别很大，但还有某些一致、相似之处，成了必须普遍遵循的共同行为准则。首先，由风俗习惯来维系的适用于人类一切时代的、人人必须遵循的公共生活准则，如文明礼貌、尊老爱幼，等等。其次，处于不同历史发展阶段上共同遵循的道德准则，如勤劳勇敢、团结互助等作为一种美德。再次，同一社会中的不同阶级、阶层、集团的共同道德准则，如民族尊严、反抗外敌侵略等成为一种高尚的美德。

（三）道德的功能和社会作用

1. 道德的功能

道德既然是依靠内心信念、社会舆论和传统习惯维系，以善恶作为评价标准，调整人们相互关系的行为准则和道德规范，也就具备了三大功能。

（1）认识功能。道德的认识功能，是指道德能够帮助人们正确认识自己和他人与社会的关系，正确认识在相互关系中自己应承担的责任和义务，分清社会生活中道德与不道德、善与恶、正义与非正义等的界限，正确评价自己和他人的道德行为。从而帮助人们树立正确的道德意识，坚定内心信念，自愿地按照道德准则规范自己的言行，养成良好的道德习惯。

（2）调节功能。调节功能是道德的最基本、最重要的社会功能。这种功能，是运用道德行为规范、善恶标准去调节个人与他人、个人与社会的利益关系，使人们认识到什么是可为、什么是不可为，什么是行善、什么是作恶，端正人们的道德行为，使个人与他人、个人与社会的关系完善化、和谐化。

（3）教育功能。教育功能是通过道德对人们实施影响，使社会一定阶级的道德规范化为个人的道德意识和道德行为。道德教育是社会教育的重要组成部分，它通过各种渠道和多种方式，把一定社会的道德要求灌输到人们的意识之中，并使人们按这种道德要求实施道德行为。道德教育的渠道和方式主要是通过学校教育、规范引导、社会舆论、道德评价和榜样示范，等等。

2. 道德的社会作用

道德是适应一定经济基础和社会生活的需要而产生的意识形态。它一经形成，就会对经济基础和社会生活产生巨大的反作用。

第一，道德能够促进自己赖以产生的经济基础的巩固和发展。任何道德都以自己的善恶标准去论证产生它的经济基础的合理性和正义性；同时又以自己的善恶标准通过社会舆论，去谴责和否定那些不利于其经济基础的思想和行为，促使其经济基础的巩固和发展。

第二，道德能够保护或破坏一定阶级的政治统治。阶级社会的道德是阶级斗争的一种主要武器，各阶级按照自己的利益和要求发挥道德的作用，能动地反作用于社会。它或者为统治阶级的统治和利益辩护，或者当被压迫阶级变得足够强大时，代表被压迫者对这个统治的反抗和他们的未来利益。

第三，道德能够促进或者阻碍社会生产力的发展。道德对生产力的影响主要是通过人们的精神状态来实现的。当一种道德观念被人们接受后，必然对其劳动态度和工作效率发生影响，必然对社会生产和科学技术的发展发生影响，促进生产力的发展。古往今来，那些在改革生产工具及科学技术上作出过贡献的人们,一般都是具有高尚品德和道德理想的人。

第四,道德能够维护社会生活的稳定,保障人们正常的生活和交往。道德按照一定的善恶标准,调节个人与他人、个人与社会之间的利益关系,指导人们"自律",从而有利于维护社会生活的稳定,保障人们正常的生活与交往。维护社会生活必须法治,但也不能没有道德,道德是法律的补充,两者相辅相成。

二、社会主义道德的基本要求

(一)社会主义道德的产生

1. 社会主义道德产生的历史条件

共产主义道德体系是人类历史上新型的最先进的道德类型。这个体系包括无产阶级道德、社会主义道德和共产主义道德,它们是共产主义道德发展的三个阶段。无产阶级革命胜利后,随着社会主义改造的成功,进入了社会主义社会,无产阶级道德发展成为社会主义道德。在社会主义中国,社会主义道德有着广阔前景和许多有利条件。

(1)强大的政治基础。工人阶级(通过共产党)领导的以工农联盟为基础的人民民主专政,是社会主义道德建设的强大的政治基础。特别是中国共产党执政,实施着依法治国与以德治国紧密结合的治国方略,是社会主义道德建设的根本保证。

(2)雄厚的经济基础。社会主义公有制为主体,是我国社会主义道德的经济基础。中国共产党始终代表中国先进生产力的发展要求,随着现代化建设的发展,先进生产力将得到蓬勃发展,为社会主义道德建设打下更为雄厚的经济基础和物质基础。

(3)先进的理论基础。中国共产党始终代表先进文化的前进方向。社会主义道德建设以马克思列宁主义、毛泽东思想、邓小平理论和"三个代表"重要思想为指导,发展社会主义文化,全民族思想道德素质和科学文化素质的不断提高,这为道德建设提供了先进的理论基础和良好的文化氛围。

(4)广泛的群众基础。中国共产党始终代表中国最广大人民的根本利益,社会主义道德核心是为人民服务,因此,社会主义道德建设必然代表和反映我国人民的根本利益,得到我国各民族最广大人民的拥护和参与,这是任何国家的道德建设所不可比拟的最为广泛的群众基础。我国社会主义道德建设将得到不断丰富和发展，发展前景非常广阔。

2. 社会主义道德的本质和特征

社会主义道德，是以社会主义公有制为主体的经济基础的反映，是在无产阶级自发形成的朴素的道德基础上，以马克思主义世界观为指导，由无产阶级自觉地培养起来的道德；是以为人民服务为核心，以集体主义为基本原则，代表无产阶级和广大劳动人民根本利益和长远利益的先进道德体系。这是社会主义道德概念的表述，也体现了社会主义道德的本质。

同一切剥削阶级道德相比较，社会主义道德具有以下基本特征。

第一，社会主义道德的科学性。一切剥削阶级道德都是建立在历史唯心主义基础之上，而社会主义道德是以马克思主义科学世界观为指导，奠定在历史唯物主义基础之上，正确地揭示了道德的起源和本质，制定了正确的行为准则和道德规范。

第二，社会主义道德的群众性。一切剥削阶级道德反映的都是少数剥削者的利益和要求，而社会主义道德以为人民服务为核心，以集体主义为原则，代表无产阶级和广大劳动人民根本利益，因此，受到最广大群众的拥护和实施，具有广泛的群众性。

第三，社会主义道德的实践性。在剥削阶级处于上升时期，道德曾起过进步作用；但后来成了剥削阶级统治以及为其行为辩护的工具。社会主义道德反映了社会发展的方向和规律，同广大人民群众的根本利益完全一致，因此，具有强大的生命力，它不仅被广大人民拥护和实施，而且在党和国家的领导下总结实践经验，得到不断丰富和发展。

（二）社会主义道德的基本内容

1. 社会主义道德的核心

毛泽东同志说：为什么人的问题，是一个根本问题、原则的问题。这个论断不仅是区分各种政治立场和观念的试金石，也是区分各种不同类型道德的分水岭。为什么人的问题之所以是各种不同类型道德的分水岭，是因为，这个问题是道德的核心问题，所有道德现象，包括道德意识现象和道德活动现象都要受这个问题的制约，这个问题是各种道德的出发点和最终目的；在阶级社会，正是为什么人这个核心问题，是这一阶级道德区别于另一阶级道德的本质特征。为人民服务是社会主义道德的核心，这是社会主义道德区别于一切剥削阶级道德的本质特征，它制约着社会主义道德领域所有道德现象，规定着社会主义道德的最终目的和发展方向。

社会主义道德之所以要以为人民服务为核心的原因如下。

第一，这是社会主义本质决定的。邓小平同志说："社会主义的本质，是解放生产力，发展生产力，消灭剥削，消除两极分化，最终达到共同富裕。"① 这就是说，社会主义本质是为人民大众谋幸福的。以为人民服务为核心的社会主义道德体系，正是社会主义本质在道德上的体现。

第二，反映了社会主义社会的经济基础和政治制度的客观要求。道德是意识形态在一定的经济基础和政治制度下产生的，并能动地作用于一定的经济基础和政治制度。我国是公有制为主体、多种所有制经济共同发展的社会主义经济，是人民当家做主的人民民主专政的国家，因此，我国社会主义经济制度和社会主义民主政治，都要求社会主义道德以为人民服务为核心，为广大人民群众服务，发挥广大工人、农民和知识分子的积极性和创造性。

第三，是保证市场经济沿着社会主义方向发展的先决条件。为人民服务是社会主义本质特征的集中表现，也是保证社会主义市场经济沿着健康道路发展的内在要求。社会主义市场经济是同社会主义基本制度联系在一起的，发展社会主义市场经济是为了全体人民共同富裕，这就需要以为人民服务的科学的人生观和价值观。因此，发展社会主义市场经济，保证其健康发展，特别需要弘扬为人民服务的精神。同时，弘扬为人民服务的精神，也是抑制市场经济消极影响的重要途径。

第四，是社会主义道德要求的集中体现。在社会主义社会，什么是有道德的行为？什么是有道德的人？集中体现在是否能为人民服务，为社会献身。为人民服务，为社会献身的精神的大小，是衡量人们道德水准高低的尺度。为人民服务有不同层次，表现社会主义道德的不同层次。做到"人人为我，我为人人"，这是为人民服务的低层次的要求。能够全心全意为人民服务，一心为公，大公无私，毫不利己，专门利人，这是为人民服务的高层次的要求，是共产主义道德的要求。在社会主义社会，需要弘扬共产主义道德。

————————————

① 《邓小平文选》第三卷，人民出版社 1993 年版，第 373 页。

2. 社会主义道德的基本原则

社会主义道德的基本原则是指社会主义道德体系中处理国家、集体、个人三者利益关系的根本指导原则，也是社会主义道德评价的基本标准。社会主义道德的基本原则，是集体主义。集体主义是一切言论行动以合乎广大人民群众的集体利益为最高标准的思想，是调节国家、集体、个人三者利益关系的基本标准。

社会主义道德确立集体主义基本原则，是由于社会主义道德是从无产阶级道德发展来的，集体主义是无产阶级道德的基本要求。集体主义也是社会主义道德体系区别于一切剥削阶级道德体系的根本标志，一切剥削阶级道德的基本原则是利己主义。集体主义是社会主义道德体系的灵魂，它贯穿于社会主义道德的全部规范和范畴。集体主义也是社会主义条件下处理国家、集体、个人利益关系的唯一正确原则。

集体主义原则的基本要求和主要内容是：第一，社会整体利益高于个人利益。建设社会主义现代化国家，是全体人民的根本利益；现代化建设发展了，每个劳动者的利益就得到保证；现代化建设遭到破坏就要损失每个劳动者的利益，因此，社会整体利益高于个人利益。第二，在保障社会整体利益的前提下，必须充分尊重和保障个人的正当利益。社会整体利益同个人正当利益并不矛盾，而是统一的，增强社会整体利益是为了不断满足个人正当利益；只保障社会整体利益而不尊重个人正当利益，就会挫伤群众积极性，最终损害的是社会整体利益；只强调个人利益，损失社会整体利益，最终也损害了个人的正当利益。第三，当个人利益与社会整体利益发生矛盾时，个人利益要服从社会整体利益。这种矛盾会经常发生，发生这种矛盾时，集体主义要求个人利益自觉服从社会整体利益，这是衡量一个人的道德情操、道德水平的重要标志。

3. 社会主义道德的基本要求

《公民道德建设实施纲要》明确规定：爱祖国、爱人民、爱劳动、爱科学、爱社会主义是社会主义道德的基本要求。强调这些要求是每个公民都应当承担的法律义务和道德责任；必须把这些基本要求与具体道德规范融为一体，贯穿公民道德建设的全过程。

第一，爱祖国。爱祖国是千百年来凝结和巩固起来的对自己祖国的一种最深厚的感情。这种深厚感情集中表现为：对祖国的河山、文化、历史、优良传统以及人民的热爱；关心祖国的前途和命运，把个人的命运同祖国的命运紧密地联系在一起；强烈的民族自豪感、自尊心和自信心；为争取祖国的独立、统一、富强而英勇奋斗乃至牺牲的精神。在当代中国，爱国与爱社会主义是一致的，新时期爱国主义的主题是建设中国特色社会主义。

第二，爱人民。爱人民是社会主义道德的基本核心，即为人民服务的重要体现。爱人民的基本要求是，必须牢固树立为人民服务的思想；必须关心人民群众的疾苦，为人民办实事、办好事，想人民之所想，急人民之所急；必须强调人民与人民之间的互尊互爱。

第三，爱劳动。爱劳动是社会主义道德区别于一切剥削阶级道德的重要标志，是社会主义社会公民最起码的国民公德。热爱劳动的基本要求是，遵守劳动纪律，以主人翁的态度发挥劳动者的积极性、主动性和创造性，努力为社会作贡献。高层次的要求是不讲条件，不计报酬，具备高度自觉的共产主义劳动态度；要求人们以诚实劳动的态度去获取利益和财富，并要有勤俭敬业精神，干一行爱一行，为社会主义创造更多的财富。

第四，爱科学。尊重科学，尊重知识和人才，这是每个人起码的道德责任和道德感情。这是因为，科学的任务是揭示事物发展的客观规律，探求客观真理，作为人们改造世界的指南；科学技术作为第一生产力，是推动社会主义社会发展和进步的根本力量。科学包括自然科学、社会科学和思维科学。爱科学必须努力学习科学知识，掌握科学技术，投身到科教兴国的事业中去。

第五，爱社会主义。爱社会主义既是一项政治规范，又是社会道德的一项基本要求，是爱祖国爱人民的具体体现。社会主义是崭新的社会制度，是我国劳动人民根本利益的保障和幸福生活的源泉。历史和现实证明，只有社会主义才能救中国，发展中国。爱社会主义就要坚持社会主义道路，积极参加社会主义现代化建设，为把我国建成富强、民主、文明、和谐的社会主义强国而奋斗；坚持改革开放的社会主义方向，自觉维护社会主义的根本利益，同一切破坏、颠覆社会主义制度的敌对势力进行斗争。

（三）社会主义公民道德的基本规范

1. 公民道德的基本规范的主要内容

《公民道德建设实施纲要》要求全社会大力提倡"爱国守法、明礼诚信、团结友善、勤俭自强、敬业奉献"的基本规范。

第一，爱国守法。爱国守法反映公民个人与国家、与社会的关系，是社会主义道德体系中最基本的规范。

爱国，是首要的道德要求，是对公民行为提出的一个基本道德准则。几千年来，热爱祖国就是中华民族道德精神的核心内容，成为抵御内忧外患的强有力的精神支柱。中国共产党人在长期的革命、建设和改革中，赋予爱国主义以新的时代内容。近代爱国主义的主题是拯救陷入危亡困境中的中国，现代爱国主义的主题是建立独立自主的新中国，当代爱国主义的主题是建设中国特色社会主义。

守法，是每个公民必备的道德品质。它要求公民不仅要有知法、懂法、守法、护法的法律知识，还要把法律意识转化为自觉依法行使权利和履行义务的法律行为，以法律手段维护自身合法权益和履行公民义务的基本道德规范。守法要求正确处理法律和道德的关系，凡是社会主义法律所鼓励、培养的行为，都是社会主义道德规范要求的光明正大的行为；凡是社会主义法律所禁止的行为，也都是社会主义道德规范中所认为不道德、不正当的行为。

第二，明礼诚信。明礼，是做好人的起点，就是讲文明礼让。这是中华民族的优秀传统，是人类社会为维系正常生活共同遵守的最起码的道德规范。文明礼貌的要求，反映着一个人内在的思想道德水平和文化修养，也体现着是否尊重人、关心人，懂得人际间交往的艺术。讲文明礼貌，是每个人在时时处处的言行中体现出来，至少要做到：卫生清洁，仪表文明；仪态优美，举止文明；谈吐文明，语言文明；遵守礼仪，行为文明。这不仅是个人的行为，还反映着社会文明，影响国家形象、城市形象和企业形象，影响对外开放和现代化建设的进程。

诚信，是道德建设的根本，是一切道德赖以维系的前提。诚信，就是诚实守信。诚实与守信紧密相连，诚实是守信的基础，守信是诚实的外表。自古以来，我国就把诚实守信作为做人的一条基本原则；到了社会主义社会更应在全社会大力提倡做老实人，说老实话，办老实事；在社会主义市场经济深入发展到今天，诚信越来越重要。诚信对国家、企业和个人都非常重要，对国家来说，诚信程度是国家形象的重要组成部分，也是投资环境优劣的重要尺度。现代市场经济可以说是诚信经济，企业和个人都要遵守契约和合同，这是市场经济必须遵守的行为规范，诚信程度如何，关系到企业和个人的信誉和形象，以及事业的发展。

第三，团结友善。团结是高尚的道德品格，对于小到一村、大到一市、一省、一国都十分重要。古训"众人一条心，黄土变成金"道出了团结的强大威力和丰厚的回报。"千人同心，则得千人之力；万人异心，则无一人之用。"团结就是力量，内讧必然内耗；团结就是胜利，内讧必然衰败。毛泽东说："国家的统一，人民的团结，国内各民族的团结，这是我们的事业必定胜利的基本保证。"① 如何才能达到团结？周恩来说，团结就是在共同点上把矛盾统一起来。也就是要正确处理各种人民内部矛盾，处理好个人与社会以及各民族的利益关系。

友善是人际交往的道德规范。马克思说："人的本质不是单个人所固有的抽象物，在其现实性上，它是一切社会关系的总和。"② 可以说，社会生活是一张无形的网，每个人都是这张社会关系网上的一个结。社会生活无论多么复杂，说到底是由各种性质、各种层次、各种方式的人际交往组成的。因此，不论你自觉不自觉，愿意不愿意，都要处理好各种各样的人际关系。人人都应该处理好各种各样的人际关系，从而生活在友好、友谊、友爱的气氛之中，周围充满善意、善良、善举。确定团结友善的基本规范，就是为了动员全国人民共同努力，创造一个人人心情舒畅、处处温暖和谐的生活环境。

第四，勤俭自强。勤俭，是中华民族的传统美德。诸葛亮把勤俭看做修身之道，说"静以养身，俭以养德"。司马光《训俭示康》把勤俭作为齐家之宝，教育儿子司马康要勤俭节约。毛泽东把它作为治国经验，教育党员和干部要艰苦朴素，厉行节约，勤俭建国。一个人、一个家庭、一个国家都要讲勤俭。物质上克勤克俭，不仅意味着自律，而且也体现了奋斗进取、积极向上的精神状态。在物质缺乏的时代，要讲勤俭，"节省每一个铜板为着战争和革命事业，为着我们的经济建设。"③ 今天，现代化建设有了长足的进步，人们生活越来越富裕起来，是否也要勤俭节约呢？还

① 《毛泽东著作选读》下册，人民出版社1986年版，第757页。
② 《马克思恩格斯选集》第1卷，人民出版社1995年版，第56页。
③ 《毛泽东选集》第1卷，人民出版社1991年版，第131页。

是不能松弛，永远要保持勤俭节约，这种精神能继续鼓励人们奋进向前。同时，国家这么大，人口这么多，资源依然有限。就全世界来说，地球就这么大，为了可持续发展，为了我们今后的富裕、子孙万代的幸福，永远要艰苦奋斗，勤俭节约。

自强是永无止境的道德追求，也是中华民族的好传统。古代《周易》名句：天行健，君子以自强不息；地势坤，君子以厚德载物。自强是努力向上，奋发进取，还含有与时俱进、开拓创新的精神。自胜者强，自强者胜。战胜别人的人只是有力量，而战胜自己的人才算坚强。自强离不开坚定的意志和坚强的决心，有志者事竟成。不能认为人生永远顺利，不可避免地要遭遇困难，就要有战胜困难的决心，在克服困难过程中取得进步。自强也不排除他人的援助，要善于取得他人的帮助，吸取他人经验，以强化和完善自己。自强是一个永无止境的追求，理想是自强的力量之源。祖国的强盛有赖于每一个中华儿女的自强不息，不懈奋斗。

第五，敬业奉献。敬业，是道德规范在职业行为中的表现。敬业就是敬重自己从事的事业，专心致力于事业，千方百计将事情办好。中华民族历来有"敬业乐群"、"忠于职守"的好传统。敬业十分重要，社会的生存和发展，要依靠人人敬业。社会进步说到底是靠科学技术和生产力的发展推动，而每一技术进步都需要人们付出巨大的代价，都闪耀着敬业精神的光辉。人生价值在于奋斗、进步与风险，都要靠敬业的积极向上的人生态度。要想完成建设中国特色社会主义的伟大事业，每一个中华儿女、各行各业的从业人员都应该做到爱岗敬业。

奉献是崇高的道德境界。奉献还是索取，是高尚与卑劣、伟大与渺小、光荣与耻辱的分界。马克思在年轻时代就选择了奉献全人类的志向。他在《青年在选择职业时的思考》一文中指出："如果我们选择了最能为人类福利而劳动的职业，我们就不会为它的重负所压倒，因为这是为全人类所作的牺牲。"他的一生，实践了奉献的道德准则。可以说，奉献是世世代代进步人类所尊崇的高尚道德品质、道德行为、道德境界。今天，我们处于社会主义初级阶段，坚持按劳分配为主体、多种分配方式并存的制度。这种分配制度同我们提倡的奉献道德是一致的，但同孔繁森、李国安、王廷江那样的共产党员、那样的奉献相比，有着相当的差距，他们的奉献代表着未来，代表着人类历史上最理想、最崇高的道德境界。因此，他们的奉献精神，被全党全民所推崇，是应该学习的榜样。

2. 公民道德建设的战略地位

按照《中共中央关于印发〈公民道德建设实施纲要〉的通知》的精神，加强社会主义思想道德建设，被看做是发展先进文化的重要内容和中心环节。加强社会主义公民道德建设具有重要的战略意义。

第一，坚持依法治国与坚持以德治国并举，强调以德治国有着极其重要的现实意义。社会主义道德建设是发展先进文化的重要内容。在新世纪全面建设小康社会，加快改革开放和现代化建设步伐，胜利实现第三步战略，必须在加强社会主义法制建设、依法治国的同时，切实加强社会主义道德建设、以德治国，把法制建设与道德建设、依法治国与以德治国紧密结合起来，通过公民道德建设的不断深化和拓展，逐步形成与发展社会主义市场经济相适应的社会主义道德体系。这是提高全民族素质的一项基础性工程，对弘扬民族精神和时代精神，形成良好的社会道德风尚，促进物质文明建设与精神文明协调发展，全面推进建设中国特色社会主义伟大事业，具有十分重要的意义。首先，坚持和倡导以德治国，是加强和完善共产党的领导、巩固党的执政地位的需要。20世纪90年代以来，一些执政几十年的政党先后失去政权，根本原因是既没有实行法治也不注重德治，丧失了人心。因此，以德治国和依法治国一样，都是我们党巩固和加强执政党领导地位的重要方略。其次，坚持以德治国，是坚持中国特色社会主义道路的需要。坚持这条道路，最重要的是加强公民道德建设，提高全民族思想道德素质和科学文化素质，培养有理想、有道德、有文化、有纪律的公民。再次，坚持以德治国，也是建立健康有序的社会主义市场经济的需要。从现代社会来看，市场不仅表现为实际和特定的买卖场所，更是一套法律规则和伦理道德体系，这些构成了市场经济的前提。市场经济是一种法治经济，同时也离不开道德规范维系其运作和发展。

第二，辩证地看待我国公民道德建设发展的主流与支流，迫切需要解决公民道德建设方面仍存在的问题。

随着改革开放现代化建设事业深入发展，社会主义精神文明建设呈现出积极健康向上的良好态势，公民道德建设迈出了新的步伐。爱国主义、集体主义、社会主义思想日益深入人心，为人民服务精神不断发扬光大，崇尚先进、学习先进蔚然成风，追求科学、文明、健康生活方式已成为人民群众的自觉行动，社会道德风尚发生了可喜的变化，中华民族传统美德与体现时代要求和新的道德观念相融合，成为我国公民道德建设发展的主流。但是，我国公民道德建设方面依然存在着不少问题。社会一些领域和一些地方道德失范，是非、善恶、美丑界限混淆，拜金主义、享乐主义、极端个人主义有所滋长，见利忘义、损公肥私行为时有发生，不讲信用、欺骗敲诈成为社会公害，以权谋私、腐化堕落现象严重存在。这些问题如果得不到及时有效的解决，必然损害正常的经济和社会秩序，损害改革发展稳定的大局，应当引起全党全社会的高度重视。因此，加强公民道德建设具有重要的现实性和紧迫性。

第三，加强公民道德建设是一项长期而紧迫的任务。三十多年来，我国改革开放和现代化建设取得了伟大成就，但步入新世纪新阶段的时刻，面对社会经济成分、组织形式、就业方式、利益关系和分配方式多样化的趋势，面对全面建设小康社会，人民群众的精神文化需求不断增长，面对世界范围各种思想文化的相互激荡，道德建设有许多新情况、新问题和新矛盾需要研究解决。必须适应形势发展的要求，抓住有利时机，巩固已有成果，加强薄弱环节，积极探索新形势下道德建设的特点和规律，在内容、形式、方法、手段、机制等方面努力改进和创新，把公民道德建设提高到一个新的水平。

三、社会主义职业道德规范

（一）职业道德的含义、特征和基本范畴

1. 职业道德的含义及其特征

社会道德体系就其适用领域来划分，包括社会公德、职业道德和家庭美德。职业是人们在社会生活中所从事的某种具有专门业务和特定职责，并以此作为主要生活来源的社会活动。道德是所有从业人员在职业活动中应该遵循的，具有职业特征的行为准则。职业活动和职业道德是历史范畴，其产生和发展的客观基础，就是随着生产力的发展而出现的社会分工和生产分工；它们随着生产力的发展不断丰富。职业道德是社会道德体系的重要组成部分，又是具有相对独立性的特殊领域，具有自身的特点。

第一，内容上的职业性。职业道德不是一般地反映阶级道德或社会道德的要求，而是着重反映本职业特殊的利益和要求；不是在一般意义社会实践基础上形成的，而是在特定职业实践基础上形成的。因而，它往往表现为某一职业特有的道德传统和道德习惯，表现为从事某一职业的人们所特有的道德心理和道德品质。

第二，调节范围的特殊性。职业道德只能在特定的职业范围内起作用。每一种具体职业道德，只能规范从事该行业的人员的职业行为。对于不属于本职业的人员，或本职业人员在该职业之外的行为活动，它往往起不到调节作用和约束作用。

第三，表达形式上的多样性。社会职业多种多样，职业道德的种类也千差万别。各种职业群体都要从本职业出发，适应从事本职业人员的接受能力，采取简洁明快、易于接受的形式，诸如规章制度、工作守则、服务公约、职业誓词、劳动须知等，使职业道德具体化，有助于人民培养健康良好的职业道德习惯。

第四，发展中的稳定连续性。职业道德与职业生活、职业要求相结合，会形成比较稳定的心理和职业习惯、职业情趣和职业作风。在这个基础上所形成的职业道德，在内容上较为定型并在同一职业中世代相传，从而显示出较强的稳定性和连续性。如教师道德都有"学而不厌，诲人不倦"的道德心理、习惯和作风，这种规范从古代流传至今。

2. 职业道德的基本范畴

《公民道德建设实施纲要》提出，随着现代社会分工的发展和专业化程度的增强，市场竞争日趋激烈，整个社会对从业人员职业观念、职业态度、职业技能、职业纪律和职业作风的要求越来越高。这阐明了社会主义职业道德的基本要素和基本范畴，它们反映职业道德现象的基本观念，或是反映和概括职业道德现象的特性、方面和关系的基本概念。

第一，职业观念。职业观念首先要在选择职业和职业理想上有正确的认识和态度。

每一个人选择职业、从事某种职业，都必须有一个正确的职业理想观。职业理想包括两层含义：一是指一定的职业所追求与向往的完善的职业道德关系以及完美的职业道德风尚；二是指一定的职业所追求与向往的从业者的完美人格。选择职业，要有这个志向；从业以后就必须追求这样的职业理想，这样就能不断提高自己的道德素质。

每个人在走向工作岗位之前，都希望有一个理想的职业；不少人在工作很长时间后，不满意现在的职业，期望通过各种途径换一个更理想的工作。这是带有普遍性的现象，社会应尽可能地尊重就业者的个性，给就业人员提供尽可能的选择机会。但是，每个人对选择理想的职业，必须有正确的认识。马克思在年轻时代已经认识到选择职业并不仅仅取决于个人的主观意愿。他说，我们并不总是能够选择我们自己认为合适的职业；我们在社会上的种种关系，还在我们能够对它们发生决定性的影响之前，就已经在某种程度上被确定了。这就是说，选择职业要有正确的观念，不能单凭主观想象，而应该把职业选择和职业理想同社会现实和社会需要辩证地结合起来。这是每一个人在选择职业、确定理想时所应遵循的基本方向。

第二，职业态度。有了职业理想，选定了职业，从业者必须树立正确的职业态度。从本质上讲，职业态度就是劳动态度。职业态度是从业者对社会、对其他职业和广大社会成员履行职业义务的基础。职业态度的形成有主、客观两大因素。客观因素包括一般的社会因素，即社会经济关系和政治制度，如我国的公有制为主体、共同富裕等政策；特殊因素，即具体职业环境和条件，如职业的性质、群众的社会心理和价值观念体系，最重要的是职业内容。影响从业者职业态度的主观因素包括从业者的性别、年龄、能力、爱好等心理特点，受制于个人素质、文化程度、技术水平等社会情况，其中从业者的价值观念对职业态度有特殊的影响。树立正确的职业态度，当然要适应种种社会因素，但主要的是提高主观因素，特别是端正价值观，对社会对他人作出贡献。社会主义职业态度最基本的要求，就是树立主人翁劳动态度。在社会主义社会，从业者是国家和社会的主人，他们兢兢业业，奉献社会。

第三，职业技能。社会主义职业道德要求广大从业者，不仅要不断提高思想道德素质，还要不断提高科学文化素质；不仅要有自觉履行道德义务的愿望，还要有完成职业责任的过硬本领。从业者只有具备高超的职业技能，才能出色地完成职业责任，更好地为人民服务。在当代中国，掌握现代科学技术，良好的职业技能，已经成为广大从业者对社会应尽的职业义务。

社会发展的最基本动力是生产力的发展，生产力的基本因素是生产资料和劳动力。历来，生产资料总是同一定的科学技术相结合的，劳动力也都掌握了一定的科学技术，人是生产力最活跃的因素。因此，从业者要完成职业责任推动社会前进，就必须自觉地刻苦钻研，提高科学技术，掌握过硬本领，练就高超的职业技术，从而创造比资本主义更高的劳动生产率，为建设中国特色社会主义作出贡献。

第四，职业纪律。职业纪律是职业道德的一种行为规范。它要求从业者在职业生活中遵守秩序、执行命令和履行责任，它是调节从业者与职业、与社会以及职业生活中局部与全局关系的重要方式。邓小平曾指出："纪律和自由是对立统一的关系，两者是不可分的，缺一不可。我们这么大一个国家，怎样才能团结起来、组织起来呢？一靠理想，二靠纪律。"①这是就"教育全国人民做到有理想、有道德，有文化、有纪律"讲的，对要求从业人员自觉遵守职业纪律也是适用的。社会主义职业纪律是广大从业者在利益、信念、目标完全一致的基础上所形成的高度自觉的新型纪律。这种自觉纪律是社会主义的法规性和道德性的统一，凡违反法律是要受到法律制裁的。但是，遵守职业纪律主要靠从业者对职业纪律的自觉认识，是职业道德的重要规范。

第五，职业作风。职业作风是从业者在其职业实践和职业生活中所表现的一贯态度，是职业道德在从业者职业行为中的习惯性表现。从总体上看，它是一种习惯势力，因此，也要"取其精华，去其糟粕"。社会主义的优良职业作风是在对习惯作风作了批判继承，并在实践中创造的新的风气。社会主义的优良职业作风，具有积极的潜移默化的教育作用。一个职业群体有了优良的职业作风，就可以相互教育、互相影响、互为榜样、互相监督，形成良好的职业舆论和职业风尚。这样，就可以使符合职业道德要求的好思想、好品质、好行为发扬光大，使不符合职业道德要求的坏思想、坏品质、坏行为受到抵制。

（二）社会主义职业道德的主要规范

《公民道德建设实施纲要》提出，"要大力倡导以爱岗敬业、诚实守信、办事公道、服务群众、奉献社会为主要内容的职业道德"。这是我国职业道德建设的根本指南，也揭示了社会主义道德主要的内容、要求和规范。

1. 爱岗敬业

爱岗敬业是职业道德的核心和基础。对从业人员来说，无论你从事哪

① 《邓小平文选》第三卷，人民出版社1993年版，第111页。

一种职业，都要求能够爱岗敬业。爱岗就是干一行爱一行，安心本职工作，热爱自己的工作岗位；要把自己看成单位、部门、公司的一分子，要把自己从事的工作视为生命存在的表现方式，尽心尽力去工作。各行各业都是祖国建设的组成部分，每个人都能做到热爱本职工作，忠于职守，尽职尽责，社会主义现代化建设事业将得到极大的推进。爱岗和敬业是联系在一起的，敬业是爱岗意识的升华，是爱岗情感的表达。敬业通过对本职工作的极端负责，对技术的精益求精表现出来，通过乐业、勤业、精业表现出来。乐业也是喜欢自己的工作，能够心情愉快、乐观向上地从事自己的职业工作。勤业要求每个从业人员在工作中，应该用一种恭敬认真的态度，勤奋努力，不偷懒、不怠工。精业，要求对本职工作精益求精，熟练地掌握职业技能，不断努力，不断超越现有成就。三百六十行，行行出状元，精通业务，就能成就自己的事业。

2. 诚实守信

诚实守信，是职业在社会生存和发展的基石，是"立人之道"，进德修业之本。因此，要求从业者在职业生活中慎待诺言，表里如一，言行一致，遵守职业纪律。表现在职业劳动中，就是从业者诚实劳动，有一分力出一分力，出满勤、干满点，不怠工、不推诿，遵纪守法。表现在职业的业务活动中，就是严格履行合同契约，说到做到，不说谎，不自欺欺人，不弄虚作假，不偷工减料，不以次充好，重合同守信用。诚实守信是中华民族的优良传统之一，也是人类文明的共同财富。美国著名的科学家、政治家弗兰克林在《给一个年轻商人的忠告》中，不仅提出了"时间就是金钱"的命题，同时提出了"信用就是金钱"的口号，并强调对此要"切记"。虚伪欺诈，言而无信，是职业道德绝不容许的。

3. 办事公道

办事公道，是处理职业内外关系的重要行为准则。首先，要求办事规范，有章可循。强化遵章守纪，按章办事的意识，是办事公道的重要前提和保证。任何一项职业要履行其社会职能，发挥其社会作用，就要自觉遵守职业规章制度，平等待人，秉公办事，清正廉洁，不允许违章犯纪，维护特权，滥用职权，损人利己，假公济私。其次，坚持原则，无私无畏，从业人员在本岗位上，自觉遵守按行业特别制定的工作原则。坚持原则、无私无畏是办事公道的最本质的要求和体现。做任何事都要讲原则，坚持原则，离开原则就办不好事情。讲原则就要无私无畏，勇于伸张正义，敢于同无原则的现象和行为作斗争。否则，从业人员私欲膨胀，就必然丧失原则，以原则作交易，以权谋私，偏袒偏信，不正之风盛行。再次，公平合理，一视同仁。不能以大欺小，以强凌弱；不能另眼看待，霸道偏袒，野蛮欺诈，丧尽天良。特别在市场经济条件下，必须讲良心、讲信誉，公平交易，平等待人，这是社会主义职业道德的必然要求。

4. 服务群众

服务群众，满足群众要求，尊重群众利益是职业道德要求的目标指向的最终归宿。

任何职业都有其职业服务对象，每一项职业之存在，都是由职业服务对象对这项职业有共同的要求。职业服务对象就是人民群众，从业人员的职责就在为他们服务好。从业人员能满足他们的要求，这项职业就能存在，服务好了，需求多了，这项职业不仅能存在，而且能够得到发展。这项职业的从业人员本身也是人民群众，是其他职业的服务对象，也享受着其他职业的从业人员的服务。在整个社会，都是"人人为我，我为人人"，为人民群众服务是任何职业道德的核心，最基本的职业道德规范。任何职业的竞争力，归根到底在于为人民群众服务的态度、质量，优质地满足服务对象的需求。否则，这项职业就会衰败，就会失去存在的根据。

5. 奉献社会

奉献社会是职业道德的本质特征。每一项职业，都有其各自的特殊社会职能，这种职能就是社会对该项职业所提出的要求，也就是从业人员从事职业劳动的社会意义。任何职业都必须忠实地履行其社会职能。从他们从事该职的第一天起，他们就理所当然地对社会承担起这种义务。这就要求每个从业人员顾全大局，主动承担社会义务。各行各业的从业人员都有自己服务的范围，以特有的手段和具体形式为服务对象服务，这就是奉献社会。但有一个共同的基本要求：把国家的利益放在首位，为建设富强、民主、文明、和谐的社会主义现代化国家多做贡献。各行各业都要以"三个有利于"为标准，严格规范职业活动和职业行为，做到一切着眼于社会主义社会生产力的发展，着眼于社会主义国家综合国力的增强，着眼于人们群众生活水平的不断提高。总之，社会主义社会的各行各业都必须有助于社会主义事业的振兴与发展，以对社会有无贡献及贡献的大小为价值尺度，把自身职业的发展与整个社会的进步联系在一起，自觉地履行社会职责，积极地为社会多做贡献。

第五节　国外思想政治教育的借鉴与启示

当今世界，各种思想文化相互激荡，人才竞争日趋激烈，培养什么样的人、用什么样的思想培养人，成为各国大学教育的首要问题。各国在高度重视学生科学文化素质培养的同时，越来越把学生思想政治素质的培养放到十分突出的位置，采取多种措施加强思想政治素质的课堂教育和课外引导，大力推进内容改革和方法创新。社会主义国家如此，资本主义和其他国家也是如此。只不过在不同的国家里，思想政治教育的内容和性质有很大的差别。

一、塑造价值观念和爱国意识的美国思想政治教育

美国是经济科技实力强大、教育高度发达、各种人才汇集的发达国家，历来高度重视大学思想道德教育，始终把培养美国学生的美国价值观念和对美国的忠贞热爱作为大学教育的重要内容和基本目标，形成了颇具特色和富于借鉴的思想政治教育模式。

（一）国家确定大学思想政治教育的中心内容

塑造美国精神、弘扬美国的价值观念、培养爱国主义热情、反对共产主义思想，是美国以国家名义确定的大学思想政治教育的中心内容。美国立国之初就明确提出思想政治教育的两大内容：一是实现"美国化"，即培养新的民族意识。二是废奴宣传，为在全美国建立资本主义制度扫清障碍。经过长期的发展，已经形成为传统。从国家法律、政府首脑、教育机构到高等学校，都把思想政治教育作为重要任务。历届总统在就职演说中都强调思想政治教育。前总统克林顿在第一任就职演说中指出：他"不是为变革而变革，而是为了保持美国的理想——生活、自由、追求幸福——而变革。""要求新一代的美国年轻人作出贡献，按照你们的理想主义行动起来。"① 美国"国家教育优异委员会"提出的报告要求大学"道德教育应与学校教育整体课程有机地联系，作为学校课程的必要组成

---

① 《美利坚合众国总统就职演说全集》，天津人民出版社1996年版，第477页。

部分。"①

近年来，美国相继成立了"品德教育联合会"、"重视品德同盟会"等，把品德教育作为解决国民品性危机的最重要方法之一。美国的大学在爱国主义教育方面要求每个学生都要必修一门美国历史课，侧重于对历史的理论分析，课堂要求学生背诵"忠于这个国家，保卫这个国家"、"愿上帝保佑这个国家"等誓词，以激发学生的爱国热情，树立为国家而奋斗的信念。②

（二）政府规定大学思想政治教育的主要课程

美国是一个联邦制国家。联邦政府和各州政府通过立法、财政拨款等手段对教育的发展方向进行宏观控制，高校根据政府教育部门和"民间"教育协会确定各自的具体课程，通过多种课程形式，全面系统地开设思想政治教育课。美国大学的思想政治教育课一般包括以下几个方面。

第一，社会科课程。大学承接从幼儿园到中学的课程，主要开设世界史、美国史和美国政治课，其作用是公民教育，目的是引导和帮助学生实现"社会化"（socialization）。

第二，公民教育课。主要介绍美国的政治制度、宪法和公民的基本权利，要求学生了解行政、司法、立法机关三者之间的互相制约和平衡，使学生具有自律、守信、诚实、实现最佳自我、利己但不损人、遵守法律等多种品德。

第三，社会科中的经济教育。目的是使学生能够对于社会和个人面临的经济问题，作出合理的理解、判断和决策。

第四，历史教育。美国大学的历史课程内容十分丰富，可以分为成就教育、对重要历史人物的学习和研究、西方文明史的教育等。

第五，政治—法律课程。大学的核心课程有一门"制度—社会结构"，主要内容是讲授制度决定了社会生活的组织结构形式，任何人的一生都不能摆脱它的影响，要求学生了解诸如家庭、教育、立法和审判机关等社会的主要机构，了解制度的产生及发展过程、功能和作用以及人们如

① 王桂主编：《当代外国教育——教育改革的浪潮与趋势》，人民教育出版社1995年版，第355页。

② 李冬梅：《中外道德教育的比较及启示》，《河北学刊》2002年第4期。

何受它的影响等，目的是教育学生从社会背景中去认识美国的法律和社会制度，做一个遵守法律和忠于美国制度的公民。

此外，美国在通识教育课程、专业课程中，也有丰富的思想政治教育内容。

（三）采用多种渠道实现思想政治教育目的

美国大学特别重视思想政治教育方法的改革，善于根据学校的具体情况确定课程内容、学习方式和学分结构。

第一，实行思想政治全方位渗透。美国大学虽然较少设立专门的思想政治教育课程，但是广泛开设了人文、社会科学等方面的学科，如文学、宗教、哲学、历史、政治、伦理学等。如美国波特兰州立大学有一个贯穿四年的公民和道德教育课程计划，哈佛大学开设的 8 类核心课包括 70 多门课，其内容就有从历史到道德的思考。同时，十分注意在自然科学中渗透思想政治教育，其方法是要求学生在进行任何一门自然学科学习的时候，都要首先考虑以下问题：这个领域的历史与传统是什么？它涉及的社会和经济问题是什么？要面对哪些伦理与道德问题？如计算机科学与工程专业的学生要学习技术史和信息革命对社会的影响；生命科学和遗传学的学生要考虑其研究对社会伦理的影响。这样，学生通过学习和思考既精通专业知识又具有理性判断能力。

第二，课堂教育重视培养学生的自主性和主体性。美国思想政治教育的理论认为，价值是与某个群体中的个人相连的，它是个人的发现与选择。因此，"德育不是给学生灌输某种既定的规范，每个人都可以各自的价值去选择，教育只能引导他们怎么去选择，而不是选择什么"[1]。因此，美国大学很少进行抽象的世界观、人生观、价值观的概念教育，也很少向学生提供现成的价值标准，而是鼓励学生在价值问题上进行自主选择。在具体操作上，大学实行学分制，为学生提供数量众多的课程，由学生自主选择，完成学分为止。

第三，重视社会实践的作用。《美国 2000 年教育目标》提出，要"把社区变成大课堂"，"每个学生都要参加做好公民和社会服务活动"。"服务教育"是美国通过社会实践培养学生思想道德素质的典型方式。它

---

① 李萍：《美国德育的特征及思考》，《中山大学学报》1994 年第 3 期。

把社会服务和知识学习相结合，通过让学生参与到有组织的社会服务行动中来培养学生的公民意识、社会责任感和合作精神。美国的这种教育得到社会的普遍认同。1989 年，布什总统亲自启动志愿者服务行动。1993 年，克林顿总统签署为"国家和社会真诚服务行动"提供基金的法律，以激发各学校服务学习的热情。1984—1997 年，美国参与服务学习的学生从90 万人增长到 1260 万人，服务学习的内容也涉及自然环境和社会生活的各个方面，有环境和文物保护、为有特殊需要的人提供服务、社会热点问题研究、为政府决策提供依据等。

二、注重道德修养的欧洲思想政治教育

欧洲是近代高等教育的发祥地，大学思想政治教育具有悠久的传统，形成了丰富的教育成果，在当代世界大学思想政治教育中具有重要的影响。注重青年思想道德的培养，是欧洲各国思想政治教育的突出特点。由于各国历史和文化传统不同，各国大学在思想政治教育的实际操作上具有多样性。

（一）各国普遍重视思想政治教育

欧洲各国始终把大学思想政治教育作为维护社会稳定、巩固统治秩序的重要手段。近年来，在全球化浪潮的冲击和国内矛盾发展的背景下，重视大学思想政治教育更成为各国政府和教育机构的共识。

例如，2005 年法国发生骚乱事件，政府和学者总结教训的时候，都提出了思想道德教育不够是引发骚乱的重要因素之一。法国在统一的教育计划中规定公民思想品德教育始终是学校一项"不能回避"和"义不容辞"的任务，在学校开设了"共和国公民的伦理与道德课程"，目标是"使每个人获得自由和负有责任，在于培养集体观念，使每个公民成为有教养的人"。

在德国，《联邦德国教养总法》规定："培养学生在一个自由、民主和福利的法律社会中……对自己的行为有责任感。"联邦政府以及各州政府均设有政治养成教育中心机构，并有大量从事此类工作的社会团体和公共机构。

在英国，1988 年颁布的《国家课程》把培养"有德行、智慧、礼仪和学问"的绅士作为教育的出发点，在政府规定的普通学校的 8 条目标中，有 4 条是规定思想政治教育目标的。

欧洲国家重视思想政治教育是为政治服务的，在不同的历史时期，思想政治教育的重点内容有很大差别。以德国为例，封建时代，德国思想政治教育的核心内容是"臣民教育"，魏玛共和国时期实行"基于国家和民族的政治教育"，纳粹时期实行"国家至上"的政治教化，第二次世界大战以后则以"民主政治教育"为中心内容。这就充分反映了欧洲国家思想政治教育的鲜明的阶级性。

（二）思想政治教育理论体系和教育模式研究

在欧洲，从各国政府、社会组织到各个大学，都设立了多种多样的思想政治教育理论研究机构。德国政府在议会的组织、督导下，把政治教育作为意识形态工作的一个重要方面精心布置，成立联邦政治教育中心，在其组织、管理和协调下，还构建了包括学校政治教育、各州政治教育中心、各政党政治基金会、大众传媒以及从事政治教育的其他社团组织在内的比较完善的政治教育体系。在英国，一些大学相继成立了专门性的道德教育研究机构，如牛津大学的"道德发展课题组"，莱斯特大学的"社会道德教育中心"等，这些机构大多得到官方资助，不仅研究有关道德和道德教育的重大理论问题，还为学校和社区编写道德教育计划教材以及进行师资培训。

重视思想政治教育研究的重要成果是，欧洲大学思想政治教育理论成熟、发达，产生了许多新的理论观点，形成了思想政治教育的理论体系。其中，有代表性的是：

第一，社会适应理论。这种理论的基本观点是，思想政治教育的目的是让个体服从社会认可的道德行为规范和思想道德价值，并使个体行为模式化，为达到这个目的的手段有思想道德教育、行为训练。社会适应理论包括永恒主义理论、要素主义理论等。

第二，人格自律理论。它的特征是强调个体心理状态和心理条件，强调个性，强调个人的自我完善、自我发展，比较忽视道德教育主体的作用，带有明显的个性主义倾向。这种理论强调个体道德选择性和道德决断能力的重要性，把思想道德教育的主要任务规定为如何增强个人理性选择能力和判断能力。人格自律理论的表现形态有：存在主义道德教育哲学、实用主义和儿童中心主义、道德认知发展理论、价值澄清理论等。

第三，人格完善理论。这种理论的主要观点是，道德教育的目标是培养人的完善人格，而这种人格的完善既要求个人的个性、动机和行为的综合，又要求有教育者的教育作用，主张利用一定的课上时间为学生提供讨论道德问题的机会，提倡在自然科学、地理、文学和健康等各门课程中自然而然地流露道德暗示，帮助学生理解各种道德问题。人格完善理论的具体表现形态有：社会学习理论、完善人格道德教育理论等。

（三）欧洲各国思想道德教育的特色

欧洲各国在思想政治教育针对性实效性上狠下工夫，各国在高度重视思想政治教育上是一致的，但在具体实施上各有重点，方法各有创新。

英国大学思想政治教育中，充分重视宗教教育的作用。英国传统思想政治教育中，宗教教育发挥了重要作用。第二次世界大战后，英国的宗教教育走上了世俗化的改革道路，1944 年的《巴特勒教育法》规定，所有学校都要开设宗教必修课，以统一国民意识，教学大纲要求学生应对《圣经》有全面了解，特别要对《福音书》细节理解，了解耶稣基督的生活及教条，等等。20 世纪六七十年代以后，宗教教育改革提到议程，宗教教育日益世俗化。英国学校教育委员会的报告，一方面认为不能废除宗教教育；另一方面又主张在宗教教育中加入世俗内容，各地大学纷纷制定了宗教教育教学改革方案。伯明翰市 70 年代修订的教学大纲指出：宗教教育是为了"促进人类经验之宗教性、道德性等方面的批判性了解"，"为加深对宗教的认识，使学生学习各种宗教，以探究人生目的或价值等各种人类经验为目标"，要学习祭礼、仪式与习惯、宗教传统、自然知识，以及家庭、班级、学校的交往。

法国大学思想政治教育中高度重视公民教育。法国公民教育始于 19 世纪。1881 年法兰西第三共和国颁布了实施教育改革的《费里法案》废除宗教课，开设国民教育课。20 世纪 60 年代，课程名称改为"公民道德教育课"。法国公民教育的主要特点：一是在内容上注重人权、民主、国家政体、爱国主义等政治性内容；二是注重讲授系统性的公民学知识；三是重视社会实践，不但要走出校门，就是在校内也经常搞各种模拟活动。七八十年代末期，法国改革公民教育课程内容，使公民教育与历史、地理、哲学、经济等学科结合起来，内容广度和深度都得到加强，主要包括三大方面：民主国家的基本价值观、法律知识；各种国家的政治制度；法国在世界事务中的地位和作用。在形式上也更加灵活多样。

德国的"政治养成"教育。德国历来重视对国民的政治灌输，并在战后得到延续。第二次世界大战以后，由于德国一直处于东西方冷战交锋的最前沿，以灌输、捍卫西方民主制度和价值观为己任的政治教育就显得格外敏感和重要。政治教育在德国就叫"政治养成"，"政治养成""更重于个性解放和社会批判方面"。德国学校高度重视"政治养成"，黑森州宪法规定，学校的任务之一就是"培养青年的品德，向他们灌输政治责任感"。德国通过教育部长常设会议决议："政治教育"在德国所有的州都列为必修课。

其他欧洲国家也各有自己的特点。各国在思想政治教育中互相借鉴，互相促进，成为世界思想政治教育中的一大特色。

三、寓传统于现实的亚洲思想政治教育

亚洲国家具有悠久的历史和文化传统，历来高度重视教育和人才培养。亚洲各国，尤其是东亚、东南亚国家在当代大学教育中，既坚持东方的文化传统，又借鉴西方思想政治教育的方法，形成了颇有特色的思想政治教育内容和模式。

（一）倡导本国传统和东方价值观念

以儒家学说为代表的东方文化，曾经创造了辉煌的历史，具有深刻的世界影响。随着新世纪的到来和新问题的出现，世界各国在学生思想政治教育中都对东方文化产生了浓厚的兴趣。

亚洲国家在大学思想政治教育中，十分珍视这份历史遗产，把传统教育放到十分重要的地位。

新加坡积极倡导"东方价值观"，其核心就是借鉴中华民族优秀传统文化，特别是中国儒家的思想文化。中国传统儒家思想注重家族观念和"八德"，即"忠孝仁爱礼义廉耻"。新加坡取其精华，发展成了包括仁、孝、家庭和谐、礼、责任感、恕、忠、信、诚、勇、毅力、节俭与慷慨、义、协作精神、睦邻精神。新加坡还出版了一批道德文明教育的通俗读物，如《道德教育文选》丛书，收入了中国古代《劝学》、《孔融让梨》、《愚公移山》、《大禹治水》等著名道德教育的故事，并配上了英文。

日本在思想政治教育的目标和方法方面，仍然重视传统的人伦关系、对天皇制的拥护、重视国家主义和"立身出世主义"的教育。在重视人伦关系伦理方面，强调人作为社会成员必须注重的人际关系和必须处理好与集体的关系；在对待天皇制方面，仍然把天皇作为国家的象征，是弘扬民族精神的代表；在强调国家利益方面，要求学生"喜爱我国（日本）的文化和传统"、"具有作为日本人的觉悟"，"为继承优良传统、创造新文化作出贡献"。

（二）重视思想政治教育的方法创新

亚洲国家在重视东方文化传统的现代意义的同时，并不排斥西方在思想政治教育方面的新理念、新方法、新手段，建构一套适应本国发展所需要的思想政治教育方法。

新加坡借鉴了美国两个有代表性的方法。一是价值澄清法。此法为美国拉斯·哈明所创，分选择、珍视、行动三个阶段和七个步骤。新加坡教育界把它引进并加以改造，简化为五个步骤：第一，认清问题，找出各种可能的选择；第二，衡量各种选择的利弊；第三，考虑各种选择的后果然后作出选择；第四，珍惜并愿意公开所作的选择；第五，根据自己的选择采取行动。显然，价值澄清法所强调的是道德和价值观的形成过程，重在学生道德判断力和道德决策力的培养。① 二是认知发展法。这是引进美国德育学家科尔伯格提出的德育教学法，主要是通过讨论道德两难问题了解学生的道德认知发展，并将学生的道德认知提高到一个新的层次。②

新加坡在推进思想政治教育中，还实施了两大工程，即新加坡社会认同工程和新加坡的文化再生运动。

日本也很重视思想政治教育的创新。早在 1958 年日本就规定，在义务教育阶段特设专门进行道德教育的课程——"道德时间"。"道德时间""不属于学科，不使用教科书，评价也不同于学科的场合，不采用打分的方式表示成绩，其授课也由班主任担任"，其作用是对"通过全部学校教育活动进行的道德教育"的"补充、深化和统合"。从此，在日本形成了以特设"道德时间"为核心的德目主义与全面主义调和的道德教育体制。

（三）建设三位一体的思想政治教育体系

亚洲国家普遍重视思想政治教育的全方位，在高度重视学校课堂教育的同时，把社会教育和家庭教育作为学生思想政治教育的重要组成部分。

---

① 张鸿燕：《新加坡德育途径与方法浅析》，《首都师范大学学报》2003 年第 10 期。

② 田玉敏等：《新加坡中小学的公民道德教育及借鉴》，《伦理学研究》2004 年第 2 期。

在日本，思想政治教育的三个渠道所担当的责任分别是：学校教育的直接途径是道德课，间接途径是各科教学、特别活动、学生指导和隐蔽课堂；家庭教育注重发挥协会的作用，其中"家长教师协会"是家长们按地区组织起来的、学校教师自愿参加的组织，会长由家长担任，会员缴纳会费，通过举行家庭教育班、学习交流会、座谈会、演讲会，以及咨询活动、参观学校、参与管理、社区建设等，发挥家长和教师在思想政治教育中的合力作用；社会思想政治教育是指社会机构、社会组织和社会活动场所进行的、针对全体国民的思想政治教育，对学生的思想政治教育有社区的各种组织和社会公共设施、特别教育活动、政府对青少年事务的管理、企业教育、大众传媒等。

韩国也实行学校、家庭、社会三位一体的思想政治教育。《韩国青少年宪章》指出："——家庭是青少年培养情趣，同享爱心和与家人对话的地方。家长做出正确人生的榜样，子女具有尊敬长辈的品行。——学校是青少年提高修养，学习知识和增强体魄的地方。尊重个人能力，通过自我教导，丰富人生道路，提高文化知识和公民民主的精神。——社会是青少年愉快地工作，自豪地服务的地方。帮助青少年成长和发展，提高共同生活的喜悦和业务活动的场所，创造健全的环境。——国家热爱青少年，并为青少年政策倾注最大的努力，合理设置学习和工作的场所，特别保护需要帮助的青少年，引导其适应社会和自立。"[1]

（四）值得关注的思想政治教育暗流

受多种因素的影响，当前个别亚洲国家的思想政治教育活动中，出现了一股值得关注的暗流。这就是个别国家的右翼势力和右翼思潮正在干扰和破坏正常的大学思想政治教育。近年来，日本右翼势力有了新的发展。主要有："终战 50 周年国民委员会"，"历史研究委员会"，"终战 50 周年国会议员联盟"等，通过出版著作、演讲、集会等多种方式，否定日本在第二次世界大战期间的战争罪行。与此同时，新保守主义、新国家主义走上政治和思想前台，支持保守党及其政权，主张修改现行宪法，肯定日美安全保障体制和自卫队的国防职能，赞成扩充军备，主张大和民族优越感，等等。这种思潮已经侵蚀到大学教育体系，通过修改日本历史教科书

---

[1] 陈立思：《当代世界的思想政治教育》，中国人民大学出版社 1999 年版，第 331 页。

等方式，把学生的思想和认识引上错误的道路。如果任其发展，将对日本、亚洲和国际社会产生不可低估的负面影响。

四、国外思想政治教育的启示

（一）突出爱国主义、集体主义和社会主义的主题

大学思想政治教育具有鲜明的政治性质，是为一定的政治目的服务的，是为国家和民族培养优秀人才的根本性工作。在当今世界各种思想文化相互激荡的时代，各国的思想政治教育无不把培养学生的爱国心和民族自豪感作为思想政治教育的首要目标。美国大学思想政治教育旗帜鲜明地宣传"美国精神"，强调培养具有"强烈的对国家的忠诚感"。韩国主张把历史上第一个王国的建国精神"弘益人间"作为教育理念，强调培养学生的自主精神、公益精神、协同精神、勤勉精神、奉献精神，以强化民族自立精神，重塑民族之魂。① 新加坡更是十分重视对学生进行"国家意识教育"，其核心是培养"新加坡人"。所有这些都给我们留下了值得借鉴的思想和实践。

我国大学教育的根本目标是培养有理想、有道德、有文化、有纪律的社会主义建设者和接班人。坚持坚定正确的社会主义办学方向，是弘扬宪法精神，贯彻党的基本理论、基本路线、基本纲领的根本要求。大学思想政治教育坚持坚定正确的政治方向，就是要以马克思主义为指导，以"三个代表"重要思想和科学发展观为统领，坚持正确的政治方向、政治立场、政治观点、政治纪律，不断提高政治鉴别力和政治敏锐性。

在教育教学实践中，认真贯彻党和国家的教育方针，做到三个毫不动摇。

第一，毫不动摇地坚持以马克思列宁主义、毛泽东思想、邓小平理论和"三个代表"重要思想为指导，把马克思主义基本理论的教育作为学生思想政治教育的根本任务，帮助和引导学生筑牢辩证唯物主义和历史唯物主义的世界观和方法论，具有分析和鉴别真理与谬误、正确与错误、善良与丑恶的能力。

第二，毫不动摇地坚持以爱国主义、集体主义和社会主义为主题，弘扬以爱国主义为核心的团结统一、爱好和平、勤劳勇敢、自强不息的伟大

---

① 李家华：《战后韩国思想政治教育初探》，《中国青年政治学院学报》1997 年第 1 期。

民族精神，培养学生具有强烈的爱国热情和报国志向，愿意为了党的事业、国家的兴旺、人民的幸福贡献一切。

第三，毫不动摇地坚持以树立社会主义荣辱观为中心内容，教育和引导学生。

（二）注重激发学生的学习主动性

实现育人功能，必须坚持教育规律和人才成长规律。人的成长是内在动力和外部引导双重作用的结果，外部引导必须作用于学生自身，使学生成长成才的主观能动性得到充分发挥，从不自觉到自觉地接受科学理论的培养，树立正确的人生理想和奋斗目标。国外思想政治教育普遍把发展人的主体性放在中心地位，重视主体性思想政治素质的培养已成为世界各国思想政治教育的发展趋向。所谓主体性思想政治素质，是个体作为道德实践活动的主体，依据通过自主自立、主动积极的理性思考后选择的道德品质，自主、自觉、自愿地作出道德选择与道德行为的素质与能力，亦即自主能力、自觉自律的道德素质。早在20世纪初，杜威就致力于儿童个性的自由发展研究，主张把德育与生活有机结合，在丰富多彩的充满个性的生活之中培养学生良好的品德和优良的个性。这一理论已经得到广泛的实践应用。

我国悠久的历史传统中，历来重视人的群体性、共性方面的培养，并以一种共性的要求来铸造个性。这对于培养学生的集体主义精神，形成共同的民族意识，凝聚全体人民实现共同的奋斗目标，具有重要意义。但是，这种教育的消极影响是，培养的人往往缺乏一种独立的人格、个体的自主性，在相当程度上妨碍个性的自由与多样化的发展，也容易扼杀个体创造性的发挥。就教育本身看，这种教育忽视了学生成长成才的主观能动性，被动接受别人的思想和观点，思想政治教育的功能不能得到有效而充分的发挥。

特别是，随着我国改革开放和现代化建设的发展，在教育环境和教育对象两个方面，都出现了新的情况。就教育环境来看，我国社会主义经济体制的建立和发展，要求一种理性的、自由的和创造性的独立人格，我国现代化从农业文明向现代工业文明的转换，也要求提高个人独立意识，发展个人的主体性；就教育对象来看，当代大学生思想活跃，受到多方面思想意识的影响，自主性强，具有很强的独立思考要求和独立判断能力，要求教育的内容和方法适合自己的特点。因此，我们要借鉴国外的经验，在思想政治教育中，注重学生主动性的发挥，尊重他们的个性和独特情感，摒弃道德说教、强迫执行和强迫灌输等反理性的教学方法；营造民主的教学环境，在教育中要以激发为主，给予受教育者充分的自由，让学生成为自己思想和行动的主人。

（三）做到贴近时代、贴近实际、贴近学生

随着时代的发展不断进行内容和方法的改革创新，是思想政治教育的一条规律。国外大学思想政治教育在推进内容和方法创新方面为我们提供了诸多借鉴。日本在第二次世界大战后，思想政治教育在内容和方法上，随着时代的发展变化进行了多次改革。20 世纪 40 年代末期，教育改革伴随政治改革进行，1947 年颁布的《教育基本法》和《学校教育法》、《教学大纲》等确定了日本大学思想政治教育的基本内容。50 年代以后，日本大学思想政治教育进行了多次研讨，并进行了多次调整。1984 年日本开始了战后第三次教育改革，提出了两大德育目标：一是强调思想政治教育应该有助于培养有创造力的个性；二是培养为世界和平作出贡献的人。思想政治教育方法也随即进行改革。国外思想政治教育改革有两个共性：一个是适应世界和时代发展的需要提出新的要求和新的内容；另一个是适应青年学生的身体和心理变化对思想政治教育的实际需求。

深化教育改革，特别是深化思想政治教育改革，是我国思想政治教育提高针对性实效性的必由之路。借鉴国外的经验和我国的实际，当前的重点是紧紧围绕"三个贴近"进行改革，这就是思想政治教育必须贴近时代、贴近实际、贴近学生。

第一，思想政治教育必须有时代感，充分反映当今时代的新发展所带来的新情况，深刻回答时代发展提出的新问题，在思想政治教育的课堂上，把学生带到生动活泼的世界舞台和丰富多彩的现代化建设的实际当中。现代信息技术的发展，拉近了学生和时代的距离，他们获取时代信息的途径不比教师少，他们对时代的关注度不比教师低。如果我们不能站在时代的前列，就会被学生所抛弃，思想政治教育就只能是一句空话。

第二，思想政治教育必须密切结合实际，反映社会现实，引导学生在认识现实社会的过程中增强鉴别能力。社会是丰富多彩的，既有现代化建设的辉煌成就，也有社会发展进程中难以回避的问题。思想政治教育要实事求是地讲解社会问题，既要宣传现代化建设的辉煌成就，也要分析产生各种问题的原因，使思想政治教育具有真实感。实事求是地提出问题、分析问题，才能帮助和引导学生坚定走中国特色社会主义道路的信心。

第三，思想政治教育必须适应学生的需要，适合学生的特点。要根据青年人的实际情况，选择内容与方法，确定途径与道路，并切实做学生的朋友和贴心人，而不是站在学生的上面指指点点，说三道四。否则，不仅达不到思想政治教育的目的，反而会起到消极作用。

（四）构建全方位思想政治教育格局

淡化思想政治理论教育的政治色彩，是国外思想政治教育课的重要特点。在韩国，大学并不设立单独的思想政治教育课，而是广泛设立哲学、社会学以及人文社会科学的诸多课程，并采用学分制的办法，允许学生自主选课，修满规定学分即可毕业。在美国，大学不仅通过设立文学、宗教、历史、哲学、政治、伦理等多种社会科学的课程，以引导学术树立符合美国价值理念的思想观念，而且大力倡导并要求自然科学各门课程承担思想政治教育的任务与职责，形成课堂教学全方位的育人格局。与此同时，国外在教育教学管理方面也把思想政治教育作为各个管理与服务环节的重要内容，凡是与学生的教育和成长有关的各个部门，都要承担一定的责任。

我国大学具有全方位开展思想政治教育的优良传统。古代就要求教师"传道、授业、解惑"，把做人、做学问、做事业统一到教育过程当中。随着社会的快速发展，青年学生的受教育环境和自身心理特点都发生了很大的变化，更加具有开发性，更加注重个性的充分发挥和个人价值的充分实现。这就要求思想政治教育更加广泛地渗透到各门课程的教学当中。

第一，要继续发挥思想政治理论课的主渠道、主阵地作用，加强和改进思想政治理论课的教学改革与创新。大学开设专门的思想政治理论课是党和国家教育方针规定的基本要求，是培养中国特色社会主义合格建设者和可靠接班人的重要保证，是我国人才培养工作的成功经验，必须切实坚持。但是，时代在发展，思想政治理论课的教育体系、教学内容、教学方法与手段必须改革，使之符合时代精神，贴近社会实际，适应学生需要。

第二，要继续发挥人文社会科学和自然科学所有课程在培养学生思想文化素质方面的重要作用。社会科学和自然科学是引导青年健康成长的基础知识。表面上看，这些课程是进行基础知识的教育，并不具有明确的思想政治教育功能。但是，人的健康成长，是知识积累和文化积淀的过程，没有深厚的文化底蕴和丰富的科学知识，就不可能正确地认识客观世界，就不可能积极地改造主观世界。

第三，要拓展思想政治教育课程的空间，适应当代大学生的实际情况，开设心理健康课、就业指导课等课程，引导学生学会认识和处理复杂社会事务的能力与水平，增强分析问题和解决问题的能力，在各种困难面前经受住考验。

第四，开展社会调查和实践教学。大学只是青年学习的场所，是青年走向成长与成熟的一个阶段，最终还要走向社会。这就要求学校自觉地进行社会实践的教育，把社会实践所需要的时间和经费，纳入教育教学计划当中，补充课堂教学的不足。

第四章　培育社会主义核心价值体系

价值是一个使用比较广泛的概念。从哲学的意义上说，价值是揭示外部客观世界对于满足人的需要的意义关系的范畴，是指具有特定属性的客体对于主体需要的意义。

价值观则是人们关于好坏、得失、善恶、美丑等价值的立场、看法、态度和选择。作为一种意识，价值观所反映的对象不是一般客体，而是客体属性和主体之间的关系，即价值关系。价值观渗透在一切社会意识的形式之中，是通过各种社会意识形式表现出来的更深层的带有一定倾向性的价值意识。因此，在阶级社会中，价值观具有鲜明的阶级性。

价值观可以分为两类：一是一般价值观；二是核心价值观。在社会价值体系中处于主导地位的价值观代表着价值体系的基本特征，体现着价值体系的基本价值倾向，统率着其他处于从属地位的价值观念，就是这个社会的核心价值观。

价值体系受一定社会基本制度的制约，是由一定社会崇尚和倡导的思想理论、理想信念、道德准则、精神风尚等因素构成的社会价值认同体系。由于社会意识具有相对独立性，一定社会的意识形态领域是复杂多元的，会呈现出多元价值体系并存的态势。但是，任何社会的存在和发展，都需要有一定的社会核心价值体系或主导价值体系的强力支撑。

社会主义核心价值体系是社会主义意识形态的本质体现，是立足于社会主义经济基础之上的价值认同系统，它涉及经济、政治、文化、思想等社会生活的方方面面，集中体现了社会主义意识形态的本质属性，是社会主义思想道德建设的指导方针，是激励全民族奋发向上的精神力量和维系全民族团结和睦的精神纽带。

社会主义核心价值体系，即马克思主义指导思想、中国特色社会主义共同理想、以爱国主义为核心的民族精神和以改革创新为核心的时代精神、社会主义荣辱观，内涵丰富、意蕴深厚，是一个有机统一的整体。马克思主义指导思想是社会主义核心价值体系的灵魂，只有用马克思主义的立场、观点、方法来认识经济社会发展大势，认识社会思想意识中的主流与支流，才能在错综复杂的社会现象中看清本质、明确方向。中国特色社会主义共同理想是社会主义核心价值体系的主题，集中反映了全体人民对国家和民族未来发展美好前景的向往，代表了全体人民的根本利益，揭示了国家富强、民族振兴、人民幸福、社会和谐的必由之路。民族精神和时代精神是社会主义核心价值体系的精髓，是中华民族肌体中不可分割的重要组成部分，是中华民族共有精神家园的内核，应当成为每一个中华儿女必须具备的精神状态和必须展现的精神风貌。社会主义荣辱观是社会主义核心价值体系的基础，"八荣八耻"是对社会主义思想道德体系全面系统、准确通俗的表达，旗帜鲜明地提出了在我们的社会主义社会里，什么是真善美，什么是假恶丑，应当坚持和提倡什么，反对和抵制什么，为全体社会成员判断行为得失、作出道德选择提供了价值标准。

党的十七大指出：切实把社会主义核心价值体系融入国民教育和精神文明建设全过程，转化为人民的自觉追求。要积极探索用社会主义核心价值体系引领社会思潮的有效途径，主动做好意识形态工作，既尊重差异、包容多样，又有力地抵制各种错误和腐朽思想的影响。这就为高等学校提出了培育社会主义核心价值体系，用社会主义核心价值体系教育和培养青年的时代任务。高等学校建设社会主义核心价值体系，要坚持以人为本、充分体现人文关怀的原则，坚持重在建设、着力铸就人们的精神支柱的原则，坚持尊重差异、包容多样、有效引领社会思潮的原则，坚持持之以恒，在不断积累中壮大主流意识形态的原则。按照把社会主义核心价值体系融入国民教育全过程的要求，积极探索符合大学生思想特点和成长规律的方式方法，科学有效地把社会主义核心价值体系体现在思想政治理论课教学中，体现到各种形式的课外活动和学校的日常管理中，把社会主义核心价值体系渗透到学校教育、家庭教育、社会教育的各个环节，努力培养德智体美劳全面发展的社会主义建设者和接班人。

培育社会主义核心价值体系这一章，突出了对社会主义核心价值体系的认真学习和深入研究，深刻揭示社会主义荣辱观在高等学校的具体表现和基本要求，进行了从不同学科深度研究社会主义荣辱观的尝试。以社会主义荣辱观为切入点，进一步研究和分析了大学生诚信道德素质、就业创业素质的教育和培养，研究和分析了大学生党员应该具有的崇高党性修养和永葆党的先进性的实现途径。

第一节　弘扬社会主义荣辱观要在践行上下工夫

胡锦涛提出的以"八荣八耻"为核心的社会主义荣辱观，涵盖了爱国主义、集体主义和社会主义思想，体现了中华民族的传统美德和时代精神，反映了社会主义世界观、人生观、价值观，明确了当代中国最基本的价值取向和行为准则，是马克思主义道德观的集中概括，是新时期社会主义道德的系统总结，是新形势下社会主义思想道德建设的重要指导方针，具有很强的理论性、时代性和针对性。要真正理解社会主义荣辱观，切实贯彻社会主义荣辱观的基本要求，必须深刻认识树立社会主义荣辱观的重大意义，准确把握社会主义荣辱观的深刻内涵，并从各个角度、各个层面、各个领域领悟社会主义荣辱观，把社会主义荣辱观教育落实到工作中和行动上。

一、树立社会主义荣辱观的必要性和紧迫性

社会主义荣辱观高度概括了社会主义道德建设的内容，鲜明地勾勒了中国人应有的精神文化面貌，是对中国传统美德的继承，又回应了时代发展和社会进步的新要求，具有历史的必然性。社会主义荣辱观的提出反映了人类社会发展的一般规律，符合社会主义社会的本质特征，针对的是当前中国特色社会主义间和进程中存在的与社会主义荣辱观相背离的现象，是科学发展观的重要组成部分，为全面建设小康社会，构建和谐社会提供了根本保障。

（一）树立正确的荣辱观是人类社会发展的必然规律

荣辱观是人们在依据一定的思想道德标准进行自我评价和社会评价活动中逐渐形成的关于荣辱观念的总和，属于社会意识的范畴。人类社会的历史是社会存在和社会意识共同发展的历史，单是社会存在的发展并非人类社会的全面发展，任何社会都会在生产力发展和物质进步的基础上产生与之相适应的社会意识和荣辱观念，这是人类社会发展的普遍规律。因此，每个社会形态都会形成占主导地位的荣辱观，恩格斯曾明确指出：

"每个社会集团都有它自己的荣辱观。"[1] 原始社会是人类历史上第一个社会形态。由于当时生产力水平十分低下，人们的劳动所得仅能维持人们日常生活最低需求，没有剩余。因此，当时，共同劳动，一切为了集体（部落），是最高原则，在氏族内，互助、平等、正义（集体内部自我保存），血亲报仇，以打还打，以伤还伤。在奴隶社会，要求对奴隶主的忠诚，鄙视劳动，只有奴隶才劳动。中国几千年的封建社会，形成了丰富的道德规范，如忠孝、等级制、重义轻利等。其中最集中的概括就是仁、义、礼、智、信。资本主义社会，主要是利己主义，一切为了发财致富。"人不为己，天诛地灭"。它的人道主义，强调人的价值和尊严，歌颂人的伟大，提倡意志自由，个性解放，自由、平等、博爱。社会主义作为人类社会发展的一个阶段，必然不能违背社会发展的客观规律，形成社会主义社会的荣辱观。

（二）树立社会主义荣辱观是社会主义社会的根本要求

唯物史观认为，社会存在决定社会意识。道德作为社会意识形态的一种特殊形式，是由社会的经济关系所决定的。恩格斯指出：人们自觉地或不自觉地，归根到底总是从他们阶级地位所依据的实际关系中——从他们进行生产和交换的经济关系中，获得自己的伦理观念。道德是一定经济关系的产物，它的本质在于维系、巩固、促进一定经济关系的存在和发展。社会主义道德植根于社会主义的经济关系。因此，适应社会主义各个历史发展阶段的需要，为不断巩固社会主义基本经济制度服务，为推进社会主义自我完善和发展服务，是社会主义道德的发展规律，也是社会主义道德规范的本质要求。需要强调的是，社会主义荣辱观除了具有荣辱观的一般本质属性外，还具有区别于旧荣辱观的特殊本质特征。恩格斯明确指出："每个社会集团都有它自己的荣辱观。"在社会主义荣辱观看来，靠剥削和压迫人民所建立起来的财产、权势和门第，不是荣誉而是耻辱；靠投机钻营所求得的名誉，也不是真正的荣誉，而是虚荣和耻辱；只有忠实地履行自己对社会主义事业的义务，全心全意地为人民服务，从而得到人民的赞誉和尊敬，在内心里无愧地得到满足和欣慰，这才是真正的荣誉。

每个时代、每个民族的荣辱观，归根结底是由那个时代那个民族生产

---

① 《马克思恩格斯全集》第 39 卷，人民出版社 1974 年版，第 251 页。

力的发展水平决定的，同时也极大地作用于经济社会的发展。"八荣八耻"体现了社会主义初级阶段的特征。社会主义荣辱观内含着社会主义思想道德建设的指导思想、方针原则和公民的基本道德规范，坚持了以为人民服务为核心，以集体主义为原则，以爱祖国、爱人民、爱劳动、爱科学、爱社会主义为基本要求。"八荣八耻"既有先进性的导向，又有广泛性的要求，引导人们摆正个人、集体、国家的关系，正确处理个人与社会、竞争与协作、先富与共富、经济效益与社会效益等关系，确立了在社会主义社会，全体公民普遍认同和自觉遵守的行为准则。

（三）倡导社会主义荣辱观具有现实的紧迫性

我国的经济体制改革经历的是一场向市场经济和参与经济全球化的大转型。在经济迅速发展的同时，原有的社会结构发生深刻的变化，人们的思想、价值观发生了巨大的变化。在汹涌而来的市场经济面前，利益追求不仅成为正当，而且对人们行为的影响程度远远超出了原来的估计。个人主义，好逸恶劳，物欲横流，不择手段地谋取利益，精神生活的空虚，对法律规范的无知与不遵循的现象到处可见。人们一度对什么样的社会是好的社会，什么样的人生是好的人生这样根本性的问题出现了迷惑。党中央提出的构建社会主义和谐社会的历史任务回答了什么是好社会的问题，而胡锦涛提出的社会主义荣辱观则为确立什么样的人生是好的人生指明了方向。它是社会主义精神文明的一个重要组成部分，针对拜金主义、享乐主义、见利忘义、损公肥私、不讲信用、欺骗欺诈等消极现象和社会公害，提出了鲜明的是非、善恶界限。它所包含的丰富内涵，为保证社会主义市场经济的健康发展，为建设与社会主义市场经济相适应的道德体系，提供了思想基础。"八荣八耻"展现了现代社会的特性。随着科技发展和社会进步，人们的公共生活领域不断扩大，相互交往日益频繁，社会分工日益细密，社会主义荣辱观在维护公众利益、公共秩序，保持社会稳定方面的作用更加突出，成为公民个人道德修养和社会文明程度的重要表现。"八荣八耻"在公共生活、公共利益等方面，确立了公民应当遵循的行为准则，有利于促进社会的全面进步和人的全面发展。

（四）贯彻科学发展观、构建和谐社会的根本保证

树立和坚持社会主义荣辱观是落实科学发展观的内在要求。党的十六大以来，以胡锦涛同志为总书记的党中央提出了以科学发展观为统领的一

系列理论观点，把马克思主义中国化的进程推向了新境界。这些理论观点是一个以建设中国特色社会主义为主题、以发展为主线、以"以人为本"思想为纽带的理论体系，社会主义荣辱观实际上就是科学发展观的重要组成部分。任何民族、任何国家、任何社会的存在和发展，都需要有一定的社会主导价值观的强力支撑。特别是当前我国正处于改革发展的关键时期，各种思想文化相互激荡，人们思想活动和行为方式的独立性、选择性、多变性、差异性明显增强，金钱意识渗透到多个领域，更加迫切需要建立与社会主义市场经济体制相适应的正确的社会主导价值观。社会主义荣辱观不但充实和深化了科学发展观的理论内涵，而且在科学发展观的树立和落实的过程中起着价值导向、道德规范、行为准则等方面的精神支撑作用。落实科学发展观不仅体现在经济社会发展的物质层面上，也体现在精神文化领域。同时，社会主义荣辱观的提出，进一步丰富和完善了以人为本的思想。一方面，中央要求我们各级领导要进一步实现好、维护好、发展好最广大人民的根本利益；另一方面，对发展的主体，即广大干部群众也提出了相应的要求，那就是要树立社会主义荣辱观，按照"八荣八耻"的要求，明确是非、善恶、美丑的界限，明确坚持什么、反对什么，倡导什么、抵制什么，不断提高自己的思想道德素质，从而推动整个国民素质的提高，促进科学发展观更好地贯彻落实。因此，树立和坚持社会主义荣辱观不但是社会主义物质文明建设顺利进行的保障，也是实现社会全面协调可持续发展的内在要求。

树立和坚持社会主义荣辱观是构建社会主义和谐社会的必要条件。社会主义和谐社会的基本特征是实现社会的民主法治、公平正义、诚信友爱、充满活力、安定有序、人与自然和谐相处。和谐社会需要人们具备符合上述特征所要求的道德素质和伦理精神，也需要用正确的荣辱观来引导人们认识和把握这些特征，从而养成符合和谐社会要求的思想道德品质。树立和坚持社会主义荣辱观有助于人们明辨是非真假、善恶美丑，也有助于社会形成良好的道德风尚和社会风气，从而为构建社会主义和谐社会创造必要条件。

二、准确把握社会主义荣辱观的科学内涵

认识到社会主义荣辱观的重大意义只是完成了"为什么"的问题，接下来要解决"是什么"的问题，也就是如何把握社会主义荣辱观的科学内涵。以"八荣八耻"为核心的社会主义荣辱观不是相互孤立、生拼硬凑的，而是一个有机联系、相互补充、相互配合的科学体系。

（一）社会主义荣辱观多维内容的统一

第一，体现了坚持中华民族的传统美德与时代精神的统一。在我国传统道德中，荣辱观主要体现在对于辱的认识上，大多数思想家都是通过对耻辱的论述来阐释荣辱观的。孟子最早将"荣"和"辱"作为一对对立的概念来使用。他说："仁则荣，不仁则辱"。在我国一些古代思想家那里，知耻乃做人之本。朱熹说，人只有"耻于不善"，才能"至于善"。管子更从关系国家兴亡的高度来看待"耻"，他说：国有四维，一曰礼，二曰义，三曰廉，四曰耻。顾炎武进而指出："四者之中，耻为尤要。"因此，我国传统道德教育思想尤为强调教人以知耻，传统道德中的这种以教民知耻为主要内容的荣辱观深深积淀在人们的心灵深处，融入在人们的道德实践之中。"八荣八耻"，继承了中华民族的传统美德，同时具有时代的特点和实践的要求，使社会主义荣辱观充满生机和活力，富有民族性、感染力和吸引力。在表现形式上，它突破了我国传统道德中主要以"耻"来阐述荣辱观的局限，把"荣"与"耻"这两个古老的传统道德概念切实地对应起来了；在具体内涵上，它突破了我国传统文化中把荣辱观仅仅作为道德范畴的局限，从社会主义价值观总体要求的高度，丰富、拓展了荣辱观的内涵和外延。

第二，体现了物质文明建设与精神文明建设、政治文明建设的统一。党的十一届三中全会以来，我国实行改革开放，发展社会主义市场经济。这是一场深刻的变革，极大地解放和发展了生产，极大地提高了人民的生活水平，极大地增强了我国的综合国力。可以说，物质文明建设取得了举世瞩目的巨大成就，物质文明的发展推动了市场机制作用的发挥，不断地增强着人民的自立意识、竞争意识、效率意识、民主法制意识和开拓创新精神。但是，随着改革开放的深入和社会主义市场经济的发展，我国社会关系和社会生活发生了深刻变化。社会经济成分、组织形式、就业方式、利益关系和分配方式的日益多样化，引起人们思想道德、价值观念的多样化，使社会意识形态领域呈现出各种思想大量涌现、多样并存，各种社会思潮相互交错、相互激荡的复杂局面。在一些地方和部门，存在片面地把发展仅仅理解为经济增长，忽视经济社会全面协调可持续发展、忽视精神文明建设和思想道德建设的现象。同时，市场经济自身的弊端，也诱发了拜金主义、享乐主义和极端个人主义。在多种因素影响下，思想道德领域出现了这样那样的问题：是非不明、美丑不辨、荣辱不分、见利忘义、欺骗欺诈成为社会公害，以权谋私、权钱交易等腐败现象时有发生，等等。这些问题的存在，损害了社会的和谐稳定，阻碍了经济社会的健康发展。面对道德建设领域出现的新情况、新问题，迫切需要进一步加强社会主义思想道德建设，加强以诚实守信为重点的社会主义道德规范教育，以形成良好的社会道德风尚，维护市场秩序，促进公平竞争。在领导改革发展实践的过程中，我们党始终高度重视思想道德建设，始终坚持"两手抓、两手都要硬"的方针，推动社会主义精神文明建设不断取得新的进展，为改革开放和现代化建设的顺利进行提供了强有力的思想保证和精神动力。

第三，体现了依法治国和以德治国的统一。对社会的治理是一个综合系统工程，包括政治手段但不能限于政治手段，不是单独一种手段发挥作用就能完成的。必须是政治手段、法治手段、道德手段、文化手段等互相配合才能解决问题。2000 年 6 月，江泽民指出，法律和道德作为上层建筑，都是维护社会秩序，规范人们思想和行为的重要手段，它们互相配合、互相补充。2001 年 1 月，江泽民又进一步发挥了这个思想，他说，对一个国家的治理来说，法治与德治，从来都是相辅相成，相互促进，二者缺一不可，不可偏废，法治属于政治文明，德治是思想建设，属于精神文明，二者范畴不同，但地位和功能都是十分重要的。因此，道德万能论和法律万能论或者道德虚无主义和法律虚无主义都是错误的，要坚持依法治国和以德治国的统一。社会主义荣辱观倡导以遵纪守法为荣，以违法乱纪为耻就是注意到了这一点。

第四，体现了个人与集体、国家和社会的统一。如何处理个人与集体、国家和社会的关系，即如何处理个人荣辱和集体荣辱、国家荣辱的关系，如何处理个人利益和集体利益、国家利益、社会利益的关系问题是社会主义荣辱观最核心的问题。社会主义荣辱观把个人荣辱和国家荣辱相结合，在二者发生矛盾的时候要求把集体荣辱、国家荣辱置于首位。社会主义荣辱观不是忽视个人利益，更不是否定个人利益。社会主义荣辱观既重视个人的合理利益，又反对个人主义，提倡个人利益要服从集体利益。人是社会关系的总和，个人只有在为社会、为人民、为集体利益而奋斗的过程中，才能真正实现和保障自己个人的利益。因而，坚持"八荣八耻"的社会主义荣辱观集中体现了爱国主义、集体主义、社会主义思想，最为重要的就是要坚持以热爱祖国为荣、以危害祖国为耻，以服务人民为荣、以背离人民为耻。

（二）"八荣八耻"具有深刻的思想内涵

"八荣八耻"，有立有破，旗帜鲜明，不仅体现了中华民族的传统美德，也体现了社会主义的时代精神；不仅体现了社会主义基本道德规范的本质要求，也体现了社会主义价值观的鲜明导向。

以热爱祖国为荣、以危害祖国为耻是对中华民族爱国主义传统美德与民族精神的精确概括。民族精神的核心是爱国主义，爱国主义是推动我国社会历史前进的巨大力量，是各族人民共同的精神支柱，是激励全国人民团结奋斗的光辉旗帜。"以热爱祖国为荣、以危害祖国为耻"，就是在新形势下，以建设祖国、保卫祖国、富强祖国为最大光荣，以损害祖国的荣誉、尊严和利益为最大耻辱。

以服务人民为荣、以背离人民为耻是对为人民服务的崇高理想和革命宗旨的继承与弘扬。"民为邦本，本固邦宁"。我们党是立党为公、执政为民的马克思主义执政党。我们党88年的奋斗史，就是一部全心全意为人民服务的光荣史。"以服务人民为荣、以背离人民为耻"，就是每个公民不论职务高低、能力大小，都要在不同岗位、通过不同形式为人民服务，与此同时，要高度警惕可能出现的种种背离人民利益的倾向。

以崇尚科学为荣、以愚昧无知为耻体现了我国社会对科学思想和科学精神的坚持与呼唤。科学的进步是社会进步的巨大源泉，一个国家的现代化，首先必然是科学技术的现代化。"以崇尚科学为荣、以愚昧无知为耻"，就是面对日趋激烈的国际竞争，我们必须把科学技术真正置于优先发展的战略地位，并且在全社会形成讲科学、爱科学、学科学、用科学的社会风尚。

以辛勤劳动为荣、以好逸恶劳为耻概括了社会主义荣辱观在对待劳动问题上的根本态度。劳动光荣，文化长久。劳动既是公民生存的手段，也是公民对社会、对国家应尽的义务。"以辛勤劳动为荣、以好逸恶劳为耻"，就是随着社会主义市场经济体制的建立和完善，我们要在各行各业包括新兴行业中培养爱劳动的思想，并使之成为衡量公民道德品质的价值尺度。

以团结互助为荣、以损人利己为耻是对集体主义精神的揭示，也是对社会主义人际关系的概括。团结互助是社会主义社会人与人之间关系的基本特征。团结互助出凝聚力、战斗力和创造力。"以团结互助为荣、以损人利己为耻"，就是要在市场经济条件下形成良好的社会风气，避免种种损人利己的行为。

以诚实守信为荣、以见利忘义为耻是对社会主义职业道德基本要求的概括。一个社会要和谐发展，必须依靠法律和制度来规范，也必须借助道德的力量来引导。而在人类的道德规范体系中，诚信的理念是最重要的基本理念之一。"以诚实守信为荣、以见利忘义为耻"，就是要将诚实守信作为个人行为的基本准则，作为企业、事业单位乃至政府工作的基本准则，对假冒伪劣、不讲信誉等行为予以严厉谴责。

以遵纪守法为荣、以违法乱纪为耻是对公民法制观念与守法意识的强调和要求。法治和责任理念是现代社会的基本理念。遵纪守法是公民应尽的社会责任和道德义务。"以遵纪守法为荣、以违法乱纪为耻"，就是要增强法律意识，自觉维护法律尊严。

以艰苦奋斗为荣、以骄奢淫逸为耻是对中国古代优秀传统和中国革命传统中艰苦奋斗精神的发扬光大。正如胡锦涛总书记所深刻指出的，一个没有艰苦奋斗精神作支撑的民族，是难以自立自强的；一个没有艰苦奋斗精神作支撑的国家，是难以发展进步的；一个没有艰苦奋斗精神作支撑的政党，是难以兴旺发达的。"以艰苦奋斗为荣、以骄奢淫逸为耻"，就是要认识到我们现代化建设的路还很长，任务还很艰巨，必须在新时期发扬艰苦奋斗的精神，形成"节约光荣、浪费可耻"的社会风尚。

热爱祖国、服务人民、崇尚科学、辛勤劳动、团结互助、诚实守信、遵纪守法、艰苦奋斗，这八个方面是一个有机整体，是一条基本道德底线，也是新世纪新阶段的一部社会风尚规范。每一个"荣"都关系到国家的前途和人民的幸福，每一个"耻"都关系到社会的安定和个人的命运。每一个领导干部、每一个共产党员、每一个公民，都要自觉遵循，全面遵循。

三、从各个领域深入阐述社会主义荣辱观

作为一个重大的理论命题和实践课题，社会主义荣辱观具有深厚的学理基础和理论内涵。站在学理层面，结合社会现实，对社会主义荣辱观进行深入的理论分析，有赖于在马克思主义指导下，从不同的学科角度和不同的学科方法进行深入的研究，得出对社会主义荣辱观深刻内涵的准确把握，得出更有说服力的结论。

（一）全方位探讨是深刻领会荣辱观的前提

对社会主义荣辱观进行全方位的理论探讨，是由社会主义荣辱观的理论整体性决定的，是由践行"八荣八耻"知行活动的统一性决定的，也是由当代学术研究的方法决定的。

1. 社会主义荣辱观理论上的整体性

社会主义荣辱观在理论上属于道德范畴。道德范畴的事物不是孤立的，是与哲学、经济、政治、逻辑等紧密联系在一起的。作为客观的社会规范和社会价值体系，任何一个社会都必须明确树立一种基本的道德价值体系才能维系，这里包含社会的、政治的、法律的因素，渗透在整个社会的政治、经济、文化等各个方面，影响着社会风气，体现着价值导向，标志着文明程度。以荣辱观来构建道德体系，抓住了道德建设的本质特征，适应了人的生命发展和人格养成规律，是实现人的全面、和谐、自由发展的必由之路。

但是，社会主义理论是一个完整的理论体系。马克思和恩格斯在创建科学社会主义的过程中，始终关注道德问题，运用辩证唯物主义和历史唯物主义的观点深刻揭示了人类道德发展的一般规律，剖析了资本主义社会道德沦丧的社会背景和制度根源，阐述了社会主义和共产主义社会的基本道德规范和道德要求。《共产党宣言》曾引用了资产阶级学者对共产党人进行攻击的一段话："'但是'，有人会说，'宗教的、道德的、哲学的、政治的、法的观念等等，在历史发展的进程中固然是不断改变的，而宗教、道德、哲学、政治和法在这种变化中却始终保存着。此外，还存在着一切社会形态所共有的永恒真理，如自由、正义等等的。但是，共产主义要废除永恒真理，它要废除宗教、道德，而不是加以革新，所以共产主义是同至今为止的全部历史发展相矛盾的。'"马克思对此指出："这种责难归结为什么呢？"① 这里马克思和恩格斯对道德问题的论述是综合地运用了哲学、政治，等等。

---

① 《马克思恩格斯选集》第1卷，人民出版社1995年版，第292页。

胡锦涛关于社会主义荣辱观的论述，从建设社会主义先进文化入手，以提高人民群众的思想道德素质和全社会的道德水平为目标，以社会主义市场经济体制条件下我国社会主义现代化建设的全局为研究对象，是综合论述社会主义道德建设的典范，是对社会主义荣辱观的系统阐述。党的十六大以来，党中央在科学发展观、社会主义和谐社会、社会主义新农村、建设创新型国家、党的执政能力建设和先进性建设等方面，坚持、继承并在各个领域全面发展了邓小平理论和"三个代表"重要思想。胡锦涛关于"八荣八耻"荣辱观的概括是我们党理论的整体发展和创新的全面推进。社会主义荣辱观理论上的整体性，要求我们从整体上研究荣辱观。

2. 社会主义荣辱观知行方面的统一性

道德不仅是一种理念，更是一种行动，是人们在正确的荣辱观念指导下的实践活动。道德是一种人生哲学，一种内心感受。每个人的生命意义维系在一定的荣辱观上。任何时代，道德的存在，除了维护社会秩序外，也是个体发展自我、寻求生命意义的一种方式，道德正是人们认识自我、认识社会的结果。随着社会转型，个体道德观念会发生变化，一切社会变迁史，也是心灵变迁史。20多年来中国社会发生了激烈的转型，人们的生活方式发生了很大的改变，处在社会变迁中的人们的心理状态、行为状态也发生了很大的改变，必须切实了解当代中国社会价值观和中国人的心灵追求，给出社会正确的道德标准和荣辱评价。

因此，判断人们荣辱意识的标准，最终要到实践的层面去考察、去判断。践行"八荣八耻"，是一个系统工程，是对每个人一生的检验，是对每个人在任何场合、任何时间、任何事物上的观察。很难想象，一个人在社会公共场合不能遵守最基本的道德规范，却能够在工作时间道德十分高尚。同时，一个人对社会主义荣辱观有深刻的理性认识和理论把握，并不等于他在行动上没有任何违背社会公德的言行。实际上，许多理论上似乎很有造诣的人，却在一些特定的场合严重违反了基本的道德要求。这就是道德理想与道德现实的矛盾。这种知与行的差异，是社会主义荣辱观建设面临的难题，也是从深层次上探讨社会主义荣辱观理论问题的难题。从理论上破解这个问题，就需要我们把荣辱观的知与行同一起来，进行综合分析，确定整体的评价与考核标准，也就是社会主义荣辱观研究的整体性和同一性。

3. 实践要求社会主义荣辱观理论研究的全面性

从社会主义荣辱观的整体性和复杂性出发，在理论上研究社会主义荣辱观，应当进行全面的研究。

第一，要进行荣辱观内容的全面研究。"八荣八耻"所包含的八个方面的内容，是一个有机的整体。从祖国、人民、劳动、科学，到勤俭、诚信等，都是紧密联系、互相促进的。对祖国和人民的热爱，要落实到对劳动、对科学的实际行动上，要落实到诚信、守法的具体事物中，没有这些内容的相互促进，就没有社会主义荣辱观的践行和"八荣八耻"的广泛传播。

第二，要进行荣辱观研究方法的全面借鉴。社会主义荣辱观在理论层面涉及诸多领域和学科，要求我们采用多种方法进行综合的分析和评价。传统意义的理论研究，多采用哲学、历史、经济的方法，进行社会现象的综合分析与一般判断。但是，随着科学的发展和人类思维的进步，人们认识世界的眼界不断拓宽，观察事物的能力不断增强，各种新的社会科学的研究方法不断被发现和应用。系统科学、行为科学等为我们在新的条件下揭示社会主义荣辱观的深刻内涵，提供了可资借鉴的新方法。我们没有理由不充分运用这些方法进行综合分析与概括，这正是当前研究社会主义荣辱观得天独厚的时代条件。

（二）各个领域都蕴涵着丰富的荣辱观内容

哲学是社会主义荣辱观的立论基础，也是社会主义荣辱观理论研究的基本逻辑。历史唯物主义奠定了社会主义荣辱观的理论基础。首先，生产力与生产关系的基本原理，揭示了社会发展演进的一般规律，决定了意识形态的形成与发展必然受到经济基础变化的深刻影响，正是社会主义根本制度的建立，推动了社会主义荣辱观的形成与养成。同样，社会主义市场经济体制改革的伟大进程，为重塑社会主义荣辱观提出了时代要求和实践要求，并影响和制约着社会主义荣辱观的发展。其次，社会变革理论决定了社会主义现代化建设的深入发展，必然带来社会价值观念和伦理规范的变革，影响着社会主义荣辱观从无序向有序的演进，说明了"八荣八耻"荣辱观的提出在我国社会变革时代所发挥的独特作用。此外，马克思主义哲学的基本原理为我们正确认识和剖析各种社会思潮的荣辱观和价值观提供了依据，要求我们坚持以马克思主义为指导，借鉴而不是照搬西方的思想意识和价值观念，更不能用西方的道德准则简单地评价我国社会主义现代化进程中的道德标准。

历史是一面镜子。学史可以明志，可以知兴替。这不仅对政治家和社会生活是必要的，对社会主义道德建设和树立社会主义荣辱观也是非常必要的。中华民族传统美德是一笔宝贵的精神财富。我们的祖先在改造自然界和人类社会，推动社会发展进步的过程中，始终把树立高尚的道德情操，树立正确的荣辱意识，放在十分突出的地位。先贤的倡导教化了民众，唤醒了民族，为实现中华民族传统的代代相传、不断发展作出了突出的贡献。中国从古代到现代，涌现出无以计数的道德楷模，形成了用以教育人民的精神食粮。其中，有许多优秀的思想被代代相传。爱国、仁爱、诚信、勤俭，等等，在中国人民的思想中打下了深刻的烙印。中国荣辱意识发展的历史反映了道德发展的一般规律。第一，荣辱意识的发展进步总是与社会和时代变迁相联系的。不同的社会制度和经济发展水平，影响并决定了不同时期荣辱意识的特殊性，同样是诚信、勤俭，在不同的时期有不同的表现和不同的量化要求。第二，荣辱意识的发展始终是正确荣辱意识与落后荣辱意识相伴而生，相互斗争而推动正确的荣辱意识向前发展。第三，社会发展进步的推动者在实践中始终把树立正确的荣辱意识作为为之奋斗的重要目标。中国共产党人是倡导树立正确荣辱观的优秀楷模。在革命战争年代，共产党把先进文化建设放在重要的地位，在革命队伍和人民群众中努力树立新的道德意识，开展道德教育，并同落后的荣辱观进行斗争。中国革命的胜利，是中国人民在党的领导下，用先进的荣辱观代替落后的荣辱观的胜利。

经济是社会主义现代化建设时期的"显学"。从经济的视角分析社会现实问题，是现代社会的基本要求，是从根本上解析社会现象的必由之路。社会主义荣辱观经济学研究的意义在于，我们在经济德育意义上更加深刻地领会荣辱观的内涵，确定树立和弘扬社会主义荣辱观的实现路径。就经济学意义而言，社会主义荣辱观要求国家利益高于一切，努力追求社会整体福利最大化，崇尚科学，摆脱愚昧，尊重劳动，创建经济主体行为协调的和谐社会，全面建立信用经济和个人信用制度，实现经济的可持续发展。社会主义荣辱观体现了经济开放性、适应性与安全性的统一，体现了个体利益与整体利益的有机协调，体现了既要脚踏实地又要与时俱进的精神，体现了竞争性、规范性和可持续性的统一。经济全球化表明了当今社会经济的高度依存性，因此当今的市场经济最明显的特征是在社会基础上出现更为广泛意义上的合作和契约化，形成了契约经济。树立社会主义荣辱观的经济学路径选择，就是要发扬我国文化传统的自我约束功能，建立完善的国家和企业内部制度，完善法律制度，实现对社会主义荣辱观的保障作用，并建立有效的信息传输系统，构建和谐诚信的经济活动和经济秩序。

政治、法律、管理、社会、文学、党建等都是深入研究社会主义荣辱观的重要视角和重要内容。从这些领域研究树立社会主义荣辱观的必要性重要性，解析社会主义荣辱观的丰富内涵，确定树立社会主义荣辱观的多样路径，把社会主义荣辱观的研究引向了理论的深度和实践的广度。政治文化归根到底是道德的教化和道德的塑造，法律法规是道德发展和道德的底线，管理活动到处充斥着道德的要求，社会保障更是道德的作用和道德在以人为本理念下对人民群众生产生活的道德关怀。因此，从各个领域研究社会主义荣辱观，从不同的方面深化对荣辱观内容的理解，就实现了社会主义荣辱观从表层理解和日常行为，提升到理性思维和理论指导，为我国社会主义荣辱观的树立和弘扬，开辟了新的空间。

四、建立健全社会主义荣辱观的践行机制

理论的目的全在于应用。从各个角度深入研究社会主义荣辱观，就是要在理论上弄清楚基本问题的前提下，打牢社会主义荣辱观的思想理论基础，推动社会主义荣辱观教育持续健康地发展。建立健全社会主义荣辱观的践行机制，重在做到制度上落实、工作上落实和组织领导上落实，把遵守社会主义荣辱观的道德要求逐步转化为广大公民的道德行为，形成全社会共同推进社会主义荣辱观的良好氛围。

（一）努力构建社会主义荣辱观教育的践行机制

邓小平总结我国社会主义建设的历史经验，认为"领导制度、组织制度问题更带有根本性、全局性、稳定性和长期性"，"这方面的制度好可以使坏人无法任意横行，制度不好可以使好人无法充分做好事，甚至会走向反面。"① 社会主义民主政治建设如此，社会主义思想道德建设也是

---

① 《邓小平文选》第二卷，人民出版社1994年版，第333页。

如此。在全面构建社会主义和谐社会的新的历史条件下，加强社会主义荣辱观建设，引导人民群众特别是青年学生树立正确的荣辱观，同样需要制度的规范和法纪的约束。

1. 构建社会主义荣辱观的教育机制

树立社会主义荣辱观需要从他律和自律——道德教育与道德修养两个环节着手。教育是社会主义荣辱观养成的外部机制的基础。胡锦涛指出："育人为本，德育为先。"① 德育教育就是道德教育或道德教化，教育人们从"知耻"做起，认识到什么是荣、什么是耻，从而在实际行动上，按照荣和耻的标准行事。

完善的荣辱观教育机制，应当包括社会教育机制、家庭教育机制、单位教育机制，特别是学校教育机制。社会教育机制是解决全社会普遍的荣辱意识和荣辱行为问题的教育，要在党和政府的统一领导下，调动各方面的积极性，把这种教育放在社会的基层组织中，确保人民群众在日常生活方面有荣辱约束。家庭是社会最基本的细胞，是青年人成长成熟的第一个驿站，没有良好的家庭教育机制，就不能从基础做起、从小事做起、从儿时做起。家庭教育的机制化需要法律和社会的多方面努力，使社会对家庭在荣辱观教育方面具有制度规定的约束力。单位教育对树立社会主义荣辱观具有重要的意义。固然，随着改革开放的进程，我国传统的单位制度已经不复存在，人们单纯依赖单位的时代结束了，劳动者有了选择单位的自由，单位也具有选择劳动者的自由。但是，单位仍然是人们生产、生活、工作的基本机构，形成有效的单位教育和制约机制，是对社会教育和家庭教育的完善。学校教育机制在社会主义荣辱观教育机制中具有重要的地位。一方面，学校是培养人的地方，是青少年集中之地，负有社会主义荣辱观教育的重要责任；另一方面，学校是社会主义精神文明建设的示范地，对全社会社会主义荣辱观教育起示范的作用，学校教育搞好了，就在很大程度上营造了社会主义荣辱观教育的良好氛围。

2. 构建社会主义荣辱观的修养机制

社会主义荣辱观形成的内因在于修养机制。修养是确立社会主义荣辱观并逐步完善人格的必经之路。社会主义荣辱观所倡导的"八荣八耻"，

---

① 《中国共产党第十七次全国代表大会文件汇编》，人民出版社 2007 年版，第 36 页。

实际上是崇高的道德境界。道德境界是指公民通过接受道德教育，特别是经过长期道德修养所达到的道德觉悟程度，以及所形成的道德品质状况和精神情操水平。社会主义荣辱观的道德修养包括两层含义：一是动态上的"下工夫"，即依照社会主义荣辱观的要求，进行学习、体验、对照、反省等心理和实践活动；二是指静态的"已经达到的功夫"，即经过长期的努力之后所达到的道德境界。社会主义荣辱观能否充分发挥其巨大的社会效应，关键就在于人民群众能否通过道德修养，升华到较高的道德境界。

3. 构建社会主义荣辱观的示范机制

榜样的力量是无穷的。全面建设小康社会和构建社会主义和谐社会伟大实践中涌现出来的许多先进集体、先进人物，都是实践社会主义荣辱观的榜样。荣辱观的示范机制，要求广泛开展向先进典型学习的活动，即善于发现和运用先进典型，树立可亲、可敬、可信、可学的道德楷模，让人民群众学有榜样、干有目标，见贤思齐，从先进典型的感人事迹和优秀品质中受到鼓舞、汲取力量，使先进典型的高尚情操成为全社会的共同财富。其中，共产党员和领导干部努力做践行社会主义荣辱观的典范，是完善社会主义荣辱观示范机制的关键。

4. 构建社会主义荣辱观的评价机制

道德的基本特点之一，是以善恶标准对社会现象进行评价。加强评价机制的建设，是践行社会主义荣辱观的重要方面。为此，需要确立评价善恶的标准。行为究竟是善还是恶，既要以阶级利益为标准，又要看是否有利于社会的进步和发展。具体地说，善主要是指符合国家和人民利益以及社会道德要求的行为；恶主要是指违背国家和人民利益以及社会道德要求的行为。《公民道德建设实施纲要》明确规定了我国公民道德基本规范，即"爱国守法、明礼诚信、团结友善、勤俭自强、敬业奉献"。这就概括了社会主义道德的主要内容，即以为人民服务为核心，以集体主义为原则，以爱祖国、爱人民、爱劳动、爱科学、爱社会主义为基本要求，以社会公德、职业道德、家庭美德为着力点，阐明了公民道德建设的基本要求。"八荣八耻"荣辱观的提出，进一步丰富和发展了《公民道德建设实施纲要》所确立的原则和要求，提供了构建社会主义荣辱观评价机制的基本思想和基本内容，为建立健全社会主义荣辱观的评价机制奠定了坚实的基础。

（二）扎实开展社会主义荣辱观教育活动

理论在于实践，机制在于落实。在全社会倡导社会主义荣辱观，要在理论指导和制度规范下，扎扎实实地开展实际工作，通过卓有成效的社会主义荣辱观创建活动，提升全社会荣辱意识和自觉践行"八荣八耻"的水平。

1. 积极开展社会主义荣辱观创建活动

以创新的精神推进社会主义荣辱观教育，是推进社会主义荣辱观教育的根本要求。创新是一个民族进步的灵魂，是一个国家兴旺发达的不竭动力，也是一个政党永葆生机的源泉。制度要创新，活动也要创新。这就要在活动的内容、方法、手段等方面，紧密结合时代发展的需要，紧密结合人民群众接受的需要，使社会主义荣辱观教育活动贴近时代、贴近群众、贴近实际。

社会主义荣辱观创建活动必须实现指导思想的创新。开展社会主义荣辱观教育要坚持以人为本，了解群众的愿望和要求，顺应群众的需求和呼声，开展使人民群众能够获得切实利益的学习教育活动和行为约束活动。要积极参与和引导群众的自发活动，善于总结群众的经验，把社会主义荣辱观创建活动建立在人民群众参与、满意的基础上。这样，社会主义荣辱观教育就有了扎实的基础。

社会主义荣辱观创建活动必须实现教育内容的创新。"八荣八耻"已经规定了社会主义荣辱观教育的基本准则和规范，即规定了社会主义荣辱观教育的基本内容。"八荣八耻"是具体与宏观的统一。我们说它具体，在于它已经规定了公民应该做和不应该做的具体内容和具体要求；我们说它宏观，在于它规定了公民树立社会主义荣辱观的一般内容，对于不同年龄、不同职业、不同爱好的人们来说，"八荣八耻"仍然需要进一步具体化，以满足不同群体的实际要求。因此，创新教育内容，是把社会主义荣辱观教育落到实处的重要保证。

社会主义荣辱观创建活动必须实现教育手段的创新。科学技术的发展，改变了人们的工作方式和生活方式，改变了人们的思维习惯和思想方法，为人类社会的发展进步开辟了广阔的空间。社会主义荣辱观教育作为思想道德建设的重要工作，正在享受着科技进步带来的优势。社会主义荣辱观教育活动一定要充分运用科技手段，以方便快捷的工具把新的思想、新的要求传达给人民群众。同时，还要广泛开展社会主义荣辱观教育方法的征集工作，通过多种形式实现社会主义荣辱观教育的目标。

2. 把社会主义荣辱观教育落实到教育教学的各个环节

学校是青少年集中的地方，是社会主义荣辱观教育的重要阵地。胡锦涛在提出"八荣八耻"荣辱观的时候，明确提出在广大青少年中开展荣辱观教育，是工作的重点。在高等学校，青年学生集中，各种思想文化互相影响。这两个因素都增强了社会主义荣辱观教育的难度。大学生是思想最活跃的群体，他们又处于世界观形成的关键阶段，思想认识存在不确定性且容易受各种不健康思想的影响。因此，把社会主义荣辱观教育的工作落到实处，是一个十分重要的问题。

学校开展社会主义荣辱观教育，重在落实到教育教学的主要环节。教学活动是学生学习知识、掌握技能、健康成长的重要环节，是社会主义荣辱观教育的首要环节。在学校的教学活动中，思想政治理论课担负了社会主义荣辱观教育的主阵地、主渠道的职责，通过思想政治理论课帮助学生了解和掌握社会主义荣辱观的一般意义和基本规范，为他们健康成长奠定基础。因此，必须切实加强思想政治理论课的建设与改革，既系统讲授社会主义荣辱观的基本知识，也要在思想政治理论课的各门课程中从理论的不同角度阐述社会主义荣辱观。社会主义荣辱观教育与专业课教学同样有着内在的联系。学校所有教学活动的宗旨就是培养学生树立正确的世界观、人生观和价值观，这本身就包含了荣辱观的内容。通过专业知识的学习，树立科学精神和科学意识，在学会专业知识的同时，更重要的是要学会做人。所以，所有担任学校教学任务的教师，都负有进行社会主义荣辱观教育的责任和义务。学校的管理工作、后勤保障工作，同样是育人的工作，同样担负着社会主义荣辱观教育的任务。管理和服务要坚持以人为本，坚持以学生为本，重在培养学生的诚信意识、进取精神，使学生在思想意识上有新的飞跃和提高。

学校社会主义荣辱观教育不能脱离社会，要充分重视和利用社会这个社会主义荣辱观教育的大课堂。要积极开展"三下乡"活动，积极开展服务社会、服务社区、服务群众的活动，有组织、有计划地把学生引导到社会，走向企业、走向农村、走向社区，了解群众的呼声，学习人民群众的崇高品格，在社会实践中锻炼成长。随着我国社会主义现代化建设的不断发展，中国特色社会主义建设的伟大实践，为大学生的健康成长提供了丰富而鲜活的教材，是大学生取之不尽的精神财富和献身祖国建设事业的力量源泉。学校要组织好大学生的社会实践活动，社会要欢迎大学生的社会实践，为大学生在社会实践中得到成长创造良好的环境。

学校社会主义荣辱观教育必须高度重视教师的社会主义荣辱观教育。教育者必须首先受教育，这是实现教育目标的根本要求。教师是人类灵魂的工程师，其地位崇高，责任重大。只有自己认真改造主观世界，坚持和树立正确的荣辱观，在做人做事方面率先垂范，才能受到学生的尊重和尊敬，在进行专业教育和思想教育时，起到应有的作用。榜样的力量是巨大的。教师对学生而言，不仅是知识的传播者，而且是行为的引导者，教师渊博的知识和崇高的品格始终是激励学生成长进步的重要导向。但是，我们也不能否认，在教师队伍中也存在与社会主义荣辱观要求不相符合甚至相反的现象，教师弄虚作假、剽窃别人成果、损害社会公共利益等也时有发生。这对学生的负面影响非常大。因此，在学校社会主义荣辱观教育中，要从两个方面做好教师的教育工作。一是切实建立健全全员德育制度，通过制度规定，使每个教师都要承担学生思想政治教育的责任，都要以自己的工作进行社会主义荣辱观教育。二是切实建立教师师德监督、评价、考核体系，对教师的荣辱意识和行为进行制度约束，形成互相制约、互相监督，共同提高荣辱意识的作用。

3. 切实加强社会主义荣辱观教育的组织领导

加强党对社会主义荣辱观教育的组织领导，是社会主义荣辱观教育活动取得实效的根本保证。要努力形成党委领导下，党政工团齐抓共管，各部门、各方面责任明确、共同推进的社会主义荣辱观教育格局。要加大对社会主义荣辱观教育活动的支持力度，在组织上有专门机构，在物质上有必要的投入，为各方面开展社会主义荣辱观教育活动提供物质和精神支持。

第二节　大学生诚信道德素质的培养与构建

诚信是人类文明的重要特征，是中华民族传统道德体系的重要组成部分，是我国公民道德教育的基本内容。当代大学生作为国家未来建设的接班人，社会精神的引领者，未来社会建设的中坚力量，他们的思想道德素质、诚信品质关系重大。然而，近年来在大学生群体里，诚信缺失现象已经引起社会的高度关注。加强对大学生的诚信道德培养，对建设社会主义核心价值体系，对于培养社会主义合格建设者和可靠接班人具有十分重要的意义。大学生诚信教育是高校思想政治教育的重要组成部分，也是社会诚信教育的组成部分。下面从分析大学生诚信状况入手，以制度建设为切入点，遵循德育教育规律，探索培育大学生诚信道德的有效方法。

一、大学生诚信道德现状调查

诚信，即是诚实守信。诚信有两个含义：一是诚实，要求人与人交往时说真话，向别人传递真实信息，实事求是，不掩盖或歪曲事实真相；二是讲信用，遵守诺言。大学生诚信主要表现在学术诚信、考试诚信、贷款诚信、就业诚信和交往诚信等方面。

为了解目前大学生的实际情况，增强大学生诚信教育的系统研究及思想政治教育的实效性和针对性，我们在辽宁某高校进行了一次大学生诚信意识的抽样调查，真实地反映了当今大学生在学习、工作、生活中的诚信状况。课题组共发放问卷 600 份，收回有效问卷 557 份。调查问卷涉及了大学生学习、生活中诚信品质的各个方面，诸如大学生作业抄袭、考试作弊、替考现象、拖欠助学贷款或学费、违约欺骗等现象。通过调查结果的分析，发现大学生诚信道德方面存在如下问题。

（一）理论认知与现实操作的矛盾

调查结果显示，当代大学生的诚信道德认知状况是好的。绝大多数被调查者都把诚信作为一种重要品质来看待。有 94.42% 的被调查者认为，诚信在中国传统文化中占有很重要的地位；69% 的被调查者认为，"仁义礼智信"的传统道德观念如今应该继承并发扬光大；30.1% 的被调查者认为应该批判地吸收，使之符合国情。几乎所有的被调查者都把诚信视为衡量个人素质的重要标准之一。大学生也很看重交往对象的诚信，近乎 99% 的被调查者重视和他人交往时对方的诚信，但是只有 55.86% 的被调查者在生活中能够做到诚信，高达 43.24% 的被调查者对是否诚信要视情况而定。有 49% 的学生承认大学期间有过考试作弊行为。认为食堂插队是不文明行为的有 84.42%，而选择自己从未插队的只有 52.28%。在就业诚信方面也存在较严重的问题，调查显示，有将近 20% 的大学生认为只要能找到满意单位违约也可以理解；还有超过 30% 的人认为，要视情况而定；而且还有约 40% 的人对求职简历作假持有理解的倾向。从调查问卷数据看，也表现了大学生的不诚信倾向，被调查者不能完全实事求是地回答每一个问题，数据中存在自相矛盾的情况。可见，当诚信作为一种理想道德操守时被学生认为是重要的，但诚信作为一种现实生活中的道德实践时往往与道德认知发生巨大偏差，这体现出学生在诚信道德上的知行不一，自律意识和自我控制能力不强。对于较多学生来讲，诚信不是作为一种一以贯之的品质修养，而是具有较强的随机性和主观性，即使认识到诚信的重要性，也未必在实际中想到诚信，做到诚信。

（二）严以待人与宽以律己的矛盾

最近学者对于大学生的诚信缺失现状的研究比较全面，分为信贷诚信、考试诚信、就业诚信、学术诚信、网络诚信等多个方面，包括本问卷调查涉及的大学生作业抄袭、考试作弊、替考现象、缺课迟到、拖欠助学贷款或学费、违约欺骗及插队浪费等不文明行为，等等。而除了大学生自身有着比较明显的诚信缺失外，在对于自己与对于他人的要求上也存在着矛盾现象：81% 以上的人认为在自习室不应该大声喧哗，80% 以上的人认为不该满口粗话、行为粗鲁，86% 以上的人认为不该随地吐痰，但是只有约 50% 的人从来没有过以上行为。有 57.87% 的被调查者选择会在任何时候都讲诚信，但有 27.1% 的被调查者会"别人对自己诚信，自己才对别人诚信"；有 11.2% 的被调查者认为利益才是主要的，有利的时候就讲诚信；还有 1.6% 的人希望别人对自己诚信，而自己对别人不一定讲诚信。可见，目前大学生诚信道德问题中，存在较为明显的利益倾向，对自己管理宽松而对别人要求严格，即严以待人与宽以律己的矛盾，这样的矛盾导致当代大学生在诚信问题上出现恶性循环。

（三）诚信准则与自身利益的矛盾

大学生会在选择诚信的同时考虑自身的经济利益，有强烈的功利倾向。学生在选择是否诚信时更多的是出于对自身现实利益的考虑，在满足自身利益的前提下，他们往往选择做一个诚信的人，但利益受到损害或出现新的利益诱惑时，他们可能会放弃自己的道德准则。可见，多数学生的"诚信"视自身的利益而定，带有强烈的功利倾向。比如，在评奖评优上，在入党、竞选干部等问题上，一些大学生不是靠实力去争取，而是想方设法请客送礼，投机取巧、拉关系。弄虚作假的直接后果是一方面严重挫伤努力学习同学的积极性；另一方面是学生水平下降，水平的下降直接影响到学生就业。再比如，调查结果显示，许多大学生在助学贷款问题上表现出诚信缺失的问题，因为大学生在接受贷款时往往不愿意将其认作是一种契约，而更多地看做是一种国家的资助，在"如果你要申请助学贷款或困难补助，您会对您的家庭情况"如何反映的问题上，只有66.97%的人会如实说，30%以上的人选择稍微有点渲染或者夸大困难程度不惜出具假证明。可见，近乎1/3的大学生不能完全遵守诚信原则来对待此事。而在"如果您申请了助学贷款"一题中，86.6%的人选择一定会按时还款，其余则存在不还的可能性。可见当涉及自身利益的时候，诚信还是不容易做到的。

二、大学生诚信道德的经济学分析

（一）影响大学生诚信的客观因素分析

人是社会的人，大学生也是社会中的群体，同样受到社会各种思潮和现象的影响。大学生发生诚信危机的原因在于历史积淀、社会环境、家庭教育等多方面的负面影响，以及教育内外部诸多因素的影响。在社会环境方面，市场经济条件下社会诚信道德缺失，是影响大学生诚信道德的一个重要因素。调查结果显示，认为造成大学生失信的主要原因，选择社会失信泛滥的竟然在众多选项中占最大比例，有57.32%的大学生认为当代我国社会国民总体诚信情况一般，认为差的占到近35%。在约束条件方面，诚信制度及法制不健全，缺乏有效的约束，是导致大学生诚信道德缺失的一个原因。中国的诚信道德主要靠"人格信任，靠道德为支撑，重感性和情理"[①]，而忽视有效的制度和机制保证，没有个人信用评估体系，没有失信惩罚机制，没有相应的立法规范实施，在公民诚信体制上，国家在立法、司法、执法上没有达到很好的统一。在学校也同样存在这个问题。诚信虽然在观念上得到尊重，但是在现实中却没有明显的约束力，在社会合力方面，没有形成学校、家庭、社会三位一体的诚信道德教育合力，诚信教育效果不佳。

---

① 陈延斌、王体：《中心诚信观的比较及其启迪》，《道德与文明》2003年第6期。

（二）诚信道德发生机制的经济学分析

从经济学角度看，诚信与失信取决于利益关系。人们奋斗所争取的一切，都同他们的利益有关。人们追求利益和满足利益要求，是个人活动的原始动力。利益根植于人们的需要，道德正是在人们需要的满足过程中产生的。道德作为调节和规范社会关系的准则，本质上调节和规范的是人与人之间的利益关系，因而利益是道德的本质内容。离开了利益关系，就无从了解道德的产生和发展、道德的性质和社会作用。然而，任何利益追求的过程都要付出一定的代价，不仅要付出有形的代价，即经济成本，又要付出道德代价。诚信或失信的道德选择，同样是要付出成本的。趋利避害是人的天性，人们在选择诚信还是失信时，会从利益最大化的角度进行选择。两利相权取其重，两害相权取其轻。权衡利弊的过程就是成本收益的分析过程。任何选择都有机会成本。每一个人都有许多欲望，但不是每个欲望都会被满足。因此，必须作出选择。一旦作出了选择，必然有一部分欲望要被放弃。也就是说，某一个欲望得到满足的时候，就会有其他一些欲望未得到满足，作出一项选择就意味着放弃另一项选择，经济学上把这一进退维谷的情况，就叫做机会成本。这是一个作出一项选择是否值得的问题。这里，笔者运用机会成本这一概念说明诚信与失信选择的倾向问题。

诚信与失信的选择也存在着机会成本的比较过程。如果失信的机会成本大于收益，则人们就会选择诚信；相反，如果失信的机会成本小于收益，那么人们则会出现失信倾向。当前，社会诚信及大学生诚信出现危机现象，很重要的一个原因在于失信的机会成本很小。因为我们没有形成强有力的制度和法律约束，没有诚信记录档案，没有严格的惩戒制度。一次失信不会对其今后的发展产生任何影响，失信会对大学生当下产生一定的影响，但是对于长远没有很大的影响，甚至根本不会产生影响。这样，仅靠道德自身的力量来约束就显得乏力。以国外关于诚信道德的约束为例，西方国家的诚信是一种契约信任，它以法律为基础，重情理和法理，具有较完备的制度和机制保障，从而使诚信对人们的行为具有较强的约束力。举一个简单的例子。如果你有乘车逃票、驾车违规、银行贷款未及时偿还等不良记录，你不仅会遭到重罚，而且会被记入你的诚信档案。这些记录在你以后的生活中会产生很大的影响，比如，你以后的贷款行为会受到很大的制约；在找工作时，你会因为这些诚信记录而发生很多困难，你会被认为是不诚实的人，而遭到人们的不齿。这样，失信的机会成本就非常大，包括经济损失、信誉损失，而且这种信誉损失是伴随你一生的。没有人愿意付出如此大的机会成本，因此人们会选择诚信，放弃失信。而这种制约作用很大程度上是制度和法律约束，同时促进了人们的自律能力的提高。

在我国，当前严重缺失的就是制度约束，法律约束，即他律，从而导致失信的机会成本过小，失信行为大量发生。目前，在高等院校，大学生诚信制度不健全，诚信约束有限，失信惩罚机制欠缺，因而，大学生失信的机会成本很小，失信对他们的学习、就业等不会产生很大的影响，甚至对他们的工作不会产生任何影响。例如，大学生考试作弊，考试时大学生面临的选择是要么作弊，要么遵守考场纪律，做到考试诚信。作弊的收益是成绩合格，免除补考；作弊的机会成本是放弃诚信的道德品质，冒一旦被发现，成绩作废，重修课程的风险。经济上的损失是交重修费用，以及一学期的课程学习时间，仅此而已。因为这些作弊的学生往往是学习成绩较差，没有获得奖学金和评优欲望的学生。因此，在没有其他处分和诚信记录的前提下，有些学生抱有侥幸心理，宁愿冒险作弊，因为一次作弊不会对其今后人生产生影响，机会成本较小。所以，大学生考试舞弊现象较为严重，诚信缺失的现象普遍存在。这就对我国高校思想政治工作提出了新挑战。

三、培育大学生诚信道德的路径选择

大学生诚信道德的培育，是高校思想政治教育工作者通过一定的教育方式，根据诚信的内涵和要求，对大学生进行有目的、有计划、有组织的教育引导，是使其树立起诚信意识，养成诚信行为习惯的活动过程。

（一）完善诚信道德教育体系

完善诚信道德教育体系是基础，要坚持一门为主，多门渗透。

第一，要加强思想政治理论课的主渠道、主阵地作用，发挥其诚信道德教育的功能。通过大学生思想道德修养和法律基础课强化诚信道德教育，要用真实的生活素材充实诚信道德教育内容，使高校诚信道德教育内容的选择贴近生活，从生活实际出发，在诚信道德教育中既让大学生识别生活中的真、善、美，也要了解假、恶、丑，帮助学生树立正确的世界

观、人生观和价值观。强化学生的法律意识，增强学生遵纪守法的自觉性和主动性。要根据社会主义市场经济的需要和时代特征，不断进行教育体系、教学内容、教学方法与手段、考试内容和方法的改革，侧重培养大学生生活中应具备的最基础的诚信道德知识、诚信道德能力和诚信道德智慧。

第二，要继续发挥哲学社会科学和自然科学相关课程在诚信道德教育方面的重要作用。借鉴与诚信道德教育相关的教育学、心理学、伦理学、社会学、人才学等社会人文学科的知识和方法，丰富诚信道德教育的内容和方法①。要注重相关学科的渗透作用，使学生在学习知识的同时获得启迪和道德情感的培育。诚信道德教育要与规范管理相结合，渗透到学生学习生活中去，让大学生在干中学，在学中干。

第三，要加强教师的职业道德教育，提高教师个人的诚信品质。教师的道德品质对学生会产生潜移默化的深刻影响。正人先正己，加强教师队伍的职业道德建设，使教师为人师表，率先垂范，给学生树立良好的道德榜样，对提高大学生诚信品质具有非常重要的示范作用，有助于塑造大学生的健全人格和良好的道德品质。

（二）加强制度建设和法制建设

多年来，我国一直重视诚信道德教育，并取得了一定的成效，但不讲信用的现象仍然屡见不鲜。究其原因，与我国诚信道德制度约束力弱有直接的关系。实践证明，一个社会的诚信道德状况如何，在很大程度上取决于相应的制度建设。邓小平曾精辟地指出："制度好可以使坏人无法任意横行，制度不好可以使好人无法充分做好事，甚至走向反面。"② 良好的制度环境会鼓励人们自觉地"抑恶从善"，而不良的或不完善的制度则为"从恶"提供方便，甚至会在一定程度上抑制"行善"的愿望和动机。上面对诚信道德的经济学分析表明，对于目前大学生较严重的诚信道德失范状况而言，诚信道德制度化是非常必要的。要在诚信道德培育上见成效，增加失信的机会成本是行之有效的方法。因此，要正要处理好自律和他律

---

① 叶媛秀、古小明：《大学生诚信道德教育模式需要创新》，《思想政治工作研究》2008 年第 6 期。

② 《邓小平文选》第二卷，人民出版社 1983 年版，第 333 页。

的关系，加强诚信制度和法制建设，构建诚信道德制度体系，通过思想政治工作，培育大学生的诚信道德。通过建立诚信评价体系、诚信奖惩制度、监督保障体系，特别是诚信档案制度，让不诚信的记录跟随其成长过程，并采取一定措施公开诚信记录，从而对大学生的诚信行为产生强大的约束力，并增加失信机会成本，这样会对大学生的诚信道德培育起到良好的促进作用。

以法律规范促进大学生的道德自律。法律与道德都是社会的重要行为规范，都对人们的行为进行评价，对社会关系进行调整。但是，两者属于不同的社会规范体系。道德的基础是人类精神的自律。道德体现的是"人类精神的自律"，它包括人们关于善与恶、美与丑、荣与辱等观念形态，也包括与这些观念相对应的伦理行为规范。道德的规范作用来自于社会舆论、内心信念和传统习惯等精神力量，实际上是通过社会成员的自觉性来发挥作用的。而法律表现的是"国家意志"的他律，它是由国家机关根据占社会领导地位或主导地位的阶级意志而采用规范形式制定的，同时又是依靠国家强制力即法庭、警察、监狱等来保证施行的。所谓法制即是上述法律规范体系及有关的立法、执法、守法、法律监督等一系列环节的制度。道德与法律之间的主要区别在于，道德规范依靠社会的舆论、人们的信念、习惯、传统和教育等力量来维持，法律规范则依靠国家的强制力来推行。法律规范与道德规范是相互配合、相互补充和相互渗透的。法律在保护、传播、发展道德规范方面起重要作用，甚至把一部分道德规范直接变成法律规范。人们依靠内在信念所造成的道德力量约束自己的思想和行为，可以更好地贯彻执行法律。在大学生诚信道德的培育和实践过程中，应当加强道德与法律的结合，使它们协同发挥作用，自律与他律相互促进，从而推动大学生的诚信道德践行的自觉性。

（三）努力形成社会、家庭、学校教育合力

道德是由一定的社会经济关系所决定的社会意识形态，是一种特殊的社会价值形态，它始终根植于任何社会不可分割的联系之中。道德建设是一个长期的过程，不是一朝一夕能完成的。道德通过形成特殊的社会秩序和行为准则来实现社会的稳定、和谐和发展。大学生的诚信道德教育同样根植于社会，与社会密不可分。它需要多方面的配合，需要形成道德的社会支持系统，需要社会、家庭、学校的相互配合，形成良好的社会氛围。

离开社会的土壤，离开社会的配合，就难以收到预期的效果。

家庭是社会的最基本单位，是社会的细胞，家庭教育是大学生诚信教育的基础性工程。人的一生离不开家庭，家庭教育是学生德育教育最基础的一环。父母是子女的第一任教师，家长的思想品德、态度、兴趣爱好、文化程度以及个性特征，时刻影响着孩子。家长承担着道德示范和辅助教育双重任务，他们通过生活中的言行默默地影响着子女诚信意识和行为习惯。家庭对孩子的影响是潜移默化的，这种润物细无声的特点使得父母对子女的影响是巨大的，也是根深蒂固的。家长的言传身教与学校诚信道德教育相协调，对于培养大学生的诚信道德具有基础性作用。

社会是大学生诚信道德教育的依托。社会诚信对大学生诚信的影响巨大，如果社会不诚信现象泛滥，学校诚信教育就会显得苍白无力，很难达到预期效果。目前，社会不诚信现状甚为令人担忧，诚信虽然在观念上普遍得到尊重，但在现实中却是不诚信现象泛滥，自律和他律约束都需要进一步加强。因此，必须通过一系列全民诚信教育活动，打造社会诚信教育体系，学习借鉴西方社会信用机制，构建符合我国国情的社会主义市场经济信用机制，完善法律体系，增强诚信道德约束机制，形成良好的诚信环境，从而保证学校诚信教育的效果。同时要通过大学生影响社会诚信的进步。要教育引导大学生率先履行诚信道德，承担传播和影响他人的责任，使社会全体公民都了解诚信的重要性，人人从自我做起，是诚信成为社会公民的自觉意识和自觉行为。

总之，大学生诚信既是对大学生个人道德素质的基本要求，同时也关系到我国社会主义核心价值体系的构建。高校要善于抓住大学生成长过程中的每一个环节，着力培养大学生的健康人格，培养大学生的诚信自律意识，加强学校和社会的他律，使大学生真正感受到诚信是一种宝贵的社会财富，是国家文化软实力的象征之一，是国家赋予青年人的社会责任和历史使命，使诚信成为大学生的道德自觉。

第三节　构建大学生创业就业的有效机制

随着我国改革开放的不断深入、高等教育改革的迅猛发展和高等教育大众化进程的加快，高校招生规模迅速扩大，高等教育正实现着跨越式发展，随之而来的大学生创业就业难问题也成为困扰我国经济社会发展的重大问题。大学生创业就业工作是社会就业工作的重要组成部分，是一项需要政府、社会、学校通力合作的系统工程。充分发挥政府、社会、学校的作用，构建政府、社会、学校三位一体的大学生创业就业有效机制，切实解决大学生创业就业难的问题，成为摆在我们面前的一项重大战略任务。

一、高校大学生创业就业的现状与问题

我国高等教育已从精英教育过渡到大众化教育阶段，高等教育招生数和在校生规模持续增加。2007 年全国各类高等教育总规模超过 2700 万人，高等教育毛入学率达到 23%，大学生创业就业工作相当繁重。目前，大学生创业就业状况不容乐观。据教育部统计，2002 年全国普通高校毕业生总数为 145 万人，比 2001 年净增 27 万人，增幅为 23%；2003 年毕业生人数 212 万人，比 2002 年增加 67 万人，增幅为 46%。2004 年毕业生人数为 280 万人，比 2003 年增加 68 万人，增幅为 32%。2005 年毕业生人数达 338 万人，比 2004 年增加 58 万人，增幅为 20.7%，2006 年达到 413 万人，比 2006 年增加 75 万人，增幅为 22.2%。2007 年达 495 万人，比 2006 年增加 82 万人，增幅为 20%。随之而来的是就业形势越来越严峻，2003—2007 年一次性就业率分别为 73.5%、73%、72.6%、71.9% 和 70.9%，也就是说，这五年没有正常就业的大学生分别有 56.2 万人、75.6 万人、94 万人、116 万人和 144 万人。而自主创业的大学生极少，而且创业成功率不高。

大学生创业就业仍然存在一系列问题。

（一）机制性矛盾

目前没有形成政府主导的大学生创业就业有效机制，政府的主导、调控作用体现不充分，有利的社会创业就业服务环境没有形成，学校尚未形成正规化的创业就业教育机制。创业就业教育、指导和服务环节薄弱，创业就业机制不健全，大学生自主创业的人数少。自主创业首先要有创业意识，而创业成功与否，主要取决于创业者创业能力和创新精神。有了创业意识、创业能力和创业精神，还需要政府、社会的有力配合，需要制度保障和有利的创业环境。虽然全国各省都相应地制定了多项促进高校毕业生自主创业的优惠政策，要求高校要开展普遍的创业教育，但总体上看，政策落实不力，就业创业方面的教育、创业指导和服务依然非常薄弱，专业

化、职业化、高水平的创业指导教师队伍还没有形成，政府提供的大学生创业政策和扶持力度不足，社会为大学生提供的创业氛围不够，高校大学生创业教育环节薄弱，大学生创业能力差，而且没有形成有效的大学生创业机制，导致主动创业和享受政策的大学生很少。就业指导机构建设、人员和经费投入等方面也严重不足，远远满足不了当前大学生的需要。

（二）观念性矛盾

大学生就业往往求大、求高、求稳，追求稳定的职业和稳定的收入，强调个人价值的实现。大学生到贫困地区和基层工作的积极性不高，数量不多。当代大学生在择业过程中，多数追求个人价值的实现和机会成本的高回报，受就业理念的影响，也由于大学生到基层就业的渠道不畅，大城市、发达地区是大学生优先考虑的地区，企事业单位、科研院所、金融机构等是大学生们优选的职业去向。据辽宁省《普通高等学校毕业生就业状况白皮书（2000—2004）》，从普通高校本科毕业生地区流向看，2000—2004年，去华北、东北、华东、中南地区就业的辽宁省本科毕业生人数呈现强劲的递增趋势，去西南、西北地区就业的本科毕业生人数波动幅度不大。如到华北、华东地区就业的大学生从2000年的2612人和3828人，增加到2004年的3859人和5544人，增幅分别为47.74%和44.82%；而去西南地区、西北地区就业的大学生从2000年的737人和707人，增加到2004年的786人和816人，增幅仅为6.65%和15.42%。从普通高校毕业生主要就业去向看，企业单位，机关、科研单位、国有企业、高等院校、金融单位等被公认为理想的就业单位。2000年去机关工作的毕业生为935人，而到2004年增加至1848人，增幅为97.6%；而去国有企业工作的毕业生从2000年的4619人增加到2004年的11490人，增幅为148%。这种现象就造成了基层人才的匮乏和都市人才的浪费、人才流向与分布的严重不均衡现象，不仅制约了区域经济的协调发展，也影响了和谐社会、社会主义新农村的建设。

（三）结构性矛盾

结构性矛盾包括高校专业设置与快速变化的市场需求和产业结构错位，教育布局结构与企业分布结构的矛盾，大学特色与大学职业化教育的矛盾。我国四年一个周期的高校专业设置决定着专业人才的产出量，大学生就业与产业结构的调整以及地区经济发展周期有较大的关联。产业结构调整带来的是职业、职位、岗位的变化，一个周期中会淘汰一部分职业，同时也会新生一部分职业。企业对各类专业技术人才和管理人才的需求变化速度是高校专业培养人才的2—4倍，形成了人才供需市场配置的时间差。四年前还是社会需求的热门职业，四年后变成了滞销专业。因此，高校的专业设置和人才培养要充分考虑社会需求和发展前景。而当前我国高校专业设置往往一哄而上，没有充分考虑市场需求的变化。

（四）政策性矛盾

对于高校重复建设问题缺乏政府的政策性支持。当前全国高校专业趋同和重复建设现象普遍，许多高校往往追求大而全、综合性，专业特色不明显；有些高校更名后，趋向综合性，原来的特色优势被削弱；有些工科院校也不断开设文科专业。以辽宁为例，辽宁有21所高校开设法学类专业，39所高校开设艺术类专业，18所学校开设体育类专业。IT类人才培养规模也在不断扩大，仅本科计算机科学与技术专业布点数就达到47个，许多高校还举办了各类IT类人才培养学院。这种重复建设现象会导致办学水平和教学质量参差不齐，人才质量不高，造成大学生的就业难。因此，在专业设置问题上，政府应当加强宏观调控能力。

二、建立大学生创业就业有效机制的对策

大学生创业就业问题是一项系统工程，需要全社会的共同努力。经过多年的探索，我国已经确立了与社会主义市场经济体制相适应的高校毕业生就业制度；建立了中央和地方两级管理、以地方管理为主的管理体制，形成了上下联动、齐抓共管的良好局面和工作机制；初步形成了促进毕业生就业的政策框架体系，创造了良好的政策环境；初步建立了毕业生就业指导服务工作体系。但是，制度、机制还不完善，面对高校毕业生的创业就业压力，我们必须创新工作思路，创新工作模式，创新工作机制。大学生就业工作中形成良好的政府、社会与学校三位一体的外部环境，实现三者的紧密配合，良性互动，形成规范、稳定的就业体制、机制，都是至关重要的。政府、社会与学校各司其职，准确定位，扮演好相应角色，并形成相互配合的就业体制与保障体系是解决大学生创业就业难的关键。

（一）构建政府主导的保障机制

加强大学生就业创业的指导与引导，要强化政府在大学生创业就业中的主导地位，形成有效的大学生创业就业制度保障机制。

第一，大力加强就业信息化建设，推进大学生就业信息工程。建立大学生创业就业综合网络服务体系，充分利用网络平台，提供权威、准确的就业信息，及时准确地发布就业岗位信息，预测就业环境变化与就业趋势等，及时发布高校毕业生就业状况动态监测、就业率统计、教育质量监测、专业设置调整预警反馈等信息，为大学生就业提供信息平台；政府要组织专门机构和人员对就业信息进行动态管理、开发和应用。通过设立较权威的网络平台，全口径向高校、社会开放并与高校网络对接，与用人单位对接，为高校大学生创业就业提供更多更广泛的就业信息快速通道，以解决用人单位和求职者的信息不对称问题，铺就大学生就业的信息高速公路。

第二，充分发挥政府的宏观调控作用。政府要按照社会（市场）需求和财力供给，确定招生和学生就业的指导性计划，控制供求总量平衡；政府通过拨款、奖学金制度，调节收费标准，在力求总量平衡的基础上，调节不同地区、行业和专业的人才供求；要制定促进大学生就业的相关政策，政府要通过立法，制定就业促进法和反就业歧视法，给大学生就业提供法律保障；政府通过法律保护、专项资助等手段，保护处于不利地位人群的求学和求职者的平等竞争地位不受损害。政府实行拨款倾斜、工资优惠等政策措施，保证国家紧缺专业、贫困地区和艰苦行业的人才需求。

第三，建立大学生创业就业的有效运行机制。进一步制定和建立完善的鼓励毕业生创业的政策体系，逐步建立起鼓励扶持大学生创业的工作体系和运行机制，带动和有效推进大学生就业。加强对高校毕业生自主创业工作的管理，进一步完善创业指导、服务体系，加强创业指导，营造支持创业、鼓励创业、保护创业的良好环境，推动创业就业和创新性社会建设。积极贯彻党的十七大精神，以创业带动就业，建立大学生创业专项基金、创业风险基金等，不断加大投入力度，不断完善省市乃至区县创业资金的积累与管理，教育主管部门及其他部门协管，并将其作为长期制度加以规范化、程序化、制度化。政府应配置必要的资源，着力办好就业中心、创业就业孵化基地、人才中心、信息中心等。制度安排要重点放在激励政策上，利用短贷转长贷、低息、无息、减税、缓税、免税等优惠条件，鼓励大学生自力更生、自主创业、自谋职业、自我完善、个性发展。要制定全国统一的具有操作性的鼓励政策，利用工资、津贴、基金、项目、创业待遇等多样化鼓励措施，靠政策、机制来让更多的大学生到基层创业就业。

第四，强化政府的规划、统筹、协调能力，推进大学生创业就业走向良性循环的发展轨道。政府应组织相关部门、高校、相关企业的专家，针对大学生就业问题，围绕高校培养目标、招生规模、学科建设、专业结构、资源配置等方面，结合社会产业结构、知识结构、人才需求、科技需求进行教学与实践、育人用人等方面的比较研究，科学评估和调整规划，并围绕规划运用科学的指标体系和强有力的行政手段、经济手段，制定办学的激励政策、约束政策，着力抓好五个统筹：一是统筹教育布局与地区发展的关系；二是统筹高校特色办学的定位问题；三是统筹解决重复办专业、重复建设问题；四是统筹高校专业调整与社会产业结构变化的关系；五是统筹高效发展与社会发展的人才需求关系。

（二）发挥社会服务功能

加强大学生就业创业的指导与引导，要充分发挥社会的服务功能，建立政府、社会、学校直接联系与沟通机制。

第一，要积极培育大学生就业中介机构，发挥其服务功能。社会中介机构在大学生就业过程中扮演着重要角色，成为学校、学生与用人单位联系的纽带与桥梁。随着大学生就业人数的不断增加，就业岗位增长相对缓慢，加之大学生就业经验不足，所获取的就业信息往往与就业实际状况不对称，缺乏一种专业机构来调节、平衡各方的信息交流。政府、企业、学校三者之间的交流协调必须由另外一种机构来实现——大学生就业中介机构。大学生就业中介机构具有社会服务功能，信息沟通功能，协调和管理功能，对信息起到一个上传下达、左通右播的作用，在政府决策过程中起到一个提供信息的参谋作用。对于学校，大学生就业中介机构可以起到指导、监督、咨询的作用，对于企业，它可以提供学校、政府的信息，为企业降低直接去获取信息的成本。因此，在中国，为大学生就业提供服务的社会中介组织的建立就显得非常必要和不可缺少。要从我国的实际出发，以政府为依托，以学校为基础，以企业为纽带，形成相对独立于政府、学校为社会服务的就业中介机构。

第二，用人单位要积极主动地承担大学生创业就业的社会责任，建立校企合作的长效机制。用人单位在大学生创业就业中扮演十分重要的角色。用人单位注重强化其协调高效的用人机制，使社会的人才资源配置更加快速协调，使毕业生择业效率更高。建立校企合作的长效机制，发挥各自优势，实现资源共享；为高校学生实践实习提供岗位与机会，提高大学生的实际工作能力，积累工作经验，作好就业前的"热身"；支持和参与大学生自主创业计划，提供一定的资金投入、技术支持等；积极吸收适合本企业要求的大学生就业。为此，要在政府的规划、协调下，大力倡导高校发挥资源优势，与企业合作，使双方资源共享、互利互惠、共同发展；大力倡导用人单位打破传统毕业期间招聘人才的模式，提前在招生过程中、在大学生在读期间建立"预约人才制度"、"订单招聘制度"、"定向选聘制度"、"委托培养制度"等；大力倡导社会人士及企业家、专业技术人员走进课堂，把学生与用人单位的长期链接融入大学育人的全过程；大力倡导大学生深入用人单位挂职锻炼、服务社会、锻炼自己；要积极培育社会创业意识，为大学生自主创业创造良好的社会氛围。

（三）深化教育教学改革

加强大学生就业创业的指导与引导，要深化高校教育教学改革，形成以市场为导向的大学生创业就业教育机制。

第一，高等教育改革要从提高大学生能力入手。高等学校要注重大学生的通识教育与能力培养，积极提供就业服务与指导。要强调大学基础阶段的"通识教育"，培养知识面宽的复合型人才。注重培养学生的创新能力；鼓励低年级学生从事社会实践与科研活动，提高学生学习的积极性和解决问题的实际能力；高校毕业生就业部门以及相应的管理人员应加强对大学生的就业指导，将指导工作贯穿于每一个学生大学生活的始终。

第二，加强对大学生的创业教育，设立创业实践基地。高校要把创新创业教育作为高等教育教学改革的重要内容，开展普遍的创业教育，培养大学生的创新精神和创业意识；要积极开展创业指导、培训和服务工作；高校除了设置创业教育课程外，还要设置创业中心，为具有创业意愿的学生提供一个实践和发展的机会。对有创业想法的大学生，创业中心要对其创业项目进行评估，并提供有相关背景的指导老师，学校要将创业实践转化为学分和成绩。通过"学习＋带薪实习＋学习"的方式，让大学生得到许多书本中学不到的知识，而大学生通过真实的工作，更能体会专业知识的价值所在，更能了解自己的兴趣和能力，也更能明白自己的职业发展方向；要宣传毕业生创业典型，坚持正确的舆论导向，营造良好的舆论氛围，引导大学生树立科学的创业观。

第三，高等教育改革要不断适应经济社会发展的需要。市场经济促进经济结构、产业结构、技术结构的变动，进而推动社会的全面进步。这势必引起社会职业结构的变动和职业流动性的增加，从而对人才素质提出新的要求。大学毕业生就业率与大学毕业生规模的关系，在一定程度上反映出市场对大学生人力资源的供求关系，这种供求关系的变动趋势对高等教育学科结构的调整具有实际意义。作为劳动力市场的供给方，高校需要建立与社会需求密切联系的机制，对就业市场的灵敏反应与调整机制，不断适应社会需要及变化。要改变当前各高校专业重复建设严重的现状，强化各高校的特色，形成以市场需求为导向的人才培养机制，使学校的人才培养能更贴近社会的需求，有效地解决大学生创业就业问题。

第四节　共产党的先进性与党的先进性建设

把党的先进性建设作为关系马克思主义政党生存发展的根本性问题，是以胡锦涛为总书记的党中央面对新的国际国内形势，面对我们党肩负的重大历史使命，对加强和改进党的建设提出的新要求，是我们党对马克思主义建党理论和建党学说的创新与发展，是对共产党执政规律认识的深化和升华。党的先进性是具体的、历史的。党的先进性既不是与生俱来的，也不是一劳永逸的，必须通过长期坚持不懈的先进性建设才能得以保持。我们党成立 80 多年来，始终高度重视保持党的先进性，在党的先进性建设方面积累了丰富的经验。如果说先进性是马克思主义政党的根本特征，那么先进性建设则是保持这一特征的根本举措。实践证明，先进性是我们党的生命所系、力量所在。加强党的先进性建设，始终是我们党生存、发展、壮大的根本。

一、先进性是指向明确、内涵丰富的科学概念

先进性是一个政党把握社会发展规律、推动社会历史前进、始终走在时代前列的根本特征。"保持共产党员的先进性"中所提到的"先进性"包括"党的先进性"和"党员的先进性"两个含义。

先进性是相对而言的。共产党的先进性，是相对于其他政党，特别是

相对于其他工人阶级政党而言的。共产党的先进性是作为一个整体的马克思主义政党区别于一般工人阶级政党的先进性。"共产党的先进性"的基本内涵就在于共产党是工人阶级的先锋队。这是马克思主义政党的本质特征，是马克思主义对工人阶级政党的根本要求。《中国共产党章程》指出："中国共产党是中国工人阶级的先锋队，同时是中国人民和中华民族的先锋队，是中国特色社会主义事业的领导核心，代表中国先进生产力的发展要求，代表中国先进文化的前进方向，代表中国最广大人民的根本利益。党的最高理想和最终目标是实现共产主义。"① 这是对党的性质，也是对党的先进性所作的具有时代意义的科学概括。

党的先进性和党员的先进性是密切联系又有所区别的两个问题。党的先进性是党的生命。党的先进性与党的理论、纲领、宗旨紧密联系，体现在党的路线、方针、政策等各个方面。它决定每个党员必须是工人阶级的先锋战士。党员的先进性则是党的先进性的组成部分，是党的先进性的基本载体和主要体现者。作为先锋队的成员，共产党员应当具备不同于普通个人、普通群众的素质，如共产主义世界观、全心全意为人民服务的思想、高尚的道德品质、优良的作风、严格的纪律，等等。这些都是共产党员先进性的具体体现。党是由全体党员组成的，党员是党的肌体的细胞和党的行为主体。只有广大党员保持先进性，党的先进性才能具备坚实基础和根本保障，党的创造力、凝聚力和战斗力才能得到充分发挥。

马克思主义不仅高度重视党的先进性，而且提出了判断马克思主义政党先进性的具体标准。毛泽东指出："中国一切政党的政策及其实践在中国人民中所表现的作用的好坏、大小，归根到底，看它对于中国人民的生产力的发展是否有帮助及其帮助之大小，看它是束缚生产力的，还是解放生产力的。"② 邓小平在 1992 年南方谈话时说："判断的标准，应该主要看是否有利于发展社会主义社会的生产力，是否有利于增强社会主义国家的综合国力，是否有利于提高人民的生活水平。"③ 江泽民《在庆祝中国共产党成立八十周年大会上的讲话》中，对党的先进性的判断标准作了

---

① 《中国共产党章程》，人民出版社 2002 年版，第 1 页。
② 《毛泽东选集》第 3 卷，人民出版社 1991 年版，第 1079 页。
③ 《邓小平文选》第三卷，人民出版社 1993 年版，第 372 页。

更加明确的阐述。他说："看一个政党是否先进，是不是工人阶级先锋队，主要应看它的理论和纲领是不是马克思主义的，是不是代表社会发展的正确方向，是不是代表最广大人民的根本利益。"①

在新的历史条件下，胡锦涛以马克思主义政党的学说为指导，结合新形势新情况，提出了新时期共产党员保持先进性的基本要求：一是要坚持理想信念，坚定不移地为建设中国特色社会主义而奋斗。二是要坚持勤奋学习，扎扎实实地提高实践"三个代表"重要思想的本领。三是要坚持党的根本宗旨，始终不渝地做到立党为公、执政为民。四是要坚持勤奋工作，兢兢业业地创造一流的工作业绩。五是要坚持遵守党的纪律，身体力行地维护党的团结统一。六是要坚持"两个务必"，永葆共产党人的政治本色。②

二、先进性建设是党的建设的根本性建设

我们党从开展"保持共产党员先进性教育活动"，到明确提出"党的先进性建设"，是积极探索、深刻认识共产党执政规律、社会主义建设规律、人类社会发展规律的成果，是先进性教育活动的进一步深化。无论是从一个政党自身发展的角度考察，还是站在中华民族伟大复兴的高度看，党的先进性建设都具有重大的战略意义。

（一）党的先进性建设是党自身建设的根本任务

先进性对任何政党都是至关重要的，对马克思主义政党更是生死攸关的根本问题。中国共产党作为拥有7000多万名党员的世界上最大的马克思主义执政党，肩负着重大的历史责任，面临着长期执政的考验，能否搞好先进性建设，直接关系党的执政地位的巩固和党的事业的兴衰成败。

先进性建设是由马克思主义政党的属性决定的。马克思主义政党是工人阶级的先锋队。工人阶级作为发展先进生产力的主体，具有其他任何阶级都无法相比的先进性。因此，先进性是马克思主义政党的根本特征，也是马克思主义政党的生命所系、力量所在。我们党是中国工人阶级的先锋队，同时是中国人民和中华民族的先锋队，代表中国先进生产力的发展要

---

① 《江泽民论有中国特色社会主义（专题摘编）》，中央文献出版社2002年版，第608页。
② 《胡锦涛在新时期保持共产党员先进性专题报告会上的讲话》，《人民日报》2005年1月15日。

求，代表中国先进文化的前进方向，代表中国最广大人民的根本利益。马克思主义政党的属性，决定了中国共产党必须始终站在时代前列，引领工人阶级和广大人民朝着合乎人类进步和社会发展要求的方向前进；决定了中国共产党必须视先进性为生命、以先进性为追求，始终把先进性建设作为自身建设的根本任务。

先进性建设是由党长期执政面临的考验决定的。中国共产党已经走过了88年的光辉历程，历经革命、建设和改革，从领导人民为夺取全国政权而奋斗的党，成为领导人民掌握全国政权并长期执政的党。历史方位的变化，决定了我们党所肩负的任务、所面对的环境、所采取的领导方式等都与执政前有了很大不同。在执政的条件下，党的先进性不仅由自身的阶级属性来说明，更要由执政能力、执政绩效等来体现，先进性与党的执政地位的巩固、与党的治国理政的实践直接相关。面对长期执政的考验，我们党只有将先进性建设作为自身建设的根本任务，进一步增强先进性建设的意识，明确先进性建设的目标，把握先进性建设的要求，把先进性建设贯穿在工作中、落实到行动上，真正抓出成效、抓出成果，才能更好地巩固和带领全国各族人民为完成党的执政使命而奋斗。

（二）党的先进性建设是党的建设的根本

党的建设包括思想建设、组织建设、作风建设和制度建设，等等。党的先进性建设贯穿于党的建设的各个方面，引领着党的建设的基本方向，是党的各个方面建设的总目标，也是衡量党的各个方面建设成效的重要标准。因此，党的先进性建设始终是党的根本性建设，抓住了党的先进性建设，就抓住了党的建设的根本。

党的先进性建设具有全局性，贯穿于党建的各个方面和领域。党的先进性建设不同于党的某一领域、某一方面的建设，其目标是使各级党组织始终发挥领导核心作用和战斗堡垒作用，使广大党员始终发挥先锋模范作用，使我们党不断提高执政能力、完成执政使命、巩固执政地位。这一目标要求，决定了党的先进性建设具有全局性、统领性的特点，在党的建设中处于核心地位。党的思想建设、组织建设、作风建设和制度建设是党的建设的重要组成部分，但都只是某一领域的建设，带有具体性、专门性的特征，必须围绕保持党的先进性这一总目标而展开。可以说，党的先进性建设只有通过党的思想建设、组织建设、作风建设和制度建设才能落到实处、取得实质性效果；而党的思想建设、组织建设、作风建设和制度建设又必须以先进性为主题、围绕先进性建设而展开，以实现先进性建设的目标为出发点和归宿。由此可见，党的先进性建设是一个总题目，是统领党的建设的灵魂和主线。

党的先进性建设是党的执政能力建设的关键所在。党的先进性建设与党的执政能力建设密切相关，但又有所不同。党的先进性建设贯穿于党的建设的全过程，是我们党从诞生之日起就存在的根本性建设；而党的执政能力建设是党在执政条件下的一项根本建设。党的十六届四中全会指出："执政能力建设是党执政后的一项根本建设"；① 胡锦涛强调：党的先进性建设"始终是我们党生存、发展、壮大的根本性建设"。② 这为我们把握两者之间的基本关系指明了方向。可以说，党的先进性建设是党的执政能力建设的关键所在，必然内在地包含着执政能力建设方面的要求，抓住了党的先进性建设，就抓住了党的执政能力建设的关键；党的执政能力建设是执政条件下党的先进性建设的现实要求，其目标归根到底是使我们党始终做到"三个代表"、永远保持先进性。党的先进性要通过执政能力和执政绩效来体现，又要通过加强党的执政能力建设来保持、来发展。推进新世纪党的建设新的伟大工程，必须以党的先进性建设为根本，以党的执政能力建设为重点，以党的思想建设、组织建设、作风建设、制度建设为保障。

（三）落实科学发展观和构建和谐社会的重要保障

党的十六大以来，以胡锦涛为总书记的党中央高举邓小平理论和"三个代表"重要思想伟大旗帜，继往开来，与时俱进，提出了树立和落实科学发展观、构建社会主义和谐社会等一系列重大战略思想。加强党的先进性建设，保持和发展党的先进性，既是落实科学发展观和构建和谐社会的必然要求，又为落实科学发展观、构建和谐社会提供了坚强保证。

科学发展观是与时俱进的马克思主义发展观，是推进社会主义现代化建设必须长期坚持的重要指导思想。落实科学发展观，就是坚持以人为

---

① 《中共中央关于加强党的执政能力建设的决定》，《人民日报》2004 年 9 月 27 日。

② 《胡锦涛在新时期保持共产党员先进性专题报告会上的讲话》，《人民日报》2005 年 1 月 15 日。

本，转变发展观念，创新发展模式，提高发展质量，落实"五个统筹"，把经济社会发展切实转入全面协调可持续发展的轨道，实现经济社会又好又快发展。构建社会主义和谐社会，就是把社会建设与经济建设、政治建设、文化建设一道纳入中国特色社会主义事业的总体布局，建设民主法治、公平正义、诚信友爱、充满活力、安定有序、人与自然和谐相处的社会。落实科学发展观，构建社会主义和谐社会，不但赋予党的先进性新的内涵，而且对党的建设特别是党的先进性建设提出了新的要求：我们党的理论和路线方针政策必须更加顺应时代发展的潮流和我国社会发展进步的要求，反映全国各族人民的利益和愿望；各级党组织必须不断提高创造力、凝聚力、战斗力，始终发挥领导核心作用和战斗堡垒作用；广大党员必须不断提高自身素质，始终发挥先锋模范作用。落实这些要求，就需要进一步加强党的先进性建设。

落实科学发展观、构建社会主义和谐社会，要靠我们党不断加强先进性建设，始终走在时代前列，不断提高执政能力来保障。只有不断加强党的先进性建设，把党的先进性要求转化为全党的实际行动，切实落实到发展先进生产力、发展先进文化、实现最广大人民的根本利益上来，才能推动经济社会发展切实转入科学发展的轨道，才能构建社会主义和谐社会。可以说，不断加强党的先进性建设，对于落实科学发展观、构建社会主义和谐社会有着至关重要的保证作用。党的先进性建设及其价值、功能、意义，绝不止于党的自身建设，而且直接影响我们党倡导、组织、实施的一系列重大实践。科学发展观的要求能不能真正落实、科学发展的目标能不能实现，关键取决于我们党的先进性建设；社会主义和谐社会能不能构建起来、能不能构建好，关键也取决于我们党的先进性建设。

（四）中国特色社会主义事业的重要组成部分

我们党是中国特色社会主义事业的领导核心，这就决定了党的建设在中国特色社会主义事业中具有特殊重要的地位，直接影响和决定着社会主义经济建设、政治建设、文化建设和社会建设的成败。党的先进性建设作为党的根本性建设，是中国特色社会主义事业不可或缺的重要组成部分，对于推进中国特色社会主义事业，实现国家富强、民族振兴、社会和谐、人民幸福具有极其重要的作用。

党的先进性建设对推进中国特色社会主义事业具有重要作用。当前，无论从国际看还是从国内看，我们既面临着需要紧紧抓住的发展机遇，也面对着需要认真对待的严峻挑战。能不能从容应对复杂多变的国际局势，科学把握我国改革发展的进程，关键在党。我们党作为中国特色社会主义事业的动员者、组织者、规划者、领导者，只有不断加强自身建设，把党建设成为一个始终具有先进性、时时体现先进性、处处拥有先进性的马克思主义执政党，才能团结和带领全国各族人民大力推进社会主义经济建设、政治建设、文化建设和社会建设。从这个意义上说，党的先进性建设既是中国特色社会主义事业的重要组成部分，也是不断开创中国特色社会主义事业新局面的可靠保障。

党的先进性建设对实现国家富强、民族振兴、社会和谐、人民幸福具有重要作用。我们党在建设中国特色社会主义的进程中，着眼于新的实践和新的发展，坚持用发展的眼光审视和评估自己，以改革的精神加强和完善自己，不断加强党的先进性建设，使党永葆先进性，始终代表中国先进生产力的发展要求，始终代表中国先进文化的前进方向，始终代表中国最广大人民的根本利益，这就为实现国家富强、民族振兴、社会和谐、人民幸福提供了坚强的政治保证和组织保证。

三、共产党员永葆先进性的实现途径

加强党的先进性建设，是一个理论问题，更是一个实践问题。党的先进性，归根到底要到实践中去考察、去保持、去发展、去检验。我国正处于全面建设小康社会、加快推进社会主义现代化的新的发展阶段，新的形势和任务对保持共产党员先进性提出了新的更高的要求。从总体上看，我们的党组织和党员队伍是好的，是有战斗力的，但党员队伍中也存在着与保持党的先进性要求"不适应"、"不符合"的问题，有的问题还相当严重。探索加强党的先进性建设的有效途径和措施，是一个重大时代课题。

（一）坚持用科学发展观武装头脑、指导工作

党的先进性历来是随着形势和任务的变化而不断丰富和发展的。时代和实践的发展，总是不断给我们党提出新的要求，也不断赋予党的先进性以新的内涵，要求我们不断用党的理论创新成果武装头脑。当前，加强党的思想理论建设，保持党的先进性，最根本的就是要深入学习贯彻邓小平理论和"三个代表"重要思想，坚持用科学发展观武装全党。科学发展观是以胡锦涛为总书记的党中央认真总结我们党带领人民推动我国发展的

长期实践经验，从新世纪新阶段党和国家事业发展全局出发提出的重大战略思想，是对马克思列宁主义、毛泽东思想、邓小平理论和"三个代表"重要思想关于发展的思想的继承和发展，是指导发展的世界观和方法论的集中体现，是推进社会主义经济建设、政治建设、文化建设和社会建设全面发展的指导方针。树立和落实科学发展观，是对"三个代表"重要思想的最好坚持，是实践"三个代表"重要思想的最好体现。要继续加强科学发展观的学习、宣传、教育，引导广大干部群众深刻认识科学发展观的时代背景、指导意义、科学内涵、本质要求，从而切实把思想统一到科学发展观上来，不断增强贯彻落实科学发展观的自觉性和坚定性。要坚持把学习贯彻科学发展观同促进经济社会发展的实践结合起来，同构建社会主义和谐社会的各项工作结合起来，同推动干部作风的进一步转变结合起来，努力把科学发展观的要求转化为谋划发展的正确思路，转化为促进发展的政策措施，转化为领导发展的实际能力，转化为人民群众的自觉行动，真正把科学发展观的要求体现在经济社会发展的各个方面和各项具体工作中，体现到不断提高领导经济社会发展的能力和水平上来。

（二）不断强化立党为公、执政为民的宗旨意识

我们党的根基在人民、血脉在人民、力量在人民，在任何时候任何情况下都必须坚持全心全意为人民服务的宗旨，把实现人民群众的利益作为一切工作的出发点和归宿。坚持立党为公、执政为民，是党的宗旨的根本要求。必须看到，在长期执政的条件下，在对外开放和发展社会主义市场经济的环境中，党员干部容易受到各种腐朽思想的侵袭，脱离群众的危险增加了，保持先进性的难度加大了。因此，进一步加强党的先进性建设，必须不断强化立党为公、执政为民的宗旨意识，教育引导广大党员特别是各级领导干部牢固树立马克思主义的世界观、人生观、价值观和正确的权力观、地位观、利益观，自觉做到权为民所用、情为民所系、利为民所谋，真正把先进性要求落实到思想和行动上，落实到全部执政实践中，努力实现好、维护好、发展好最广大人民的根本利益。

（三）不断探索党员先进性建设的长效机制

党员先进性建设是一项复杂的系统工程。长效机制主要是针对党员中存在的问题，队伍建设力度不够，制度化、规范化、程序化相对滞后，等等，构建一套先进性建设的制度体系。其中应突出制度建设的科学性、层

次性和可操作性，明确制度之间的内在联系，使各种制度、规定环环相扣、相互配合，形成实用化、程序化的一个制度体系。有了完善的制度体系，还必须加强落实，不断强化约束、激励党员自身遵循制度的力量，使制度体系成为自律与他律、自觉与强制相统一的长效机制链，从而起到使党员长期受教育、永葆先进性的作用。

第一，建立党员先进性建设的自律机制，即自我约束机制。主要包括党员先进性建设的长效学习、教育机制，党员先进性建设长效联系和服务群众的信任机制，党员先进性建设的长效民主参与机制和创新机制。党员要主动、自觉地学习马克思主义的基本理论，把一个时期的集中学习转化为经常性的学习活动和自学，同时主动了解和掌握党的路线、方针和政策，使自己成为一个学习型的人。党员要深入社会、深入群众，主动配合党组织使党员联系和服务群众的实践活动制度化，同时根据实际情况寻求党员联系和服务群众的载体，如党员"先锋岗"、"示范点"、"责任区"以及"挂牌服务"等活动用制度的方式固定下来。也可以通过党员与困难群众结对帮扶等形式，为群众解决工作、生产、生活中存在的实实在在的困难和问题。通过这些方式可以为党员提供联系基层单位、联系工人农民和其他党员的有效渠道，更能增加群众对党员的信任度，并内化为先进性建设的有效动力。要提高党员参政议政意识和责任意识，使党员主动把自身发展、个人前途与党的事业、单位的工作有机结合起来，构建党员参与党内事务的经常性制度。创新是一个政党不断前进、永葆先进性的动力支持，创新机制就是要不断开展研究，提出新思想，推出新举措，总结新经验。比如，利用现代网络技术，创设党员先进性建设的论坛或者网页，让党员在网上交流、倾诉和聆听，起到自我教育的作用。

第二，建立党员先进性建设的长效他律机制。建立党员先进性建设的长效他律机制，即通过外部力量对党员进行先进性教育的监督和约束机制。主要包括党员先进性建设的长效管理、监督和约束机制，党员先进性建设的长效激励引导机制，党员先进性建设的长效评价鉴定机制。要把好"入口"、"出口"关，发展党员时要严格按照党员标准考核、考查、考验，成熟一个发展一个，不能性急贪多，也不能因业务能力强等原因而放宽对党性修养的要求。对于丧失党的先进性和已经蜕化变质的个别党员也不能姑息，应通过有效渠道实行淘汰。要建立新的管理体制和管理模式，利用高科技手段，实现对党员的分类管理、弹性管理、科学管理、有效管理、全员管理，等等。要强化党员的监督约束机制，监督包括党内监督和党外监督。党内监督主要是通过发扬党内民主，以开展批评为主要手段，以党的纪律检查机关为保障，加强对有权管人、管钱的重要岗位以及关键人员进行有效监督，防止滥用职权、以权谋私甚至贪赃枉法、腐败变质。党外监督更是一种十分有效的他律机制，是促进自律机制的有效方法，其中包括群众监督、民主党派监督和新闻舆论监督，等等，关键是畅通渠道，实现有力、有效的监督。在建立激励引导机制方面，首先要采取外部诱因作用于人内心情感，从而激发人内在活力和主观能动性的一种现代管理手段。建立这一机制能够唤起党员内在动力，使党员在实现组织目标的同时实现自身需要，从而保持他们的创造性和工作热情，长期有效地保持党员的先进性。其次要注重激励运用的制度化、经常化。一方面将运用什么激励方式来引导党员，要明确告诉广大党员，并向社会公开；另一方面要经常进行，使党员有稳定的制度预期，从而唤起党员内心的激励期待，以利于长期保持党员的先进性。在建立长效评价鉴定机制方面，要立足于学习践行"三个代表"重要思想，自觉用"三个代表"重要思想来指导每个党员的言行。评价一个党员是否具有先进性，根本就是要看其是否自觉践行"三个代表"，做到了权为民所用、利为民所谋。

第三，建立党员先进性建设长效机制的保障措施体系。主要包括党员先进性建设长效机制的组织领导保障、人才资源保障、现代技术保障、专用经费保障和法规制度保障。要指定或组建专门的党委部门或机构来负责先进性建设工作，建立目标责任制，形成一级抓一级、一级带一级、一级促一级的岗位责任制。要培养和组织一支业务能力强，政治素质高，经济、法律、管理等各方面知识比较丰富的从事党员队伍建设的专门人才队伍，以确保长效机制高水平、高效率地运行。要不断更新党员队伍管理的技术手段，提高党员队伍建设的科技含量；充分利用网络信息技术成果，加强科研攻关力度，开发现代化管理系统。在经费保障方面，一方面要做好计划，做到专项列支，确保经费支出有稳定充足保障；另一方面要搞好节约，提高经费利用率。对保持党员先进性的经费要做到专款专用，不挪用截留，要精打细算，不铺张浪费，以发挥经费的最大效用。要通盘考虑长效机制运行过程中可能出现的情况和问题，研究新情况，提出新对策，以党内的法规制度来规范党员队伍建设中的问题。要以制度法规明确长效机制的责任人和责任部门，确保机制运行责任制真正发挥效用。要以法规制度来及时总结、强化巩固长效机制所取得的成效，不断巩固和扩大保持党员先进性的成效，提高新时期党员队伍建设水平。

第五节　青年党员的入党动机与党性修养

加入中国共产党是当代青年的政治追求和强烈愿望，也是党组织对广大青年的殷切期望。要使自己早日成为一名真正的中国共产党党员，必须树立正确的入党动机，按照党员标准严格要求自己，不断加强党性修养，在实际工作中发挥共产党员的先锋模范作用，在全面建设小康社会、实现中华民族伟大复兴的宏伟事业中，实现人生的政治追求。

一、入党愿望与端正入党动机

（一）入党动机与人生目的

人的任何行为都具有目的性。每个青年决定自己向党组织提出入党申请，对个人、对党组织都是一项非常重要的事情，所以，必然首先提出和回答"现在要求入党为什么"、"加入党组织以后做什么"、"将来身后留点什么"的问题。这就是入党动机问题。加入中国共产党为什么必须首先解决入党动机问题呢？

第一，这是由人的思维和行为特点所决定的。"动机"就是推动人从事某种行为的念头，是人为某一件事不懈追求并为之奋斗的原动力，是人的本质特征的具体表现。受个人认识水平和客观环境的影响，人的动机自古以来就存在"善"和"恶"两种截然不同的思想出发点。良好的动机会促使人们客观地、科学地对待客观事物，遵循事物发展的客观规律，并站在人民群众的立场上为实现某一目标而奋斗；不良的动机会促使人们片面地、狭隘地对待和思考客观事物，违背事物发展的客观规律，站在急剧膨胀起来的个人利益的立场上，为实现个人利益而工作和追求。

两种不同的思想观念，其结果截然相反。我们党内曾经出过大叛徒向忠发。他虽然入了党，在党内取得了领导职务，但并没有解决为什么入党的问题。当党内同志告诫他不要外出，防止被特务认出后，他却忘不了花天酒地的物质生活，为一己之私而破坏组织纪律，不仅被特务认出、逮捕，自己也背叛了党。所以，不首先解决入党动机问题，什么事情也干不了，干了也干不好。

第二，这是由中国共产党的性质和宗旨所决定的。中国共产党是中国工人阶级的先锋队，同时是中国人民和中华民族的先锋队。既然是先锋队，就要求党把人民的利益放在首位。新民主主义革命时期，党领导人民同帝国主义、封建主义和官僚资本主义的浴血斗争是为了人民的翻身解放；社会主义现代化建设时期，大力推进改革开放，全面建设小康社会，是为了人民幸福美好的生活。所以，执政为民是中国共产党的必然要求。党是由党员组成的，党的事业是由党员通过发挥先锋模范作用而率领人民群众去进行的。这就必须使每一个党员都能切实把党和人民的利益放在首位，自始至终地为党和人民的利益而奋斗。

同时，为了保证党的先进性和党员队伍的纯洁性，中国共产党对每一个要求入党的人都要进行长期的考验。一个人如果没有解决好入党动机，面对党组织多方面的考查和考验，就会丧失信心，放弃追求，最终也难以实现加入党组织的美好愿望。有的同志抱着正确的动机要求入党，虽然由于各种原因没能较早入党，但他们仍然矢志不渝，坚定地为党和人民的事业而奋斗。也有的人抱着个人目的要求入党，开始很积极，但经受不住长期的考验，对党组织有偏见，最后放弃了自己的政治追求。这是非常遗憾的。

第三，这是由青年知识分子的思想特点所决定的。大学时代是人的世界观、人生观、价值观形成的重要时期，把树立正确的思想观念同端正入党动机结合起来，有利于青年一代的健康成长。当代青年具有知识基础扎实、开拓意识强烈等特点和优点，但缺乏艰苦环境的磨炼和考验，缺乏对社会实际的了解，尤其对党的光辉历程缺乏实际体验，把对党的感性认识上升到理性认识就更有难度。而实际生活中，在对待入党的问题上，也存在种种不正确的认识，需要我们认真剖析，正确对待。

第一，觉得当党员光荣而要求入党。共产党员的称号的确是光荣的。但是我们必须看到，共产党员称号之所以光荣，就在于他们一切为了人民、一切依靠人民、一切服务人民，能够为国家和人民的利益不惜牺牲个人的一切。也就是说，共产党员的光荣是与责任和奉献紧密联系在一起的。如果一个人要求入党，只是为了荣耀，为了脸面好看，而不准备为党和人民的事业做艰苦的工作，那与共产党员的光荣称号是不相称的。

　　第二，为了到党内捞取某种好处而要求入党。这样的动机与党的根本宗旨是背道而驰的。在党执政的情况下，入党以后还可能担任党和政府的领导职务，得到提拔、重用，手中拥有一定的权力。但是，这种提拔、重用，只意味着党员要担负起更重大的责任，更好地为人民服务，而绝不意味着党员一旦拥有了权力就可以捞取私利。任何以权谋私的行为，都是党和人民所不允许的。我们要"立党为公"、"执政为民"。因此，有到党内捞取好处的意识的人，应当自觉克服私心杂念，真正树立起共产主义世界观和人生观，以实际行动端正入党动机。

　　第三，看见别人提出入党申请，自己也跟着申请，"随大溜"，没有认真思考到底为什么要入党。这是一种带有盲目性的入党动机。应当肯定，这些人提出入党申请，是一种要求进步的表现。但是，一个人要求入党，应该有坚实的思想基础，明确自己肩负的历史责任，懂得工人阶级的历史使命，并决心为实现共产主义而贡献自己的一切。如果没有这样的思想基础，只是为了入党而入党，那是不具备入党条件的。

　　（二）端正入党动机的基本要求

　　端正入党动机十分重要，需要我们认真对待。但解决起来也不难，关键是"首先在思想上入党"。① 这是我们党总结自身建设历史得出的基本经验。党的十七大指出："实现理论建设是党的根本建设"，要"加强党员、干部理想信念教育和思想道德建设，使广大党员、干部成为实践社会主义核心价值体系的模范，做共产主义远大理想和中国特色社会主义共同理想的坚定信仰者、科学发展观的忠实执行者、社会主义荣辱观的自觉实践者、社会和谐的积极促进者。"② 在新的历史条件下，按照全面推进党的建设新的伟大工程的要求，端正入党动机，要切实从思想上解决问题，切实从思想深处正确回答"三问"。

　　1. 现在要求入党为什么？

　　在向党组织递交申请书、向党组织汇报思想的时候，几乎每个人都会不假思索地回答：始终代表最广大人民的根本利益，为实现共产主义而奋

　　① 江泽民：《在庆祝中国共产党成立八十周年大会上的讲话》，人民出版社 2001 年版，第 31 页。

　　② 《中国共产党第十七次全国代表大会文件汇编》，人民出版社 2007 年版，第 49 页。

斗。但是嘴里说的和心里想的还是存在很大差距的。关键是内心是怎样想的，真实动机是什么。在革命战争年代也存在入党动机不纯的问题。但那个时候入党和参加革命意味着可能随时献出生命，而且我们处在被统治的地位，所以那时候有当官求荣念头的人相对少一些。中国共产党成为执政党以后，这个问题就显得突出了。执政就意味着拥有权力和地位，以及随着权力和地位带来的其他一些东西。刘少奇曾说："在有些人看来，现在加入共产党，不但不要担负什么风险，而且可以获得个人的许多保障以及荣誉、地位等等。"① 当然，对这个问题也要一分为二地看。有的人动机不纯，但是经过党内教育和管理，逐渐走上了正确的轨道；一些人要求入党之初的动机是很复杂的，固然有立志为实现党的宗旨、为共产主义而奋斗的，也有为实现个人人生价值找出路的，还有为升官发财而要求入党的。但绝大多数人在党的教育下，努力学习，注重改造，最终解决了思想上入党的问题，把要求入党的动机转移到正确的轨道上来，较好地解决了"为什么"的问题，从而兢兢业业地为党的事业而奋斗。

总结党的历史就可以发现，在"要求入党为什么"这个问题上来不得半点含糊。"要求入党为什么"是一切问题的开始，这个问题没有解决好，对于个人和国家都是损失。正因为如此，中国共产党始终强调共产党员思想上入党的重要性；正因为如此，每一个要求入党或已经入党的人，都必须认识到正确回答"现在入党为什么"这个问题的重要性。

2. 加入党组织以后做什么？

入党是为了一种理想、追求，所以在没有入党之前就要认真思考入党以后的事情。在党的十届三中全会上，邓小平说："出来工作，可以有两种态度，一个是做官，一个是做点工作。我想，谁叫你是共产党人呢。既然当了，就不能够做官，不能够有私心杂念，不能够有别的选择。"② 邓小平以为党和人民鞠躬尽瘁的实际行动给每一个想入党或已入党的同志作出了回答，树立了榜样。作为执政党的党员，若不切实解决好入党之后做什么的问题，就会损害党的利益，就会给党和人民造成损失。江泽民曾经语重心长地告诫我们："在执政条件下，共产党员坚持全心全意为人民服

① 《刘少奇选集》下卷，人民出版社1985年版，第68页。
② 《敬爱的邓小平同志永远活在我们心中》，人民出版社1997年版，第19页。

务的宗旨，坚持廉洁奉公，必须正确认识和对待我们手中的权力。我们的干部必须时刻记住，自己手中掌握的权力是人民赋予的，只能用来为人民谋利益，决不能用来为个人或小团体捞取好处，不能损害人民的利益。……古人说：'公生明，廉生威。'如果以权谋私，势必丧失民心。大家要忧党忧国啊！"①

3. 将来身后应该留点什么？

是名垂青史，还是留下千古骂名，是每一个人心里都始终掂量的一件事。古代的仁人志士对此非常重视，把青史留名看得比生命更重要。岳飞"精忠报国"，文天祥"留取丹心照汗青"，于谦"只留清白在人间"。古人尚且如此，共产党人更应该从中学习、借鉴，立志在自己有限的生涯里，为历史、为人民留下点闪光的东西，也为子孙留下点令人骄傲的东西，比如留精神留美德，留功劳留政绩，留廉洁家风，绝不能在身后留下耻辱，留下笑柄，留下反面教材，留下千古骂名。

江泽民指出："共产党人时时刻刻都应该把党和人民的利益放在首位，对个人的名利地位看得淡一些。我们来到这个世界上，对名位钱财之类，生不带来，死不带去，总要多做些有益于国家、社会和人民的事，这才是人生价值的根本体现。元曲和《红楼梦》中都有'赤条条来去无牵挂'这样的话，我们有什么个人的东西不能割舍啊？我国历史上有许多格言警句和诗词歌赋，都是劝人要奋发向上，淡泊处世，不要为了一点蜗角虚名、蝇头小利而蝇营狗苟地生活。老子就说过：'祸莫大于不知足，咎莫大于欲得。'我不是说要大家'看破红尘'，那是一种消极的生活态度。我们共产党人的哲学是奋斗的哲学，要为党、为国家、为民族、为人民的利益而不懈奋斗。对个人的名利，要看得开一些，否则很难经受住改革开放和发展社会主义市场经济这种新的社会环境的考验。"② 我们一定要切实留好身后事，不论什么时候、处于什么情况下，都不淡忘党的宗旨，不丧失党性和人格。

解决好"三问"，端正入党动机，不仅是入党以前的事，更是入党以后必须经常扪心自问、严格要求的问题，是一辈子的事情。有的人虽然组

① 江泽民：《论党的建设》，人民出版社2001年版，第173页。
② 同上书，第369—370页。

织上入了党，但入党动机并没有正确解决；有的人入党时动机是端正的，但后来放松了政治学习和思想改造，意志衰退了，甚至蜕化变质了。这些人，虽然组织上入了党，但是，没有树立好或者没有能够经常保持正确的入党动机的问题，遇到适当的气候，就会犯错误。因此，每一个要求入党的同志，不论组织上是否入了党，都应做到首先在思想上真正入党，而且要长时期地注意检查自己做一个共产党员的动机，克服那些不正确的思想，绝不能入党前拼命干，入党后松一半。

（三）自觉接受党组织的教育和考查

1. 党组织教育考查入党积极分子的主要任务

有的青年大学生在向党组织递交申请书时就认为自己做得很优秀、很突出，已经符合党员的条件，应该很快就入党了。但是，按照党章的规定，每个争取入党的同志从申请入党时起，都要经过党组织一定时间的教育和具备一定条件才能被吸收入党。这样的规定并不是否定这些同志过去和现在的表现，而是出于帮助要求入党的同志提高思想政治素质和党性修养的目的。自发的工人运动不能产生科学社会主义，必须对工人阶级进行科学理论的教育，使他们了解人类社会的发展规律和工人阶级的历史使命。青年学生虽然学习了一些科学理论，但理论的目的在于应用，在于改造客观世界和主观世界，单纯依靠学到的一些书本知识和某些自发活动，是很不够的，必须接受党组织的帮助和教育。

党组织培养教育要求入党的同志，主要是解决以下两个问题。

第一，帮助要求入党的同志不断端正入党动机。一个人从提出入党申请到入党以后，都存在着不断端正入党动机问题。这是因为在提出入党申请时，就可能有各种各样的原因和目的，在要求入党的问题上有的人目的比较明确，有的人不太明确，有的人甚至是错误的。这就需要党组织的帮助，把不够明确的目的明确起来，把不够正确的入党动机端正起来，去掉错误的入党动机。同时，在争取入党的过程中，会经常遇到正确动机与错误动机之间的矛盾和斗争。这也需要党组织的帮助，检查自己的思想情况，纠正在入党问题上的不正确态度。如果不及时接受帮助，就会产生各种思想情绪，或者消极埋怨、自暴自弃，或者自以为是，不努力进取。为此，在提出入党申请后，就要主动接受党组织的帮助，在摈弃和纠正错误思想的过程中，端正入党动机。

第二，帮助要求入党的同志从思想上入党。从思想上入党，就是从思想上确立无产阶级世界观，树立全心全意为人民服务的思想，不惜牺牲个人的一切，为实现共产主义奋斗终生，并在具体行动上付诸实践。思想上入党是无止境的，一个人从要求入党的那天起，哪怕是组织上入党以后，始终存在思想入党的问题。要努力处理好思想入党和组织入党的关系，组织入党只是为思想入党提供了更为有利的条件，思想入党才是最终目的。要坚决摈弃那种组织上入党就到了终点，自己的努力就可以暂告结束的错误思想，要把组织入党看成是进一步努力前进的开端，从而更加严格地要求自己，提高政治觉悟，争取在思想上早日入党。

2. 青年学生靠近党组织的基本要求

申请入党的青年学生，要自觉地接受党组织的教育和培养，积极主动地靠近党组织。

第一，要主动向党组织汇报思想。向党组织汇报自己的情况，有利于党组织对自己加深了解和有针对性地进行帮助教育，使自己更快地进步。同时，这也是从要求入党那天起，就培养严格的组织观念和对党忠诚老实的重要途径。申请入党的同志，应当主动向党组织汇报自己的思想、学习和工作。要敢于谈出自己的缺点，不要担心亮出不正确的思想会影响党组织对自己的看法。一个同志敢于亮出自己的缺点、毛病，这正说明他胸怀坦荡，追求真理，是有觉悟的表现。

第二，要积极参加党的活动。申请入党的同志参加哪些党的活动，要由党组织决定。一般来说，可以参加学习党章、听党课、某些党日活动、讨论积极分子入党的党员大会、预备党员入党宣誓大会、先进党支部或优秀党员表彰大会等。积极分子参加党的活动，是实际体验党内生活，接受党内生活锻炼，学习党的基本知识和党员优秀品质的极好机会。每个要求入党的同志，都应按照党组织的安排，积极参加这些活动，并从中受到教益。同时，要努力完成党组织交给的工作任务。一般来说，党组织为了培养积极分子，要分配给他一定量的社会工作，这既是对他的一种实际锻炼，也可以从他的具体表现来考查他的觉悟程度。积极分子要认真负责地完成好这些工作。

第三，要认真接受党组织的培训。申请入党的同志认真接受党组织的培训，对于坚持用马列主义、毛泽东思想、邓小平理论和"三个代表"重要思想指导自己的思想和行动，贯彻落实科学发展观，提高自己的政治素质、业务素质和工作能力，有重要作用。当前，为了切实提高党员的质量，对发展对象一般要进行一年以上的培养和比较系统的教育。在发展党员之前，任何人都要通过适当的方式，由基层党委组织他们进行短期集中学习，以便提高他们的觉悟，然后才能接收他们入党。每个要求入党的同志，都要严肃地对待这种学习，认真学好规定的必读文献和学习材料，注意理论联系实际，把握中国特色社会主义理论体系，弄懂党的性质、纲领、任务、宗旨、纪律，党员的权利和义务等，解决思想上的一些问题，努力做到首先在思想上入党。

第四，要正确对待党组织的考查。考查，是为了维护我们党的先进性和纯洁性，切实保证新党员的质量，避免不符合党员标准的人被吸收入党，防止坏人和各种投机分子钻入党内。党组织对发展对象的思想觉悟、政治品质和工作表现，要进行全面的考查。主要考查他们是否能够认真贯彻执行党的基本路线、基本纲领，积极投身到全面建设小康社会的伟大事业，在生产、工作、学习和社会生活中起模范带头作用。要求入党的同志应当自觉地接受和配合党组织搞好这种考查，忠诚老实地把有关情况向党组织讲清楚，绝不能对党组织的审查有什么不满或对立情绪。

二、党性与加强党性修养

（一）加强党性修养的必要性

1. 加强党性修养是我们党的光荣传统

党性是一个政党固有的本性，是阶级性最高而集中的表现。刘少奇对党性说得很透彻：共产党员的党性，就是无产阶级阶级性最高而集中的表现，就是无产阶级本质的最高表现，就是无产阶级利益最高而集中的表现。共产党员的党性，不是与生俱来的，也不是一朝一夕可以形成的，需要通过后天的学习和实践，经过长时间艰苦的自我磨炼、自我改造、自我修养才能获得。

革命导师历来十分重视共产党员的修养。马克思、恩格斯、列宁、毛泽东对无产阶级政党的党员必须加强自我教育和世界观改造，都曾有过论述，把它当做无产阶级政党自身建设的一个重要环节。

在我们党内，刘少奇较早、较系统全面地论述了共产党员的修养问题。1939年他专门撰写了《论共产党员的修养》一书，对党员修养的必要性、内容和方法等做了科学、深刻、全面的阐述，有力地推动了全党的党性锻炼。

党的十一届三中全会以后，党中央制定了《关于党内政治生活的若干准则》等一系列规定，集中解决党内思想不纯、组织不纯、作风不纯的问题，推动全党的党性修养。

党的十三届四中全会以来，江泽民提出了"三个代表"重要思想，对加强党性修养提出了新的更高的要求。江泽民在1993年曾指出："党对党员的党性要求，从来是和党在各个不同时期所肩负的任务紧密相连的。在新的历史条件下，增强共产党员的党性锻炼，要强调自觉地刻苦学习建设有中国特色社会主义的理论，坚定不移地贯彻执行党的基本路线和各项方针政策，做解放思想、实事求是的模范，做艰苦奋斗、无私奉献、全心全意为人民服务的模范，做遵守纪律、坚持民主集中制的模范，做脚踏实地、勤奋工作、忠于职守的模范，做反对各种消极腐败现象、发扬社会主义新风尚的模范。"[1]

党的十六大以来，以胡锦涛为总书记的党中央领导集体领导全党开展了保持共产党员先进性教育活动，要求全体共产党员不断提高素质，始终发挥先锋模范作用，使我们党永葆与时俱进的品质，始终走在时代前列，始终具有蓬勃生机和旺盛活力。

2. 当前加强党性修养的极端重要性

当前，不论是从应对错综复杂的国际局势，还是从应对我国全面建设小康社会、加快推进社会主义现代化的复杂而艰巨的新形势新任务来看，加强共产党员的党性修养，始终保持共产党人的先进性和纯洁性，都具有十分重大的意义。特别是从我们党员队伍的自身状况来看，加强修养更是十分重要而紧迫的课题。

第一，党的历史使命要求每个党员必须加强自身的修养。中国共产党是我国各项事业的领导核心。现阶段，我们党肩负着团结和带领全国各族人民致力于全面建设小康社会、构建社会主义和谐社会、实现中华民族伟大复兴的历史重任。如果不加强党性修养，共产党员就不可能成为民族的精英，不可能成为全民族中素质最高、最优秀的一部分，就不能完成历史所赋予的使命。我们要实现民族复兴的宏伟大业，就必须在改造自然、改

---

[1]　江泽民：《论党的建设》，人民出版社2001年版，第78页。

造社会的同时，努力改造自己，提高对现实问题的认识能力。只有这样，才能实现自身与社会的和谐统一、思想与行动的和谐统一、党的最高纲领与现实目标的和谐统一。

第二，党员队伍的实际情况要求每个党员必须加强自身修养。目前，党员干部队伍的思想状况总体是好的。但是也要清醒地看到党内的成分、党员的经历、个体的素质不尽相同，尤其是在改革开放和发展社会主义市场经济的新形势下，与新时期党性修养的要求相比，还存在一些不容忽视的问题。一是有些党员干部党性观念不强，理想信念不够坚定，对建设中国特色社会主义认识不足；二是有些党员干部忽视科学理论学习，放松世界观的改造，政治观念淡薄，缺乏政治敏锐性和政治鉴别力；三是有些党员干部追求享乐，奉献意识淡化，利用掌握的权力捞取个人好处，甚至走上腐化堕落的道路；四是有些党员干部缺乏大局意识，对党的路线方针政策贯彻不力，阳奉阴违，搞上有政策、下有对策；五是有些党员干部严重脱离群众，淡化宗旨意识，忘记了自己是人民的公仆，权为己所用，利为己所谋，等等。这些现象虽然不是主流，但它同共产党员的党性是根本不相容的，严重削弱了党的凝聚力、战斗力和先进性。

第三，党所面临的新任务要求每个党员必须加强自身修养。随着改革不断深化和开放日益扩大，在发展中国特色社会主义事业的历史进程中，我国的经济建设、政治建设、文化建设、社会建设等各个方面都取得了前所未有的成就。但是，我国仍然处于并将长期处于社会主义初级阶段的基本国情没有变，人民日益增长的物质文化需要与落后的社会生产之间的矛盾这一社会主要矛盾没有变。进入新世纪新阶段，我国发展呈现一系列新的阶段性特征，使党面临许多前所未有的新课题新考验，任务十分繁重。党员肩负的责任更加重大、艰巨而光荣，党对每个党员的要求更高了。实现党的十七大提出的全面建设小康社会的目标和推进社会主义现代化建设的伟大任务，每个党员必须加强自身的党性修养，以科学理论为指导，以坚强的无产阶级党性为保证，以无私奉献和艰苦创业的精神为支撑，投身于崭新的伟大实践，为党的事业和奋斗目标而不懈努力。

3. 切实克服党性修养方面的模糊认识

从保持党的先进性和纯洁性出发，共产党员和入党积极分子都要增强搞好自身修养的自觉性和责任感，切实克服当前存在的不利于搞好党性修养的模糊认识。

第一，要克服"修养无用论"。对每一个立志为共产主义事业而奋斗的共产党员来说，切实加强自身修养，是真正做一个合格党员、优秀党员的必由之路。无数共产党员成长的实践表明，只要按照共产党员的标准坚持不懈地进行自我修养，一个普通的群众，可以成长为一个信仰坚定、志向高远、品德高尚的共产党员；一个普通的共产党员，可以成长为一个有较高素养、较高水平的领导者、专家；一个即使原先有不少非无产阶级思想的人，也可以成长为一名共产主义战士。也就是说，自我修养不是无用，而是很有用、有大用的。

第二，要克服"修养过时论"。有的人认为，现在是靠法律、纪律来约束社会成员的时代；也有的人认为，物质利益是调节人们行为最有效的杠杆。他们据此认为，强调共产党员修养是过时的观念和做法。这种看法显然是不对的。时代的发展变化对党员修养提出了新的要求，绝不意味着修养本身过时了。法律、纪律、物质利益原则等确实是调节人们行为的重要手段，但是能否自觉遵纪守法，能否正确对待物质利益，则有一个修养好坏、思想境界高低之分的问题。我们党提出要把依法治国和以德治国相结合，把坚持物质利益原则和提倡奉献精神结合起来，正是基于这个道理。

第三，要克服"修养吃亏论"。有人讲，在市场经济的条件下，谁讲修养谁吃亏。对此要作具体分析。共产党员的崇高、先进之处，在于他的人生目的不是为了谋取个人的私利，而是为广大人民群众谋利益。共产党员严格要求自己，有时确实会失去某些物质的或者其他方面的利益，但是，通过加强修养，陶冶了自己的情操，提高了自己的素质，真正成为一个高尚的人，一个有道德的人，一个脱离了低级趣味的人，一个有益于人民的人，这是其他任何物质、金钱、名利、地位都不可比拟和换不来的。相反，共产党员放松修养，甚至放弃修养，必然要吃亏，甚至吃大亏。

4. 加强自身修养的基本要求

要求入党的同志和共产党员为了高标准地搞好自身修养，就要做到以下几点。

第一，与时俱进，按照始终保持共产党员先进性的目标来加强自身修养。这就是既要科学地吸取我国传统修养的精华，又要注意克服其中的消极影响；要正确地处理成为合格公民和成为合格党员的关系，"先天下之忧而忧，后天下之乐而乐"；要正确处理既要洁身自好又不能明哲保身的关系，同各种损害党和人民利益的行为作斗争。

第二，坚持原则，始终保持党员修养的应有境界。这就要克服"老好人"思想，在是非面前不去"和稀泥"，处理问题时不做"两面光"。排除庸俗"关系学"的影响，坚决反对到处吹吹拍拍，拉拉扯扯，而是心存正派。绝不将"世故圆滑"作为自己的修养追求，遇到大是大非敢于表明态度，立场坚定，旗帜鲜明。

第三，因人制宜，坚持层次性与一致性的统一。我们党有 7300 多万名党员，党员之间客观上存在着年龄、文化程度、入党时间、社会经历和党内生活经历以及不同工作岗位的差异，现有政治、思想和业务素质也有差别。这些差别反映到自身修养上，就集中地表现为两个不同：一是每个党员的修养起点不同；二是每个党员工作岗位对党员的素质要求也不尽相同。这就不能千篇一律，要根据每个党员的实际，按照党员的标准，循序渐进，不断提高，使党员素质的整体水平不断跃上新台阶。

（二）党性修养与提高党员素质

加强党性修养的目的在于保持党的先进性和纯洁性。做到这一点的关键是必须使党员具有良好的素质，所以，党性修养的直接目的在于提高党员素质。

1. 党员素质的基本内涵

素质是一个外延很广的概念，它原是生理学和心理学的术语，是指一个人生理、心理状态的外在表现，用以来说明性格、气质、兴趣、风度、意志等偏于先天的禀赋、资质的心理品质。现代素质的概念是指构成一个对象的各个方面的总称。党员素质则是指党员身上或党员队伍中能够体现党员条件的要素及在性质上区别其他群众、其他组织的内在规定性。党员素质主要由"德"、"智"、"行"、"绩"、"信"五个方面构成。"德"是指党员应具有的道德和品行，包括思想品格、社会道德、职业道德、理想信念、政治觉悟、思想作风等；"智"是指党员应知道并应具有的知识和才智，包括知识和智慧两个方面；"行"是指党员的行为和从事的工作，包括党员的言论、举止、处事等；"绩"是指党员完成组织和人民交给的任务并取得的成绩，包括完成任务的数量和质量、在实践中发挥的作用和效果、开拓创新发明创造的精神或物质成果等；"信"是组织和人民所给予的评价，诸如诚实、名誉、威信等。

2. 当前党员素质存在的主要问题

应当看到，经过全党的努力，我们党员队伍的素质不断提高，汇集了当代中国最优秀分子的绝大多数，总体看党员素质与党的先进性要求是相适应的。但也要承认，党员的素质与先锋队、先进性的标准和新形势新任务的要求仍然存在不相适应的方面，主要反映在以下几个方面。

第一，使命感淡化。市场经济体制的建立和市场经济的发展，实际上意味着利益格局的重新调整。在这个过程中，必然触动一部分人的利益。部分党员产生了某种心理失衡，感到党员"掉价"了、"贬值"了，少数人甚至怀疑党员先锋模范作用的必要性，一些党员受冷落的现象也时有发生。这些现象和问题都在一定程度上淡化了部分党员的使命感，加重了失落感。

第二，奉献意识淡化。在市场经济大潮的冲击下，少数党员政治觉悟和思想道德出现了"滑坡"，思想政治素质不能适应新形势新任务的要求。有的党员把无私奉献说成是"吃精神饭"，把甘愿吃亏说成是"干傻事"，把不谋私利说成是"没本事"，等等，部分党员在人生观、价值观上陷入矛盾困惑之中。这无疑是对共产党员奉献精神的一种新考验。有的党员共产主义信念动摇，认为"金钱最重要，信仰可要可不要"；有的只埋头于日常业务和应酬，忽视政治理论学习，不关心政治，不注意政治方向，认为"学理论耗时间费工夫"；有的党性淡薄，革命意志衰退，工作消极，得过且过；有的忘记了党的根本宗旨，群众观点淡薄，口头讲为人民服务，实际上却以权谋私；有的个人主义严重，贪图享受，甚至违法乱纪，堕落成为犯罪分子。

第三，廉洁意识淡化。有一部分党员染上了拜金主义、享乐主义和极端个人主义的恶习。他们在人生追求、价值取向上发生变化，放弃了自己曾为之奋斗的崇高理想，浪费挥霍，穷奢极欲，置党纪国法于不顾，不择手段地捞钱，搞权钱交易，使权力商品化，走上了犯罪道路。因此，在社会主义现代化建设不断深入的情况下，共产党员靠什么手段来获得金钱，有了钱怎么使用，如何面对剥削阶级某些腐朽、没落、丑恶的东西，保持清醒的头脑和高度警惕，这无疑是对共产党员在新时代条件下的一个考验，一个应当认真思索的问题。

第四，知识结构不合理。面对21世纪的竞争与挑战，部分党员现代科学文化知识偏少，知识结构明显不合理；一些党员还缺乏社会主义市场经济的理论和实践，缺乏带领群众搞社会主义市场经济的本领；还有部分党员缺乏先进的管理知识和技术，患上了"本领恐慌"综合征，难以胜任科学化、现代化管理的重任。

3. 提高党员素质的主要任务

为了解决好这些问题，我们必须从全局出发，抓住重点，全面提高党员的修养。

第一，理论修养。理论修养是党性修养的基础。党员的共产主义信念和觉悟，不是自发形成的，而是通过先进理论的学习，在头脑中打下马列主义、毛泽东思想、邓小平理论和"三个代表"重要思想的烙印，用科学发展观武装自己的头脑，指导我们去实践党的宗旨、实践党的目标和任务的具体行动。因此，党员只有认真学习中国特色社会主义理论体系，才能成为一名值得党信赖、群众信任的优秀党员。

第二，政治修养。党员政治修养最核心的内容就是牢固树立共产主义理想信念，也就是为共产主义事业奋斗终生。一个党员只有牢固树立共产主义理想信念，才能经得起生与死、公与私、成功与挫折、重大政治风浪与复杂局面的考验。像战争年代的董存瑞、刘胡兰、黄继光，建设时期的雷锋、焦裕禄、王进喜，新时期的孔繁森、郑培民、牛玉儒等，都为我们每一个党员树立了光辉的榜样。

第三，思想修养。中国共产党的根本宗旨是全心全意为人民服务，这一宗旨充分体现了党员的思想纯洁和崇高的品质。要求全体共产党员特别是领导干部要有无私奉献的精神，真正做到权为民所用，情为民所系，利为民所谋。

第四，能力修养。党性修养是党员个人素质的全面提高，它不仅包括理论素质、政治素质、思想素质和作风素质，还包括不同历史时期所需要的知识和业务能力素质。在现代化建设的条件下，党员的文化业务素质、知识结构必须适应现代化事业的需要，才能够创造性地完成党所交给我们的各项工作任务。

第五，作风修养。作风与党风互为表里，密切关联。中国共产党在长期的革命和实践中，形成了区别于其他任何政党的优良作风，这就是理论联系实际、密切联系群众、批评与自我批评。这三大作风是我们党的传家宝，也是每一个共产党员所必备的政治素养。加强作风和党风建设是我们党一项长期而艰巨的任务。

第六，纪律修养。我们党之所以能够带领全国各族人民完成了新民主主义革命的伟大任务，并取得了社会主义革命和建设的成就，同时，又谱写了改革开放和现代化建设的新篇章，就是因为我们党有着严密的组织体系、严格的组织原则和严肃的政治纪律。在开创建设现代化的历史进程中，也同样要求每一个党员必须加强组织纪律修养，保证党的团结统一，在政治思想上与党中央保持高度的一致，同心同德，团结奋斗，为实现党在新时期的宏伟目标而努力奋斗。

党性修养的六个方面是一个整体，相互影响，相互制约，互为关联，缺一不可。这六个方面的统一，构成了中国工人阶级先锋队和中国人民、中华民族先锋队所必须具备的素质要求，对每个党员发挥先锋模范作用是一个坚强的保证。

（三）加强党性修养的途径与方法

共产党员高尚道德情操的形成，离不开一定的社会环境，离不开党组织的教育引导，但更重要的是靠自身在实践中加强修养。所以，必须掌握加强自身修养的正确途径和方法。

1. 加强学习、投身社会实践和严格党内生活锻炼，是党员加强修养的基本途径

凡是重视品德的人，都主张通过自我修养来达到一种理想的道德境界。共产党人进行修养，是为了改造自己的主观世界，使自己的情操、品德、精神境界和言论行为更加符合客观世界发展的根本规律，更加符合自己为之奋斗的中国特色社会主义和共产主义事业的要求。为此，必须经过以下三个基本途径。

第一，认真读书学习。共产党员进行党性修养的过程，也是用马克思主义理论和各种科学文化知识武装和提高自己的过程。党的十七大提出："按照建设学习型政党的要求，紧密结合改革开放和现代化建设的生动实践，深入学习马克思列宁主义、毛泽东思想、邓小平理论和'三个代表'

重要思想，在全党开展深入学习实践科学发展观活动。"① 共产党员要始终站在时代的前列，在错综复杂的环境中保持政治上的清醒和坚定，在解放和发展生产力、推动社会全面进步的实践中充分发挥先锋模范作用，必须坚持不懈地学习、学习、再学习。如果不重视学习，不努力用科学理论武装头脑，就必定要落后，就难以保持共产党员的先进性。人生有涯学无涯。在新的形势和任务面前，我们需要学习的东西很多，因此要有选择、有鉴别地学习。按照党的十六大的要求，首先要提高理论素质，认真学习马列主义、毛泽东思想、邓小平理论和"三个代表"重要思想，特别是学习贯彻科学发展观，用中国特色社会主义理论体系武装头脑、规范言行。理论上成熟是政治上成熟的标志，理论上坚定是政治上坚定的基础。对共产党员来说，只有坚信马克思主义理论，有了较高的理论素养，才能有正确的世界观、人生观、价值观，才能有坚定正确的政治方向。学习马克思主义要发扬理论联系实际的优良学风，立足中国国情，结合个人思想的实际，使理论学习取得实际的效果。

第二，参加社会实践。实践的观点是马克思主义认识论第一的和基本的观点。人们的道德品质是在社会实践中形成的，只有在实践活动和社会交往中才能表现出来。共产党员加强修养，需要从书本上吸取理论和知识的营养，更需要到实践中去经受锻炼。共产党员在工作实践中加强自身修养，要按照周恩来提出的"说真话，鼓真劲，做实事，收实效"的要求去努力，做到襟怀坦白，表里如一，不唯书、不唯上，坚持实事求是；要勇于负责，与时俱进，大胆创新，敢于和善于把党的路线、方针、政策同具体情况相结合，创造性地开展工作；要坚持从实际出发，深入实际，调查研究，虚心倾听群众的意见，了解群众的疾苦，切实帮助人民群众解决实际问题。

第三，加强党内生活锻炼。党员在严格的党内生活中加强党性修养，要积极主动地参加党内生活，切实履行好自己的职责，接受党内外的监督；要积极主动地向党组织汇报自己的思想、工作和学习情况，向党组织讲真心话，自觉地接受党组织的指导和帮助；要积极开展批评和自我批评，在党内生活中同各种不良倾向作斗争。

---

① 《中国共产党第十七次全国代表大会文件汇编》，人民出版社 2007 年版，第 48—49 页。

2. 要讲求加强党性修养的科学方法

老一辈革命家和许许多多优秀的共产党员，在加强自身修养中创造了不少科学的方法。我们要学习、借鉴并在新的形势下不断发扬这些科学的修养方法。

第一，要严于解剖自己。"人非圣贤，孰能无过？"有了过失，改正就好。改过必须知过，也就是必须对自己有正确的认识，必须严格剖析自己。党员要经常对照党章、党内政治生活准则所规定的标准，剖析自己的言行，对自己作出实事求是的评价，发扬成绩，纠正错误，就能不断进步。

第二，要自重、自省、自警、自励。做到"四自"，很重要的是随时警醒、告诫自己，对违反党的原则的思想、违反党纪国法的行为以及各种腐朽思想文化的影响警钟长鸣。一定要把"为什么人活着"这个问题弄清楚，只有为国家、为社会、为民族、为集体的利益，奋不顾身地工作着，毫无保留地贡献自己的聪明才智，这样的人生才有真正的意义，才是光荣的人生、闪光的人生。

第三，要乐于"见贤思齐"。见到品质高尚的人或高尚的行为，就产生一种向他看齐的愿望，并付诸行动；看到品质低劣的人或不良的行为，就反省一下自己是否也是这样。要谦虚谨慎，善于向他人学习。

第四，要善于调节需要。需要作为一种心理现象，是人们在生存和发展中对自己所必需的事物的欲望和要求。作为一种内驱力，它推动人们从事各种社会活动。人的需要是多方面的，有物质需要，也有精神需要；人的需要是可以调节的，人之所以有伟大与平庸、高尚与卑劣之分，在很大程度上取决于能否正确调节自己的需要。共产党员在修养中应当坚持以社会整体利益为导向，使个人需要服从党和人民的需要。

第五，要慎独自律。它要求在个人独处、无人监督的情况下，不仅不能放松对自己的要求，还要更加注意坚守自己的理想信念，非常小心地按照道德规范去做，而不是当面一套，背后一套。

第六，要自觉实践、长期坚持。自觉性是党员修养内在的要求。修养是一个同自己头脑中的消极思想和意识作斗争、不断超越和改造"旧我"的过程，没有毅力和自觉性，是难以完成的。共产党员有了修养的自觉性，就能主动约束和控制自己的言行，不断克服自身这样那样的不足，逐步实现更好的修养目标。

三、党员意识与发挥先锋模范作用

（一）党员意识的基本内涵

党员意识是执政党带有根本性的问题。党员没有党的意识，党就不能成其为党。共产党员无论在哪个地方哪个岗位，无论从事什么职业，都要有党的意识，在行动上认真履行党员职责。这是共产党员加强自身修养的重要内容。

1. 增强敬党爱党的意识

中国共产党是世界上最伟大的马克思主义政党。近代以来的历史变迁一次又一次地反复证明，中国共产党是伟大、光荣、正确的党，不愧是领导中国人民不断开创事业新局面的核心力量，每一个共产党员都应以作为党的一员而自豪。共产党员敬党爱党，就是要像对待自己母亲一样对待党，像珍爱自己眼睛一样珍爱党，做到有损党的形象的话坚决不说，不利于党和人民利益的事坚决不做，对损害党的事业的言行坚决斗争，以自己的实际行动为党的形象增光添彩。雷锋把党比作母亲。他说："母亲只生我的身，党的光辉照我心。"这说出了一个共产党员应当如何对待党的正确答案。共产党员敬党爱党，就要与党同呼吸共命运，坚决维护党的利益。共产党员做有损党的形象的事，说有损党的形象的话，糟蹋党，实际上也就是糟蹋自己。当然，敬党爱党不是说对党的方针、政策和决策有意见不可以提，更不是说党有了缺点、失误不可以批评。恰恰相反，我们是鼓励并要求党员对党内事务积极发表建设性意见的，是支持党员大胆揭露党内消极腐败现象，协助党组织纠正缺点错误的。

2. 增强忧党意识

在党的历史上，党面临困难而广大党员关心党、具有强烈忧患意识的时候，往往成为党走向兴旺的契机。在新的历史条件下，面对我们党所承担的任务、所处的环境和党的队伍的现状，每个共产党员都应当有强烈的忧党意识。在中华民族历史优秀文化传统中，忧国忧民意识具有十分重要的地位，是一份重要的历史遗产。宋代范仲淹在《岳阳楼记》里发出"先天下之忧而忧，后天下之乐而乐"的慨叹，成为激励无数仁人志士为国家民族而奋起斗争的精神支持。中国共产党是最广大人民根本利益的代表者，今天共产党员要增强忧党意识，实际上就是增强忧国忧民的意识。增强忧党意识不是把自己置身于党外，怨天尤人，满腹牢骚。我们所说的忧党意识，是对党和人民利益的深切关心和对党、对社会主义事业前途的长远思考，是对已经出现或可能出现的某些政治动向、不稳定因素的清醒认识和对今后形势的正确把握，是把这种关心、思考、认识、把握，转化为努力工作、廉洁奉公、遵纪守法、服从大局以及同各种不良现象作斗争的实际行动，从自己做起，从现在做起，从点点滴滴做起，充分发挥共产党员的先锋模范作用。只要每个党员都有忧患意识，满腔热忱关心党，正视各种困难和挑战，认清前途和方向，增强紧迫感、责任感和必胜的信心，我们党就会保持强大的凝聚力和战斗力，就会克服前进道路上的困难，迎来事业的不断胜利。

3. 增强党员角色意识

党员的角色意识，就是党员在心中始终想着自己要像个党员的样子，时时处处意识到自己的党员身份，在学习、工作与生活实践中自觉以模范行动出现在群众面前，努力做群众的表率。在现实生活中，每个人都有他的政治角色、职业角色和家庭角色。对于共产党员来说，党员身份的政治角色应该是他最重要的角色，是他形象的第一设计，是他意识中的支配力量。作为党员，既要有强烈的岗位意识，敬业爱岗，立足本职干出佳绩，又要有较强的政治觉悟和精神境界，在社会舞台上最大限度地为人民服务。每个党员都应有这样的角色意识，并以此去塑造和展示自己的形象。强调党员的角色意识，有很强的现实性。在现实生活中经常会感觉到，有的党员的言行作为党员的角色意识很差：或者长期用低标准要求自己，已经习惯于混同于普通老百姓；或者脑子里只想着享用党员权利，而不想履行党员义务；或者做"两面人"，在此时此地此人面前表现得无可挑剔，而在彼时彼地彼人面前则完全变成另外一副面孔。这样的党员实际上从思想上到行动上都已忘记了自己是一名共产党员。强化党员的角色意识，就是要始终记住自己是一名共产党员，在任何情况下，都以党员标准要求自己，绝不做玷污共产党员称号的事情。

4. 正确对待同志、组织和群众

增强党员意识，必须正确对待和处理党员与党内外的各种关系。1998

年江泽民在学习邓小平理论工作会议上，提出了"三个正确对待"① 的问题。

（1）正确对待同志。正确对待同志是对党员处理与党内其他同志的关系的要求。与同志和谐相处，既是一门艺术，又需要有良好的修养。正确对待同志，要胸怀宽广，谦让利益，乐于助人。共产党员要有容事容人的大气量，善于听取各方面的意见，使自己不断地长本事、长智慧；在个人利益与他人利益发生冲突的时候要吃苦在前，享受在后，在利益上有一种豁达、谦让的姿态；要主动留意和关心同志的困难，诚恳地帮助同志解决困难，在帮助他人的过程中获得真正的快乐和友谊。

（2）要正确对待组织。共产党员无论担负什么工作，都是党组织的一员。摆正个人在党组织中的位置，正确处理个人与组织的关系，是共产党员应有的思想觉悟。一个优秀的共产党员，总是自觉地把个人置于党组织之中，时时刻刻把党的利益放在第一位，个人利益无条件地服从党的利益。这就要对党组织忠诚老实，言行一致，表里如一，心口如一，做老实人，说老实话，办老实事；要无条件服从党组织的决定，在执行组织决定的时候，毫不计较个人的利益得失，更不能凭个人好恶有所取舍；要防止个人凌驾于组织之上，不把个人意见强加给集体、强加给组织，不能用个人的主张代替党的主张，用个人的决定代替党的决定；要自觉地接受党组织的教育和监督，不能把工作成绩作为向组织讨价还价的资本。

（3）正确对待群众。群众是真正的英雄，群众观点是马克思主义的基本观点，群众路线是党的根本工作路线。每个共产党员，都要永远保持普通劳动者的本色，虚心向人民群众学习，坚持对人民负责与对党的领导机关负责相一致，踏踏实实地为人民谋利益。

（二）党员模范作用的基本要求

党的性质、党的事业以及党所追求的目标，决定共产党员必须发挥先锋模范作用。毛泽东在1938年就指出："共产党员应在民族战争中表现其高度的积极性；而这种积极性，应使之具体地表现于各方面，即应在各方面起其先锋的模范的作用……在这里，共产党员的先锋作用和模范作用是

_____

① 江泽民：《论党的建设》，人民出版社2001年版，第297页。

十分重要的。"① 他明确具体地提出："共产党员在八路军和新四军中，应该成为英勇作战的模范，执行命令的模范，遵守纪律的模范，政治工作的模范和内部团结统一的模范。"② 他还强调指出："在长期战争和艰难环境中，只有共产党员协同友党友军和人民大众中的一切先进分子，高度地发挥其先锋的模范的作用，才能动员全民族一切生动力量，为克服困难、战胜敌人、建设新中国而奋斗。"③

中国共产党为什么严格要求党员必须充分发挥先锋模范作用呢？首先，党员发挥先锋模范作用，是作为共产党员的应有之义。党按照自己的性质、政治路线、奋斗纲领和现实形势、任务的需要，对党员的本质要求和模范作用提出了明确的标准，并用党章的具体形式作出明文规定。这是衡量一个共产党员是否合格的标准。我们只有严格按照这个标准去做，认真履行党员义务，真正起到先锋模范作用，才能配得上共产党员的光荣称号。其次，党员的先锋模范作用发挥得如何，是党组织有没有战斗力和凝聚力的表现。党是社会主义事业的领导核心，其领导地位，以及战斗力、凝聚力都来自于共产党员在社会生活各方面起到了先锋模范作用。否则，就失去了群众的支持，就失去了执政的基础，党的事业就没有前途。再次，党员的先锋模范作用，还影响党群关系，影响党风和社会风气。所以，共产党员必须时时处处事事起模范带头作用。

新的形势和任务，要求共产党员在以下方面充分发挥先锋模范作用。

1. 做认真履行党员各项义务的模范

这是共产党员先锋模范作用的基本要求。一是认真学习马列主义、毛泽东思想，学习邓小平理论、"三个代表"重要思想和科学发展观等重要战略思想，学习党的路线、方针、政策及决议，学习党的基本知识，学习科学、文化和业务知识，努力提高为人民服务的本领。二是贯彻执行党的基本路线和各项方针、政策，带头参加改革开放和社会主义现代化建设，带动群众为经济发展和社会进步艰苦奋斗，在生产、工作、学习和社会生活中起先锋模范作用。三是坚持党和人民的利益高于一切，个人利益服从

---

① 《毛泽东选集》第2卷，人民出版社1991年版，第521—522页。
② 同上书，第522页。
③ 同上书，第523页。

党和人民的利益，吃苦在前，享受在后，克己奉公，多做贡献。四是自觉遵守党的纪律，模范遵守国家的法律法规，严格保守党和国家的秘密，执行党的决定，服从组织分配，积极完成党的各项任务。五是维护党的团结和统一，对党忠诚老实，言行一致，坚决反对一切派别组织和小集团活动，反对阳奉阴违的两面派行为和一切阴谋诡计。六是切实开展批评和自我批评，勇于揭露和纠正工作中的缺点、错误，坚决同消极腐败现象作斗争。七是密切联系群众，向群众宣传党的主张，遇事同群众商量，及时向党反映群众的意见和要求，维护群众的正当利益。八是发扬社会主义新风尚，提倡共产主义道德，为了保护国家和人民的利益，在一切困难和危险的时刻挺身而出，英勇斗争，不怕牺牲。

2. 做学习实践科学发展观的模范

党的十七大报告指出："在新的发展阶段继续全面建设小康社会、发展中国特色社会主义，必须坚持以邓小平理论和'三个代表'重要思想为指导，深入贯彻落实科学发展观。"① 并提出"在全党开展深入学习实践科学发展观活动。"开展深入学习实践科学发展观活动是加强党的思想建设的战略举措，是保证共产党员切实发挥先锋模范作用的根本要求。科学发展观，是对党的三代中央领导集体关于发展的重要思想的继承和发展，是马克思主义关于发展的世界观和方法论的集中体现，是同马克思列宁主义、毛泽东思想、邓小平理论和"三个代表"重要思想既一脉相承又与时俱进的科学理论，是我国经济社会发展的重要指导方针，是发展中国特色社会主义必须坚持和贯彻的重大战略思想。党的十七大对共产党员学习实践科学发展观提出了四项要求。

（1）做共产主义远大理想和中国特色社会主义共同理想的坚定信仰者。共产党人的最终理想和目标是实现共产主义，必须始终坚持这个坚定的信仰，使我们当前的每一项工作更具有朝气，更充满希望。同时，要把共产主义的远大理想同当前的实际相结合，立足于全面建设小康社会的每一项具体要求，立足于做好我们身边的每一项具体的工作。实现这二者的结合，是衡量共产党人的重要标准。

（2）做科学发展观的忠实执行者。执行科学发展观，就是要深刻领

──────────

① 《中国共产党第十七次全国代表大会文件汇编》，人民出版社2007年版，第12页。

会科学发展观的内涵，把握科学发展观的要求，坚定不移地坚持把发展作为党执政兴国的第一要务，坚持以人为本，坚持全面协调可持续发展，坚持统筹兼顾，始终如一地坚持"一个中心、两个基本点"的基本路线，积极构建社会主义和谐社会，继续深化改革开放，着力转变不适应不符合科学发展观的思想观念，着力解决影响和制约科学发展的突出问题，把科学发展观贯彻落实到经济社会发展的各个方面。

（3）做社会主义荣辱观的自觉实践者。社会主义荣辱观是共产党人崇高思想道德的集中体现，是社会主义核心价值体系的重要内容。做社会主义荣辱观的自觉实践者，就是要坚持不懈地用马克思主义中国化的最新成果武装头脑，用以爱国主义为核心的民族精神和以改革创新为核心的时代精神鼓舞斗志，用社会主义荣辱观引领风尚，发挥共产党员道德模范榜样作用，建设和谐文化，培育文明风尚。

（4）做社会和谐的积极促进者。社会和谐是中国特色社会主义的本质属性，是国家富强、民族振兴、人民幸福的重要保证。共产党员在构建社会主义和谐社会中发挥积极作用，就是要始终保持清醒头脑，居安思危，深刻认识我国发展的阶段性特征，科学分析影响社会和谐的矛盾和问题及其产生的原因，更加积极主动地正视矛盾、化解矛盾，最大限度地增加和谐因素，最大限度地减少不和谐因素，不断促进社会和谐。要坚持解放思想、实事求是、与时俱进，一切从实际出发，自觉按规律办事，立足当前、着眼长远，量力而行、尽力而为，有重点分步骤地持续推进，切实把构建社会主义和谐社会作为贯穿中国特色社会主义事业全过程的长期历史任务和全面建设小康社会的重大现实课题抓紧抓好。

3. 作为实现全面建设小康社会目标而奋斗的模范

在 21 世纪的头 20 年，集中力量，全面建设惠及十几亿人口的更高水平的小康社会，是全党的战略任务和战略目标，是党在社会主义初级阶段基本路线和基本纲领的基本要求和具体体现。全面建设小康社会既切合实际，又目标宏伟，反映了全国各族人民的共同愿望。共产党员发挥先锋模范作用，实践科学发展观的根本要求，归根到底要体现在全面推进小康社会建设的伟大实践当中。要积极投身于社会主义物质文明建设，增强发展协调性，努力实现经济又好又快发展，努力实现人均国内生产总值到2020 年比 2000 年翻两番；积极投身于社会主义民主政治建设，扩大社会主义民主，更好地保障人民权益和社会公平正义，实现党的领导、人民当家做主和依法治国的有机统一；积极投身于社会主义先进文化建设，使社会主义核心价值体系深入人心，良好思想道德得到进一步弘扬，为努力提高全民族思想道德素质、科学文化素质和健康素质做贡献；积极投身于社会主义社会建设，加快发展社会事业，全面改善人民生活，为做到使全体人民"学有所教、劳有所得、病有所医、老有所养、住有所居"作出应有的贡献；积极投身于生态文明建设，促进人与自然的和谐，推动整个社会走上生产发展、生活富裕、生态良好的文明发展道路。

4. 做学习科学知识，以自己的聪明才智为国家和社会做贡献的模范

青年大学生及学生党员的首要任务是学好科学文化知识，掌握运用科学知识解决实际问题的方法。共产党员在实际工作中发挥先锋模范作用，必须做认真学习的模范。这既是党对青年学生的基本要求，也是广大团员青年认识党、了解党、立志跟党走的先决条件。这就必须切实解决好"红"与"专"的关系问题。崇高的思想境界和政治觉悟，不是建立在空中楼阁上，而是建立在优秀的学习成绩和卓越的实践技能当中。只有这样，"红"才有所依托，"专"才有所作用，并树立起个人在同学中的威信。

后　记

　　《思想理论教育创新与实践》是我近年来从事思想政治教育的思考与实践的成果汇集。主要来自两个方面：一是对当前重要的思想理论热点和思想政治工作重点的思考，力求对这些问题作出理论上的说明。二是在学生教育、党员教育、辅导员培训讲稿的基础上整理而成的文稿，反映和体现了理论学习和工作研究的收获。这些成果有的曾公开发表或被收入相关文集。希望通过本书的出版，对加强和改进高校思想政治教育有所借鉴和启示。思想理论教育是备受党和国家高度重视，备受全社会高度关注的重大实践课题。本书所涉及的问题和所表达的观点，只是个人的认识，欢迎各位专家、读者指正。

刘志超

2009 年 2 月 24 日